Große Segler, große Sorgen

Liebe Leserinnen und Leser,

Segelschiffe stehen gegenwärtig stärker im Blickpunkt der breiten Öffentlichkeit als in den vergangenen Jahren. Wesentlich dazu beigetragen hat die PEKING, der ehemalige Laeisz-Segler, den begeisterte Hamburger aus New York zurück an die Elbe holten. Die PEKING wird 2020 grundlegend renoviert, aber nicht segelfähig in Hamburg als Zugpferd des künftigen Deutschen Hafenmuseums erwartet.

Dagegen ist für die SEUTE DEERN in Bremerhaven noch alles offen. Der hölzerne Segler vom Mississippi beging seinen 100. Geburtstag in einem traurigen Zustand. Das Flaggschiff der Museumsflotte des Deutschen Schifffahrtsmuseum ist marode. Es muss dringend umfassend restauriert oder aufgegeben werden. Ein Brand im Bordrestaurant hat die Probleme noch vergrößert. Bislang ist offen, ob die SEUTE DEERN gerettet werden kann und wenn ja, wie das geschehen soll. Die Chancen, den Segler dauerhaft zu sanieren stehen schlecht. Teuer würde es allemal, aber sicher deutlich günstiger als die Grundrenovierung der GORCH FOCK. Inzwischen weiß man, dass bisher kaum etwas glatt gelaufen ist. Der Rumpf des Schulschiffs der Deutschen Marine schwamm bei Redaktionsschluss zwar wieder, aber ein erfolgreiches Ende der langjährigen Arbeiten ist nicht absehbar. 135 Millionen Euro oder mehr in das über 60 Jahre alte Schiff zu stecken, ist den Steuerzahlern nicht zu vermitteln. Drei große Segler sorgen wegen ihrer Renovierungskosten von zusammen über 200 Millionen Euro für Diskussionen nicht nur in maritimen Kreisen. Gerettet ist nur die PEKING, das Schicksal der beiden anderen Schiffe ist unsicher.

Wir haben mit führenden Experten je einen SPEZIAL-Band zur PEKING und zur SEUTEN DEERN herausgebracht, damit Sie sich selbst eine Meinung bilden können.

Auch unsere vierte Ausgabe des OCEANUM Magazins haben wir mit Freude vorangetrieben und mit unseren Autoren wieder eine bunte Mischung von Beiträgen über historische und aktuelle Schiffe zusammengestellt, die Ihnen hoffentlich ebenso gut gefällt wie in den vier Jahren zuvor.

Wir wünschen Ihnen eine informative und zugleich unterhaltsame Lektüre und freuen uns auf Ihre Reaktionen!

Harald Focke und Tobias Gerken
Herausgeber OCEANUM Magazin

Inhalt

96

150

182

188

Titelbild: Der 2020 gebaute Supertanker DRAGON ankert vor Falmouth in Cornwall „for orders" mit 360 000 Tonnen Rohöl aus Venezuela im Bauch. Mit 333 Metern Länge und 60 Metern Breite gehört er zu den Supertankern der Kategorie VLCC – Very large crude carriers. Er fährt unter der Flagge Liberias. (Foto: Klaus-Peter Kiedel)

FRACHTER-VETERAN

Dieses Foto entstand im Hafen von Quebec. Es zeigt den fast 223 Meter langen Bulk Carrier CEDARGLEN der kanadischen CSL Group beim nächtlichen Laden. Das Schiff wurde 1959 gebaut, ist also bereits 60 Jahre alt und fährt noch immer unter kanadischer Flagge. Einziger Umbau war 1978 eine Verlängerung. Ein wahrlicher Frachter-Veteran! (Foto: Klaus-Peter Kiedel)

CEDARGLEN

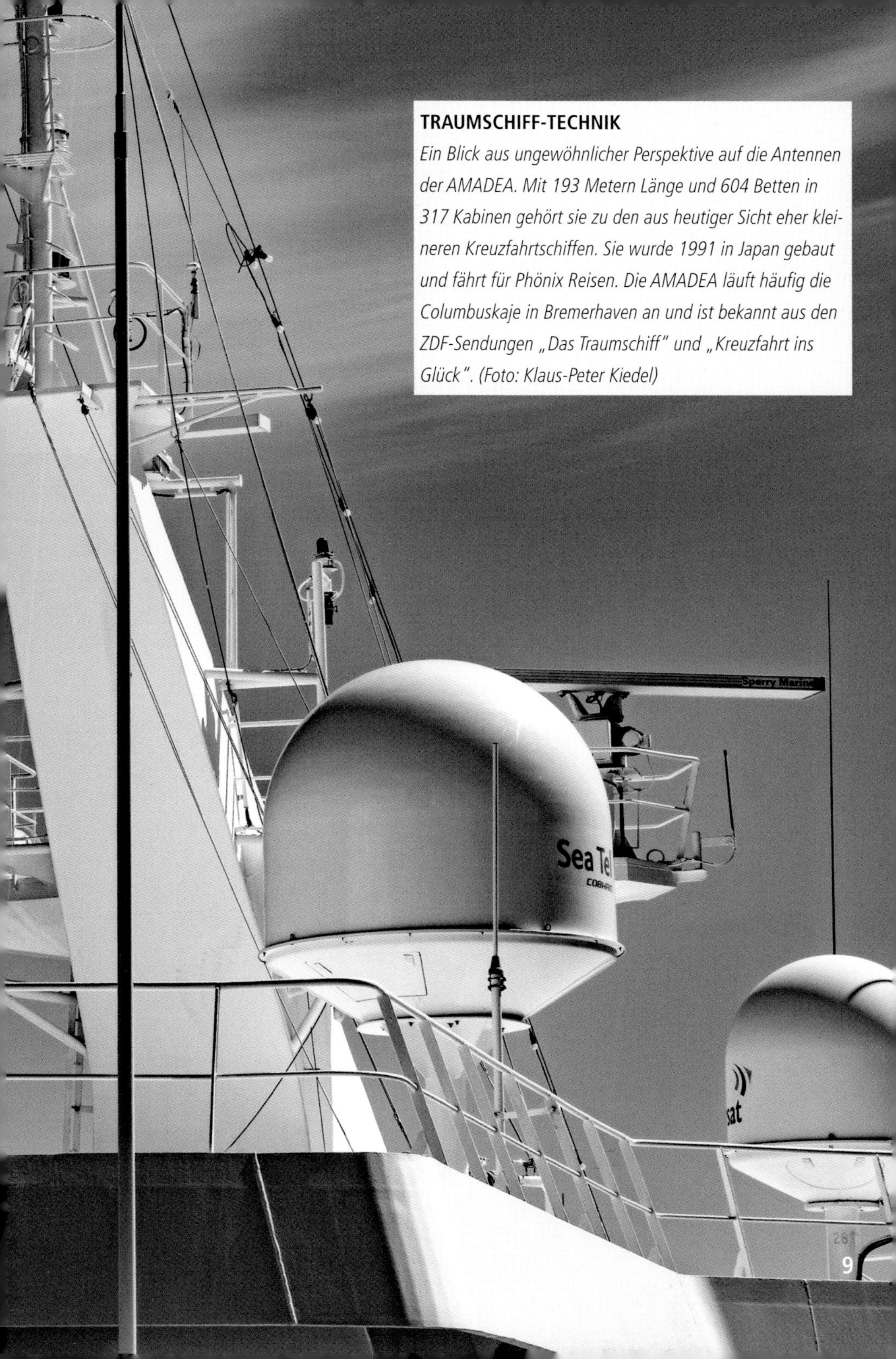

TRAUMSCHIFF-TECHNIK

Ein Blick aus ungewöhnlicher Perspektive auf die Antennen der AMADEA. Mit 193 Metern Länge und 604 Betten in 317 Kabinen gehört sie zu den aus heutiger Sicht eher kleineren Kreuzfahrtschiffen. Sie wurde 1991 in Japan gebaut und fährt für Phönix Reisen. Die AMADEA läuft häufig die Columbuskaje in Bremerhaven an und ist bekannt aus den ZDF-Sendungen „Das Traumschiff" und „Kreuzfahrt ins Glück". (Foto: Klaus-Peter Kiedel)

VOGELPERSPEKTIVE

Das 1933 für die Reichsmarine gebaute Segelschulschiff GORCH FOCK (I) liegt als Museumsschiff in Stralsund an der Ballastkiste, ihrem Liegeplatz bis April 1945. Als TOVARISHSH fuhr sie bis 1990 für die Sowjetunion, danach kurzzeitig für die Ukraine. 1999 kam es als Flaggschiff der Expo 2000 nach Wilhelmshaven. Seit 2003 ist die GORCH FOCK (I) hier, ein Jahr später begann die Sanierung. Am Hansekai vor dem modernen weißen Gebäude des Ozeaneums hat das Wracksuch- und Vermessungsschiff DENEB des Bundesamts für Seeschifffahrt und Hydrographie festgemacht. Die beiden Nicko-Flusskreuzfahrt-Schwesterschiffe FREDERIC CHOPIN und KATHARINA VON BORA sind am Liegeplatz 10 am Alten Schwedenkai im Päckchen vertäut. (Foto: Peer Schmidt-Walther)

1

Sie war ein Stück Bremerhaven

Vor 60 Jahren verließ die UNITED STATES zum letzten Mal die Columbuskaje

▷ Harald Focke

Beim ersten Mal kam sie bei klirrender Kälte mitten in der Nacht: Um 2 Uhr morgens machte die UNITED STATES am 3. Januar 1953 voll erleuchtet und über die Toppen geflaggt an der Columbuskaje fest. Die Wochenschau trug die spektakuläre Ankunft in alle Kinos. Von nun an war Bremerhaven zumindest im Winterhalbjahr zwischen November und April europäischer Endhafen des schnellsten Passagierschiffs der Welt.

Schlepper drücken die UNITED STATES vorsichtig an die Pier. (Stadtarchiv Bremerhaven)

Die UNITED STATES vor dem Columbusbahnhof in Bremerhaven. Anders als heute durften Angehörige und Besucher bei Abfahrten die Kaje betreten. (Georg Hoffmann)

Im Speisesaal der Ersten Klasse feierte Bremens Bürgermeister Wilhelm Kaisen die Premiere mit 200 Gästen. Sogar Verkehrsminister Hans Christoph Seebohm war aus Bonn angereist, um die neue Passagierverbindung nach New York zu feiern. Noch fuhr kein deutsches Schiff in die USA.

Nach dem ersten Besuch in Deutschland verließ die UNITED STATES Bremerhaven mit nur 370 Passagieren, weitere würden allerdings in Southampton und Le Havre dazukommen.

1000 Besatzungsmitglieder kümmerten sich um bis zu 2000 Reisende in drei Klassen. Mit der luxuriösen Ausstattung in kühler Optik, neuen Materialien, technischen Innovationen und bestem Brandschutz galt das elegante Schiff mit den zwei rot-weiß-blauen Riesen-Schornsteinen als Symbol des modernen Amerikas. Die sündhaft teure, über 300 Meter lange UNITED STATES war nicht nur für den zivilen Dienst bestimmt. Mehr als 50 Millionen Dollar der Baukosten hatte die Regierung aus Steuergeld bezahlt, die Reederei nur 30 Millionen. Mit zahlreichen Schotten und getrennten Maschinenräumen war der superschnelle Ozeanriese so gegen Torpedos gesichert, damit er selbst mit viel Wasser im Rumpf noch sicher ans Ziel kam. Sollte aus dem „kalten" Krieg zwischen Ost und West ein „heißer" werden, konnte das Schiff in drei Tagen 15.000 GIs nach Bremerhaven bringen, dem Nachschubhafen der US-Armee für ganz Europa.

Am 3. Juni 1952 lief die UNITED STATES von New York zur Jungfernfahrt nach Southampton aus.

Wegen ihrer beiden Riesenschornsteine hieß die UNITED STATES auch „Big U", hier 1966 an der Columbuskaje vor der Fahrgastanlage I von 1952, die sie deutlich überragt. (Deutsches Schifffahrtsmuseum)

Die Reederei der UNITED STATES hatte ihr Büro werbewirksam im Columbusbahnhof zur Seeseite. (Deutsches Schifffahrtsmuseum)

Die Columbuskaje war meist voll mit Besuchern, die der UNITED STATES nach dem Ablegen meist noch lange nachschauten – zum letzten Mal vor 50 Jahren im November 1969. (Stadtarchiv Bremerhaven)

Auf ihrer ersten Heimreise erreichte die UNITED STATES 34,51 Knoten zwischen Bishop Rock bei den Scilly-Inseln und dem Ambrose-Feuerschiff vor New York, der offiziellen Messstrecke. Dafür brauchte das Passagierschiff drei Tage, zwölf Stunden und 12 Minuten. Damit hatte es das Blaue Band erobert, die imaginäre Trophäe für das schnellste Schiff auf dem Nordatlantik von Ost nach West.

Dabei hatte Kapitän Harry Manning bei weitem nicht die volle Turbinenleistung von fast 270.000 PS genutzt. Die wahre Höchstgeschwindigkeit blieb wie so manch anderes an diesem Schiff geheim. Bei Probefahrten schaffte die UNITED STATES über 41 Knoten, unvorstellbare 76 Kilometer pro Stunde. Auch die optimierte Rumpfform trug ihren Teil dazu bei. Bis zum Oktober 1969 kam die UNITED STATES 167 Mal an die Weser, meist nur im Winter und doch häufiger als jedes andere Fahrgastschiff nach 1950. Die Bremerhavener begeisterte die UNITED STATES bis zum Schluss. Im Columbusbahnhof und auf der Kaje wimmelte es stets von Menschen, wenn sie für einen Tag in der Stadt war. Gegen die Konkurrenz der Jets hatte aber auch sie auf Dauer keine Chance; immer weniger Menschen reisten in den 1960er-Jahren mit dem Schiff in andere Kontinente.

Auch militärisch hatte die UNITED STATES ihre Bedeutung verloren. Die Regierung Nixon strich 1969 deshalb die jährlichen Subventionen. Sie setzte auf Entspannung und ein Ende des Kalten Krieges und verließ sich auf die riesigen Interkontinental-Transporter der Air Force vom Typ Lockheed C 5 Galaxy. Sie konnten Truppen von Dezember 1969 an im Krisenfall noch schneller nach Europa bringen als die UNITED STATES. Sie wurde nicht mehr gebraucht. Ab 1970 flogen zivile Boeing 747 Jumbos, die requiriert werden konnten.

Am 1. November 1969 verließ die UNITED STATES zum letzten Mal Bremerhaven. Am 14. November wurde sie in New York außer Dienst gestellt. Ihre bereits angekündigten Kreuzfahrten fielen aus. Die Hoffnung, dass Schiff wieder in Fahrt zu bringen erfüllte sich nicht. Viele Jahre lag die UNITED STATES auf, ehe sie erst nach Istanbul, dann nach Sewastopol und schließlich nach Philadelphia geschleppt wurde. Die Ausstattung und Asbest wurden entfernt, außerdem die Davits und die Rettungsboote. 2003 wollte die Norwegian Cruise Line den über 50 Jahre alten Liner wieder herrichten und nach Hawaii schicken. Daraus wurde nichts. Und auch der Ankündigung von Crystal Cruises von 2016, das Schiff für Luxusreisen zu modernisieren, folgten keine Taten.

17 Jahre war die UNITED STATES im Dienst, seit 50 Jahren rostet sie vor sich hin. Fahren wird sie nicht mehr, aber noch gibt es Fans der „SS United States Conservancy", die mit Spenden und Sponsoren den leeren Liner als Hotel und Museum sanieren wollen. Ende 2018 hieß es, das Schiff werde als Hotel nach Manhattan zurückkehren ...

Die HAMMERSHUS verlässt den Hafen von Rønne auf Bornholm Richtung Sassnitz. Ihren Namen hat sie wie ihre beiden Vorgängerinnen nach der Burgruine im Nordwesten Bornholms. (Bornholmslinjen)

Neue Bornholm-Fähre mit Traditionsnamen

Dänischer Fährpoker – Die Karten wurden neu gemischt

▷ Frank Scherer

Mit der HAMMERSHUS können Bornholm-Urlauber jetzt die Direktverbindung von Sassnitz erstmals ganzjährig nutzen und das mit einem nagelneuen Schiff. Wir stellen es vor und vermitteln erste Reiseindrücke.

Manche Bornholm-Liebhaber wissen es natürlich bereits, dass auf der Linie von Rügen nach Bornholm mit der HAMMERSHUS ein neues Schiff mit deutlich niedrigeren Fahrpreisen zum Einsatz kommt. Die eigentliche Neuerung aber ist die ganzjährige Verbindung zur Insel von Deutschland aus. Bislang gab es auf dieser Route zwischen Oktober und Ostern keine Abfahrten. Der dänische Staat, der den Betreibervertrag für die Linien nach Bornholm vergibt, will mit günstigeren Fahrpreisen auf den drei Routen von Bornholm nach Ystad/Schweden, Köge nahe Kopenhagen und nach Sassnitz (Mukran) den Tourismus auf der Insel weiter ankurbeln. Wie kam es zu dieser Kehrtwende?
Ursprünglich wurde der Verkehr mit dem dänischen Festland von der privaten Reederei „Dampskibesselskabet af 1866" betrieben. Nach ihrer Verstaatlichung 1973 nannte sie sich „Bornholmstrafikken" und schließlich ab 2011 nur noch „Færgen" und bediente unter diesem Namen auch weitere innerdänische Routen. Zusätzlich hielt Færgen an den dänischen Molslinjen, die Schnellfähren im Kattegat einsetzen, einen Anteil von 30 Prozent. Bei der Ausschreibung des Bornholmverkehrs für den neuen Konzessionszeitraum 2018 bis 2028 plus zwei Jahre als Option konnte sich Molslinjen am Ende knapp mit dem Versprechen durchsetzen, die Ticketpreise zu halbieren. Færgen dagegen hatte nur eine Reduzierung um 45 Prozent angeboten.
Im Oktober 2018 gab das dänische Kartellamt schließlich grünes Licht für die komplette Übernahme von Færgen durch Molslinjen. Damit einher ging auch die Auswechslung der bisherigen Færgen-Flotte im Bornholm-Dienst. Die beiden Katamarane wurden verkauft, LEONORA CHRISTINA an Fred. Olsen (Einsatzgebiet Kanarische Inseln) und VILLUM CLAUSEN an Seajets in Griechenland (Einsatzgebiet Ägäis). Die Fähre HAMMERODDE wurde von Stena Line für die Verbindung Göteborg-Fredrikshavn übernommen. Ergänzend zur neuen HAMMERSHUS wechselten die beiden Katamarane EXPRESS 1 (36 Knoten, 1200 Passagiere, 417 Pkw) und MAX (38 Knoten, 800 Passagiere, 200 Pkw) von anderen Molslinjen-Diensten (Odden-Ebeltoft bzw Aarhus) auf die Rønne-Ystad Route. Als Ersatz wurden bei InCat in Australien zwei Neubauten bestellt.
Als Reserveschiff speziell für das Winterhalb-

MEHR ZUM THEMA

Frank Scherer: **Hat POVL ANKER eine Zukunft?**
Ein dänischer Fährschiffsklassiker.
Erschienen in OCEANUM. Das maritime Magazin.
Ausgabe 03, Euro 15,90, ISBN 978-3-86927-503-1

Hat POVL ANKER eine Zukunft?

Ein dänischer Fährschiffsklassiker

▷ Frank Scherer

Das 40 Jahre alte dänische Fährschiff POVL ANKER (12.358 BRZ) ist immer noch populär bei den Bornholmern und den deutschen Touristen. Im Laufe seiner langen Dienstzeit hat es alle Routen nach Bornholm befahren, sowohl von Kopenhagen, Ystad oder Sassnitz nach Rønne. Das Schiff bietet gemütliche Salons, Restaurant und Cafeteria, bequeme Kabinen mit Dusche/WC sowie großzügige Freidecks und Promenaden auf dem Bootsdeck. Im Vergleich zu den modernen Schnellfähren geht es hier ruhig zu; man kann die Überfahrt genießen.
Kürzlich erörterte die dänische Wochenzeitung Söfart die Zukunft des Schiffes und stellte die Frage, ob die dänische Nation nicht langfristig den Erhalt dieses Klassikers planen solle, da bislang noch kein solches Projekt in Dänemark erfolgreich war. Man erinnere sich noch an das Drama um die traditionelle Fähre KONG FREDERIK IX von 1954, die trotz großer Bemühungen zur Erhaltung 2005 doch nach Alang zum Abwracken kam. Die Rettung der POVL ANKER solle aus Steuern finanziert werden, schlägt die Zeitung vor. Gerechtfertigt sei dies dadurch, dass die POVL ANKER eine der besten Vertreterinnen der Transport- und Industriegeschichte des Landes sei. Zudem sei die Fähre ohne größere Umbauten geblieben und mit dem originalen Mobiliar erhalten.
Die Baunummer 221 der Aalborg Werft (Länge 121 Meter, Breite 24,5 Meter, vier Burmeister & Wain-Diesel mit 12.472 PS für 20 Knoten, 1500 Passagiere, davon 336 in Kabinen, 262 Autos, war ein Entwurf des berühmten dänischen Konstruktionsbüros Knud E. Hansen. Die Inneneinrichtung stammt von dem Designer Kay Körbing, der zahlreiche Schiffe der Reedereien DFDS, Tor Line und DSB Rederi ausstattete.
Aktuell wurde die dänische Reederei Faergen an die Molslinjen verkauft, die den Fährverkehr nach Bornholm unter dem neuen Namen Bornholmslinjen betreiben und seit September 2018 den Neubau HAMMERSHUS von der finnischenn Rauma-Werft einsetzen, der ganzjährig die Strecke Sassnitz-Rønne bedient.
POVL ANKER soll künftig als Reserveschiff im Bornholm-Verkehr zur Unterstützung der HAMMERSHUS fahren.

Die POVL ANKER kurz nach ihrer Indienststellung. (Slg. Scherer)

Der Salon. (Per Jensen)

Das Büfett. (Frank Scherer)

jahr, wenn beide Katamarane bei stürmischem Wetter nicht eingesetzt werden können, bewährt sich weiterhin der bei Bornholmern und vielen Gästen besonders wegen seiner Seetüchtigkeit und Zuverlässigkeit beliebte Fährschiffs-Klassiker POVL ANKER (Baujahr 1978) . Er soll auch in der Saison zwischen Mai und Oktober mit Parallelabfahrten zur HAMMERSHUS an den Wochenenden die Engpässe auf der Sassnitz-Strecke helfen zu reduzieren.

Testfahrt auf der HAMMERSHUS

An einem wunderschönen Samstagmorgen Mitte Oktober 2018 ist die Schlange der wartenden Autos am Fähranleger in Mukran auf den ersten Blick doch nicht so kurz wie erhofft. Der Beginn der Herbstferien betrifft an diesem Wochenende doch nur Nordrhein-Westfalen und trotzdem ist es voll. Liegt es am fortgesetzt schönen Wetter, das Kurzurlauber nach Bornholm lockt oder ist es das neue Fährschiff HAMMERSHUS von Bornholmslinjen? Tatsächlich sieht das neue Konzept von Molslinjen eine ganzjährige Verbindung Sassnitz-Rønne vor und nicht wenige Urlauber nehmen dieses Angebot schon im Oktober wahr, während bei Færgen die Strecke nur bis Ende September angeboten wurde. Wir sind dabei und warten gespannt auf das Schiff.

Der direkte Blick auf das Wasser ist den Wartenden durch Laderampen und Fußgängerbrücken versperrt. Unvermittelt erscheint dann das breite Heck der HAMMERSHUS, die sich vorsichtig an das Terminal herantastet. Mit schnellen Schritten kann ein Ortskundiger an die Kaikante gelangen mit Blick auf das Schiff. Breit und flach erscheint es, das Design ergibt sich unübersehbar aus der Funktion. Größe und Länge werden schnell unterschätzt, tatsächlich ist es im Vergleich zur wuchtiger wirkenden POVL ANKER 37 Meter länger und mit 18.009 BRZ etwa 5600 BRZ größer. Der weiße Anstrich harmoniert gut mit dem blauen Farbband oberhalb der Wasserlinie und der ebenfalls blau abgesetzten Kante über der Kommandobrücke.

Ein Schiff für zwei Aufgaben

Für den Sassnitz-Anlauf sind laut Fahrplan nur 30 Minuten vorgesehen. Zügig fahren wir auf das Schiff, das über zwei Ladedecks mit einer Höhe von je 4,50 Metern verfügt. Die Heckrampe vom Hersteller MacGregor erstreckt sich fast über die gesamte Schiffsbreite und hat sieben Fahrspuren. Je zwei feste Rampen, aufwärts an Backbord und abwärts an Steuerbord, verbinden beide Decks für einen effizienten Ablauf der Beladung. Konzipiert ist das Schiff in erster Linie für den Frachtverkehr mit unbegleiteten Trailern auf der Route von Køge nach Rønne zur Versorgung der Insel. Dafür sind im Fahrplan jeweils zwei Stunden für die Be- und Entladung vorgesehen.

Das neue Schiff erfüllt nicht nur die Mindestanforderungen auf dieser Route von 1500 Lademetern und einer Kapazität für 400 Passagiere, sondern sollte auch auf der von Færgen seit Jahren etablierten Sassnitz-Route ein Maximum an Passagieren und Pkw befördern kön-

Die große Heckrampe mit sieben Spuren ermöglicht eine zügige Be- und Entladung.(Frank Scherer)

Auf dem oberen Ladedeck sind die seitlichen Öffnungen gut zu erkennen sowie im Hintergrund an den Außenseiten die Rampen zum unteren Deck. (paxpix – Sören Lund Hviid)

nen. Am Ende wurde das Schiff etwas größer als geplant für 720 Passagiere und 353 Pkw. Die HAMMERSHUS hat keine Bugklappe, da für den Trailerverkehr eine schnelle Durchfahrt nicht relevant ist, allerdings sind beim Bau der Fähre die Voraussetzungen für eine nachträgliche Installation bereits geschaffen worden. Die 180 Grad-Wende auf beiden Ladedecks stellt kein Problem dar. Auffällig sind die großen seitlichen Öffnungen auf dem oberen Ladedeck; dadurch konnte hier auf eine mechanische Ventilation verzichtet werden. Für gefährliche Ladung gibt es auf diesem Deck achtern eine größere Freifläche.

Die HAMMERSHUS verlässt täglich Køge um 0.30 Uhr und erreicht um 6 Uhr morgens Rønne. Diese Zeit ist optimal für den Frachtverkehr und die Verteilung der Waren auf der Insel. Um 8 Uhr startet sie nach Sassnitz mit Ankunft um 11.20 Uhr Um 11.50 Uhr geht es bereits zurück nach Rønne mit Ankunft um 15.10 Uhr. Die Abendabfahrt von Rønne erfolgt um 17 Uhr und endet um 22.30 Uhr in Køge.

Ein zentrales Deck für Passagiere

Von den beiden Autodecks gelangen die Passagiere mit Fahrstühlen oder über zwei Treppen-

Mitschiffs befindet sich das große Foyer mit Treppenhaus, Fahrstühlen und Sanitärbereichen. (Frank Scherer)

häuser auf Deck 7, wo sich alle Aufenthaltsräume für die Passagiere befinden, was die Orientierung sehr erleichtert. Das mittschiffs gelegene Foyer ist großzügig bemessen. Nach vorn schließt sich mit der Caféteria mit 200 Sitzplätzen der größte Raum auf diesem Deck an.

In der Mitte konzentrieren sich der offene Küchenbereich mit Selfservice-Buffet, mehreren Kassen, Shop, Informationsschalter und einem Spielebereich für Kinder.

Durch geschickte transparente Raumteiler ergeben sich auch ruhigere, separate Zonen für Rollstuhlpassagiere, Passagiere mit Hunden (Leinenzwang) oder für Allergiker. Das hellgraue und gelbe Mobiliar hebt sich gut vom dunkelblauen Teppichboden ab und schafft mit den großen Fenstern eine sehr freundliche Atmosphäre. Die tiefen Fenster ermöglichen einen guten Blick auf die See. Von den Plätzen ganz vorn hat man die gleiche Perspektive wie der Kapitän auf der Kommandobrücke ein Deck höher.

Mancher Passagier mag das üppige Frühstücks-

In der weiträumigen Caféteria sind die vorderen Plätze wegen der Aussicht begehrt. (Frank Scherer)

Der Mittelbereich der Caféteria. Die Ausstattung des Schiffes übernahm nach finnischen Entwürfen die deutsche Firma Reinhold & Mahla. (Frank Scherer)

wahl. Auch die beliebten Kopenhagener oder dänisch Wienerbrød genannt fehlen natürlich nicht. Die Mitarbeiter sind freundlich und sprechen teilweise auch deutsch.

Es bleibt allerdings abzuwarten, wie in der Hochsaison bei vollbesetztem Schiff der Ansturm der Passagiere an der Ausgabe bewältigt wird. Positiv fällt auf, dass alle Hinweisschilder dreisprachig sind, an erster Stelle in Deutsch und das in größerer Schrift als die dänischen und englischen Hinweise. Speisekarten gibt es auf Deutsch und Dänisch. Das Preisniveau liegt erwartungsgemäß etwas höher als in Deutschland.

Hinter dem großen Eingangsbereich schließen sich nach achtern zwei Ruheräume an. An Steuerbord befinden sich drei Reihen mit 200 Ruhesitzen, wobei für die mittlere Reihe TV-Monitore vorhanden sind, die aber noch nicht in Betrieb waren. Der Raum auf der Back-

Auch der Küchen- und Ausgabebereich der Speisen ist in der Caféteria von der Konzeption her transparent angeordnet. (paxpix – Sören Lund Hviid)

Die Ruheliegen können unentgeltlich benutzt werden. Familien mit kleinen Kindern, Studenten oder LKW-Fahrer ziehen sie einer aufpreispflichtigen Kabine vor. (Frank Scherer)

bordseite ist mit 100 Ruhebänken ausgestattet für Passagiere, die keine Kabine buchen wollen. Zu jeder Bank gehört hier ein Schließfach. Die Plätze in beiden Räumen erfordern keine Reservierung. Zu beiden Seiten dieser Räume laufen offene Promenaden, die sich bis zu den Rettungsbooten erstrecken. Vom Foyer gelangt man auf das darüberliegende Deck 8 mit 18 Außenkabinen für je vier Passagiere, von denen zwei Kabinen behindertengerecht ausgestattet sind. Sie verfügen über Dusche/WC und TV. Diese wenigen Kabinen werden in erster Linie für LKW-Fahrer auf der Køge-Route vorgehalten. Die meisten dänischen und skandinavi-

Im Außenbereich könnten durchaus noch mehr Sitzgelegenheiten zur Verfügung stehen. Über dem Dach des vorderen Deckshauses befindet sich entsprechend einer Vorschrift für alle ro-pax Neubauten der Landeplatz für Rettungshubschrauber. (Frank Scherer)

schen Touristen nutzen die Schnellfähren von Ystad, die für den Trailerverkehr nicht vorgesehen sind.
POVL ANKER dagegen hat für Nachfahrten 336 Kabinenbetten, die sich aus dem früheren Konzept ergaben, als die Kopenhagen-Route noch die meist frequentierte Verbindung nach Bornholm war. Windgeschützte Decksplätze mit Tischen und Bänken sind auf dem gleichen Deck mittschiffs installiert für je 50 Passagiere zu beiden Seiten, was bei gutem Wetter etwas knapp bemessen scheint. Die 12-köpfige Besatzung ist weiter vorn auch auf Deck 8 untergebracht ebenso wie die Kommandobrücke.

Modernste Technik und Sicherheit

Die Rauma-Werft bezeichnet die Neuentwicklung der beiden Wärtsilä-Hauptmaschinen als Weltpremiere mit den bislang niedrigsten Verbrauchswerten bei Viertakt-Dieselmotoren. Molslinjen verwendet nur noch Ultra-Low-Sulfur-Diesel (ULSD). Beide Motoren sind in separaten Räumen installiert, um den neuesten Safe Return to Port-Vorschriften zu entsprechen. Die gesamte Anlage ist wartungsfreundlich konzipiert und leicht zugänglich. Sichtbare Abgase konnten wir nicht feststellen. Vibrationen waren während der Fahrt ebenfalls nicht wahrnehmbar, was wesentlich zu einer ent-

HAMMERSHUS passiert das Sassnitzer Molenfeuer. (Tobias Gerken)

HAMMERSHUS in Fahrt auf der Ostsee. (Tobias Gerken)

spannten Reise beiträgt. Der energieeffiziente Betrieb wird auch durch die Verwendung von LED-Lampen erreicht. Die Bugstrahlruder sind leistungsmäßig so ausgelegt, dass problemloses An- und Ablegen bis Windstärke 9 sichergestellt ist. Stabilisatoren sind selbstverständlich.

Wir haben beide Überfahrten bei ruhiger See mit einem interessanten nagelneuen Schiff erlebt, das uns mit ansprechendem Design und nicht zuletzt mit Pünktlichkeit überzeugt hat und wünschen der HAMMERSHUS, seiner Besatzung und künftigen Passagieren stets gute Fahrt!

Technische Daten HAMMERHUS

Flagge	Dänemark
Werft	Rauma Marine Constructions Oy, FIN
Bau Nr.	6001
Klassifikation	DNV GL
Stapellauf	5. Januar 2018
Indienststellung	1. September 2018
Länge, Breite	158 Meter / 4,5 Meter
Tiefgang	max. 5,7 Meter
BRZ	18.009
Tragfähigkeit	4400 tdw.
Maschine	Diesel, 2 x Wärtsilä Type 8V31, je 4889 kW
Geschwindigkeit	17,7 Knoten (Route Køge-Rønne) 20,0 Knoten (Route Sassnitz-Rønne) 22,0 Knoten max. auf Probefahrt
Propeller	2
Bugstrahlruder	2 x 1500 kW Rolls-Royce
Stabilisatoren	Rolls-Royce
Kapazität	720 Passagiere, 19 Kabinen für 72 Passagiere, 1500 Lademeter oder 353 Pkw
Besatzung	12 Personen
Preis	68 Millionen Euro

Luftkissenboote im Wattenmeer

Zwei Erprobungsphasen 1965 und 1983

▷ Martin Wlecke

Hovercraft-Boote konkurrierten jahrzehntelang im Englischen Kanal mit den traditionellen Fähren. 1965 und dann noch einmal 1983 wurden sie versuchsweise auch an der deutschen Nordseeküste für den Personenverkehr eingesetzt. Unser Autor hat die Premiere miterlebt.

Wangerooge, im Sommer 1965. Wir machten Urlaub auf dem damaligen Campingplatz Saline im Westen der Insel zwischen den Dünen und den Gleisen der Inselbahn. Von einem Zeltnachbarn erhielten wir die Information, am nächsten Tag werde ein Hovercraft-Luftkissenboot zwischen dem Festland und Wangerooge pendeln. Der Ort der Anlandung und Zeitpunkt waren uns aber nicht bekannt. Als Jugendlicher kannte ich diese Art von Schwebefahrzeug von Fotos und war natürlich neugierig auf die neue Technik. Also standen wir am nächsten Tag auf dem Deich

Das Luftkissenboot Westland SRN5 bei der ersten Anlandung auf Wangerooge im Sommer 1965. (Alle Abbildungen Martin Wlecke)

Zeichnung des Hovercraft SRN5 vor Wangerooge, im Hintergrund der Westturm.

zum Wattenmeer und hielten mit dem Fernglas Ausschau. Alles war ruhig wie immer. In der Ferne waren auf der glitzernden Wasserfläche die Seebäderschiffe OLDENBURG und WANGEROOGE unterwegs, die Inselbahn zuckelte Richtung Westanleger, doch das angekündigte Luftkissenboot entdeckten wir nicht. Da hatte uns wohl einer einen Bären aufgebunden.

Dann fiel uns auf, dass sich am westlichen Dorfrand bei den Salzwiesen am Mittelaußengroden immer mehr Menschen versammelten. Warteten sie vielleicht auch auf das Luftkissenboot? Denn dort konnte die Anlandung erfolgen. Auch wir folgten dem Herdentrieb. Im Laufschritt ging es über den Deich zu den Wattwiesen. Ein provisorisch errichteter Flaggenmast mit gelber Reklamefahne für Sonnenmilch markierte den „Landeplatz".

Dann ein Geräusch, als wenn in der Ferne ein großes Flugzeug startet, möglicherweise verursacht durch das angekündigte Boot. Zunächst deutete nur der Motorenlärm darauf hin, doch ein paar Minuten später sahen wir im Wattenmeer einen schwarzen Strich und eine weiße Gischtwolke. Das musste das Hovercraft-Boot sein! Es war also wirklich unterwegs nach Wangerooge. Allerdings folgte es nicht der üblichen Fahrrinne der traditonellen Fähren von Harlesiel zum Westanleger, sondern steuerte direkt auf das Inseldorf zu. Mit welcher Geschwindigkeit es über das Watt glitt, konnten man aus der Ferne nur schwer einschätzen.

Lautstark näherte sich das Hovercraft-Boot der Insel. Möwen und Austernfischer hatten schon frühzeitig das Weite gesucht. Die Gischtwolke verschwand, als das Boot die Wasserfläche verließ und die letzten 200 Meter über die Salzwiesen heranschwebte. Dafür flogen nun Staub und Gräser durch die Luft und das Getöse wurde fast unerträglich. Jetzt, wo das Fahrzeug langsamer wurde, war es offensichtlich schwer zu manövrieren. Es tänzelte hin und her, bis es endlich am

Das Boot schwebt über die Salzwiesen zurück in Richtung Festland.

Landeplatz nahe dem Flaggenmast stoppte. Die Turbine verstummte, die schwarze Gummischürze sackt zusammen und der Propeller lief aus. Endlich wieder Ruhe am Deich! Schnell war das exotische Verkehrsmittel von Neugierigen umringt. Langsam öffnete sich die Bugklappe und wir konnten einen Blick ins Innere werfen. In der recht kleinen Kabine (geschätzt etwa vier mal zwei Meter) waren in vier Reihen die schmalen Sitzbänke und der Fahrstand für den Piloten untergebracht. Viel Platz für Koffer blieb da nicht.

Etwa ein Dutzend Personen mit Handgepäck hatte das Boot bei dieser Fahrt auf die Insel gebracht. Das Aus- und Einsteigen der Fahrgäste (oder waren es doch Fluggäste?) war schnell erledigt. Wir Schaulustigen mussten wieder zurücktreten. Die Gasturbine heulte auf, der Luftsack hob das Boot wieder an und der Propeller kam auf Drehzahl. Langsam drehte sich das Hovercraft um 180 Grad und zeigte uns nun das Heck. Jetzt hätten wir als Zuschauer besser den Standort gewechselt, denn es wurde richtig stürmisch. Mützen flogen durch die Luft und als Abschiedsgruß schickte das ungewöhnliche Gefährt noch eine warme, nach verbranntem Kerosin riechende Staubwolke in Richtung Deich. Dann schwebte es über die Wiesen zurück ins Watt, erhöhte die Geschwindigkeit und macht sich lautstark auf den Rückweg. Bald sahen wir nur noch die Gischtwolke.

Gern wäre ich mit an Bord gegangen, um das völlig neue Fahrgefühl kennenzulernen. Aber die wenigen Plätze waren wahrscheinlich schon reserviert und für uns Jugendliche bestimmt auch unbezahlbar. Mehrmals pendelte das Boot an diesem Tag noch zwischen Wangerooge und dem Festland. Interessant war es ja, doch die meisten Bewohner und Gäste der Insel waren am Abend wohl froh, dass endlich wieder die gewohnte Ruhe auf der Insel einkehrte.

Als Jugendlicher hatte ich 1965 nur Augen für die neue Hovercraft-Technologie und war begeistert. Schließlich bezeichnete die Presse Luftkissenboote als „das Verkehrsmittel der Zukunft". Mehr als 50 Jahre später betrachte ich diese Aktion vor Wangerooge aus einem anderen Blickwinkel. Die damaligen Gleitfahrten quer durch das Wattenmeer mit Anlandungen in den Salzwiesen zeigten deutlich, dass Naturschutz in den 1960er-Jahren noch kein Thema war. Störungen der Seevögel, die hier am Wattufer rasteten oder brüteten, und die Vertreibung der Seehunde von den Sandbänken wurden für die Erprobung der neuen Technik ohne Proteste in Kauf genommen. Seit das Wattenmeer ein Naturpark ist, würden solche Aktionen nicht mehr genehmigt.

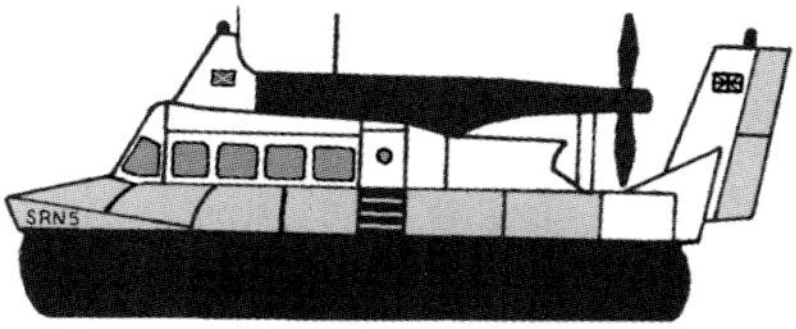

Hovercraft Typ SRN5

Hersteller: Westland Aircraft
Länge: 12 Meter
Breite: 7 Meter
Kapazität: 18 Personen
Motor: Rolls-Royce-Gasturbine 900 PS (665 kW)
Antrieb: 4-Blatt Propeller, Durchmesser 2,74 Meter
Auftrieb: BHC Zentrifugal-Ventilator
Betriebsgeschwindigkeit: 30 bis 40 Knoten
Maximale Geschwindigkeit: 70 Knoten

Das Projekt Westland SRN5

Soweit meine Erinnerungen, nun zum Hintergrund der Aktion. Für den Sommer 1965 hatten die Reederei Cassen Eils und die HADAG ein englisches Hovercraft vom Typ Westland SRN5 gechartert. Es war zwölf Meter lang und konnte 18 Passagiere mitnehmen. Es war das erste größere Luftkissenfahrzeug, das in deutschen Gewässern für die Personenbeförderung zum Einsatz kam. Also absolutes Neuland – auch für die Zulassungsbehörden. Während Hovercraft-Boote in Großbritannien Luftfahrzeuge sind, wurde die Westland SRN5 in Deutschland als Schiff eingestuft. Cassen Eils und die HADAG planten als Einstieg eine Schnellverbindung zwischen Cuxhaven, Büsum und St.-Peter-Ording. Als der Plan bekannt wurde, war die Presse voll des Lobes. Mit diesem mutigen Vorhaben sei der Betreiber der Zeit weit voraus, es gebe viele Vorteile gegenüber den Fähren. Zum Beispiel die kurzen Fahrzeiten, da das Boot eine Geschwindigkeit von bis zu 130 km/Std. erreichen könne, zumindest theoretisch. Fahrten ohne Abhängigkeit von der Tide seinen möglich, also ideal für das Wattenmeer. Flache Wasserflächen, Sand- oder Muschelbänke, Wiesen und Gräben seinen kein Problem für das Schwebefahrzeug. Es lasse sich auf fast jedem Untergrund einsetzen, Hauptsache, es habe immer eine Handbreit „Luft" unter dem Kiel.

Doch schon bei der ersten Vorführung in Hamburg meldeten sich die ersten kritischen Stimmen. Die Geräuschkulisse hatte man wohl total unterschätzt. Schallpegelmessungen zeigten, dass die Westland SRN5 Lärm verursachte wie ein vierstrahliges Passagierflugzeug beim Start. Im Juli 1965 startete die Verbindung von Cuxhaven nach St.-Peter-Ording. Die Fahrzeit beträgt etwa eine halbe Stunde. Interessenten, die das neue Hovercraft-Fahrgefühl erleben wollten, gab es reichlich. Aber nach einigen Wochen häuften sich die Beschwerden von Bewohnern und Urlaubern über die enorme Lärmbelästigung.

Doch die Betreiber hatten weitere Pläne. Versuchsweise wurde das Fahrzeug auch auf den Strecken vom Festland zur Insel Norderney und nach Wangerooge getestet. Auch hier wurden zunächst nur die Vorteile gesehen. Eine schnelle von den Gezeiten unabhängige Verbindung zum Ort ohne Umsteigen auf die Inselbahn. Für die Zukunft schienen ein täglicher Schülertransfer zum Festland und auch Krankentransporte möglich. Die Nachteile wie hohe Betriebskosten bei stark begrenzter Passagierzahl, die Lärmbelästigung und die langfristige Schädigung der Umwelt waren zunächst zweitrangig. Auch zeigte sich bei den Probefahrten, dass dieses Fahrzeug bei stärkerem Wellengang und Windböen schwer zu beherrschen war.

Die Fahrten nach Wangerooge verliefen problemlos, aber auf Norderney gab es einen Zwischenfall. Wahrscheinlich aufgrund starker Windböen kam das SRN5 bei der Anlandung vom Kurs ab und wurde stark beschädigt. Verletzt wurde niemand. Nach diesem Ereignis waren die so optimistischen Pläne für Hovercraft-Boote an der deutschen Nordseeküste erst einmal vom Tisch.

Der zweite Versuch

Erst 1983 war der Schnellverkehr per Hovercraft im Wattenmeer nochmals ein heißes Thema. Die Reederei AG Ems wollte zusammen mit der British Hovercraft Corporation (BHC) ein Luftkissenboot auf den Strecken Emden-Borkum und Harle-Wangerooge testen. Es kam dafür ein mittelgroßes Hovercraft vom Typ AP1-88 zum Einsatz. Mit einer Länge von 24 Metern und 11 Metern Breite konnte es etwa 80 Personen befördern. Es ist zwar immer noch laut, aber doch deutlich leiser als das Vorgängermodell. War der Antrieb der Westland SRN5 noch eine mit Kerosin betriebene Gasturbine, so war der neue Typ AP1-88 mit vier Turbo-Dieselmotoren ausgerüstet. Jeweils zwei sorgten für den Auftrieb und den Propellerantrieb. Die von den Behörden erteilte Genehmigung für dieses Vorhaben war schon im Vorfeld heftig umstritten und mit vielen Auflagen verbunden, da das Wattenmeer inzwischen ein Landschaftsschutzgebiet geworden war. Nach massiven Protesten verschiedener Interessengruppen stellte die Gemeinde Harlesiel keine Anlandungsfläche für den Testlauf zur Verfügung. Also wurden die Fahrten nach Wangerooge gestrichen.

Auch in Emden regte sich Widerstand. Verschiedene Naturschutzverbände und andere Gruppen hatten sich vereint und organisierten sogar eine Blockade auf dem Wasser. Die Wasserschutzpolizei bemühte sich zwar, den Fahrweg für das Luftkissenboot zu sichern, aber trotzdem trafen das Schwebeboot und die Blockierer aufeinander. Der britische Pilot hielt auf das am Fahrwasser liegende Protest-Boot zu. Er versucht gar nicht, es zu umfahren, sondern stoppte kurz davor, drehte sein Fahrzeug und drückte das kleine Boot der Demonstranten mit dem kräftigen Schub der beiden Heckpropeller in Richtung Mole. Transparente und Banner flogen durch die Luft und Gischt hüllte die Protestler ein. Glücklicherweise wurde niemand bei diesem gefährlichen Abdrängen verletzt. Die Probefahrt mit den geladenen Gästen wurde kurz unterbrochen, dann aber trotz der anhaltenden Proteste fortgesetzt. Da die regionale Presse und ein Fernsehteam ausführlich über den Vorfall berichteten, konnte das Projekt Luftkissenboot als Borkumfähre in den nächsten Tagen keine Pluspunkte sammeln. Am Seedeich in Emden blieben nach dem Probelauf schwere Schäden an der Grasnarbe zurück. Entstanden waren sie bei den Anlandungen, wenn das schwere Hovercraft-Boot abgesenkt wurde.

Keine Chance für große Hovercrafts

Kurzzeitig verkehrte ein AP1-88-Boot auch auf der Elbe zwischen Cuxhaven und Brunsbüttel. Aber erneut bleibt es bei Probeläufen und der Plan einer Hovercraft-Fährverbindung in der Elbemündung wurde schnell wieder aufgegeben. Luftkissenboote zur Personenbeförderung werden wir in den Gewässern der deutschen Nordseeküste wohl nicht mehr antreffen. Den Vorteil der hohen Spitzengeschwindigkeiten von mehr als 100 km/Std können Luftkissenboote beim Einsatz auf stark befahrenen Gewässern und kurzen Strecken kaum nutzen. So ein Highspeed Hovercraft-Boot benötigt bei voller Fahrt ein freies „Schussfeld". Denn bei der schnellen Annäherung bleibt anderen Wasserfahrzeugen

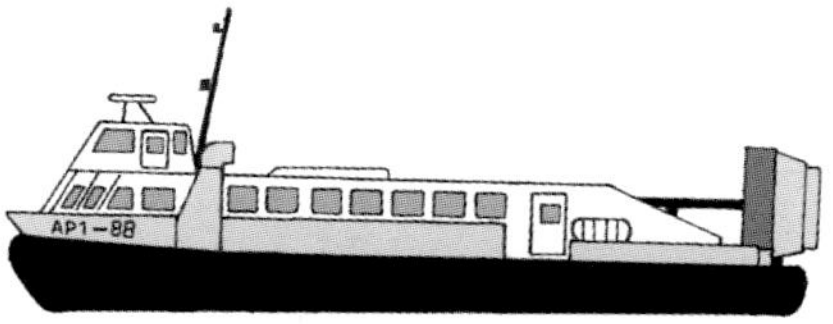

Hovercraft Typ AP1-88

Hersteller: British Hovercraft Corporation
Länge: 24 Meter
Breite: 11 Meter
Kapazität: 80 Personen
Motoren: 4 luftgekühlte Deutz-Turbo-Diesel mit je 428 PS (315 kW)
Antrieb: Zwei 4-Blatt Mantelpropeller, Durchmesser 2,74 Meter
Auftrieb: BHC Zentrifugal-Ventilatoren
Betriebsgeschwindigkeit: 30 bis 40 Knoten
Maximale Geschwindigkeit: 50 Knoten

kaum Zeit für ein rechtzeitiges Ausweichmanöver. Luftkissenboote für den Personentransport werden heute im zivilen Bereich nur noch selten eingesetzt. Katamarane haben sie sich als Schnellfähren in Küstengewässern bewährt und weitgehend durchgesetzt.
Allerdings trifft man in den letzten Jahren verstärkt auf kleinere Luftkissenboote für zwei bis drei Personen, die von den Insel-Feuerwehren oder an der Küste eingesetzt werden. Auf Langeoog und bei St.-Peter-Ording wurden damit schon unvorsichtige Badegäste von Sandbänken geholt und in Not geratene Wattwanderer gerettet.

Die BERLIN verlässt die Columbuskaje in Bremerhaven.
(Georg Hoffmann)

Als blinder Passagier mit der BERLIN nach New York

▷ Harald Focke

Das Fernweh quält Wiegbert Schwedries so sehr, dass er im Juni 1961 einen Besuch auf der BERLIN in Bremerhaven spontan nutzt, um ohne Fahrkarte über den Nordatlantik zu reisen. Schwedries wird entdeckt, kommt trotzdem nach New York, dort aber nicht an Land.

Lust auf Abenteuer

Meine Fahrt als blinder Passagier 1961 auf der BERLIN war das größte Abenteuer meines Lebens, sagt Wiegbert Schwedries. Er ist damals 19 Jahre alt und lebt in Visselhövede, einem Heideort zwischen Verden und Soltau. Dort arbeitet er als Malergeselle. Seine Tante und sein Onkel sind 1952 wie viele andere Deutsche in die USA ausgewandert. Dort erhofften sie sich ein besseres Leben als im Nachkriegs-Deutschland, wo es nur langsam aufwärts geht.

Nun haben sie Schwedries' Mutter und Schwester eingeladen, sie zu besuchen. Beide wollen den Nordatlantik mit dem Schiff überqueren. Sie entscheiden sich für die BERLIN, die neben der BREMEN den Liniendienst des Norddeutschen Lloyd zwischen Bremerhaven und New York versieht.

Im Juni 1961 liegt die BERLIN fahrplanmäßig an der Columbuskaje. Aufgrund einer akuten Handverletzung ist Schwedries krankgeschrieben, so kann er Mutter und Schwester ans Schiff begleiten.

Der Blick auf die Weite der Wesermündung faszinierte mich sofort. Das war das Meer, nach dem ich mich gesehnt hatte, seit mir meine Mutter von den schönen Stränden der Ostsee und den großen Schiffen in unserer Heimat erzählt hatte, erinnert sich Schwedries, der 1942 in Memel in Ostpreußen geboren wurde. Kurz vor Kriegsende war er als Dreijähriger mit seiner Mutter und drei Geschwistern vor der Roten Armee in den Westen geflohen. Die Familie landete weit im Binnenland im Süden der Lüneburger Heide. Der Vater blieb im Krieg.

Schwedries darf als Besucher mit auf's Schiff. Karten für Begleiter von Passagieren verkauft der Norddeutsche Lloyd im Columbusbahnhof für 1 DM, Kinder zahlen die Hälfte. *Ich war beeindruckt von der Größe der BERLIN. Mit ihr konnte man von Bremerhaven nach Amerika fahren! Ins „Land der unbegrenzten Möglichkeiten",* erzählt Schwedries. *Wie oft hatte mich das Fernweh gepackt, wenn ich im Radio „La Paloma" mit Hans Albers hörte, „Ein Schiff wird kommen" mit Lale Andersen oder Freddys „Unter fremden Sternen". Heinz Helfgens Reisebücher „Ich radle um die Welt" hatte ich verschlungen. So war es eigentlich kein Wunder, dass ich mit dem Gedanken spielte, heimlich an Bord zu bleiben und mich als blinder Passagier irgendwo auf der BERLIN zu verstecken. So eine Chance kriegte ich bestimmt so schnell nicht wieder. An die Folgen dachte ich natürlich nicht. Dafür war meine Lust auf Abenteuer viel zu groß. Die Alternative hieß: Weiter malern in Visselhövede! Drüben konnte man aufsteigen „vom Tellerwäscher zum Millionär", wie es bei uns hieß. Ich traute mir durchaus zu, auf der BERLIN bis New York durchzukommen. Alles Weitere würde sich dort schon finden. Da war ich ziemlich optimistisch und wohl auch ganz schön naiv.*

Schwedries ist auf die Reise organisatorisch überhaupt nicht vorbereitet: Außer einem kleinen Messer und 75 Pfennig in der linken Hosentasche hat er nichts bei sich – nichts zu essen und natürlich auch keine Kleidung zum Wechseln. Planung sieht anders aus.

Die BERLIN an der Columbuskaje in Bremerhaven. (Deutsches Schiffahrtsmuseum)

Abschied nur zum Schein

Kurz vor der Abfahrt wurden die Besucher der BERLIN über Lautsprecher gebeten, das Schiff demnächst zu verlassen. *Aufgrund der vielen Nebengeräusche konnte ich die Durchsage kaum verstehen. Ich war mit meinen Gedanken sowieso schon weit weg,* erinnert sich Schwedries. Er hat sich schon entschlossen, an Bord zu bleiben. Als er sich zum Schein mit einer Umarmung von seiner Mutter verabschiedet, drückt sie ihm eine Postkarte in die Hand. Er soll sie an Land in den nächsten Briefkasten werfen. Doch daraus wird nichts.

Bei seinem Decksrundgang sind Schwedries die Rettungsboote aufgefallen – vermutlich ein gutes Versteck, denkt er, in dem er dank der Abdeckplane auch bei Regen und Wind einigermaßen geschützt wäre. Er würde seinen Schlupfwinkel allerdings zehn Tage lang kaum verlassen können. Deshalb fürchtet er, im Boot zu verhungern oder zu verdursten. Immerhin dauert die Überfahrt zehn Tage, das weiß Schwedries. Daher sichert er sich wenigstens zwei Äpfel und zwei Flaschen Coca Cola, die neben Frikadellen und belegten Broten für Passagiere und Besucher zur Begrüßung bereitliegen. Lange würde diese schlichte Verpflegung jedoch nicht reichen. Auch ein Faltblatt mit Decksplänen der BERLIN steckt Schwedries ein. *Mit ihm konnte ich herausfinden, wo meine Mutter und meine Schwester untergebracht waren. Die hatten längst ihre Kabine in der Touristenklasse bezogen und machten sich für das erste Abendessen im Speisesaal zurecht.* Ihnen wollte Schwedries lieber nicht begegnen.

Mit dem Taschenmesser ins Versteck

Wenn die BERLIN abends in Bremerhaven ablegte, war es für die Besatzung schwierig, in der Dunkelheit überall zu überprüfen, ob wirklich alle Tagesgäste von Bord waren. Sie wurden nicht gezählt, wenn sie das Schiff betraten oder verließen. Diese fehlende Kontrolle war Schwedries' große Chance. Während die anderen Besucher zurück an Land gehen, schleicht er sich mit seinem Proviant in der Hand so unauffällig wie möglich zu den Rettungsbooten. Mittschiffs liegen immer zwei von ihnen übereinander. Sie sind rund zwölf Meter lang und haben im Ernstfall Platz für etwa 60 Menschen. Eines der oberen Boote ist Schwedries als Quartier zu unsicher. Er fürchtet, dort herauszufallen und ins Meer zu stürzen, da eine sichernde Reling in dieser Höhe fehlt. In ein unten liegendes Boot kann er ohnehin leichter hinein und bei Bedarf auch wieder hinaus.

Schwedries entscheidet sich für das Boot Nummer 8A auf der Steuerbordseite. Nun zahlt sich aus, dass er sein kleines Taschenmesser dabei hat: Mit ihm schneidet er entschlossen das Spanntau der wasserdichten Persenning durch, klappt die Abdeckung kurz auf, schlüpft behände ins Boot und zieht die Plane schnell wieder glatt, damit es so aussieht, als wäre nichts passiert. Nun ist es innen wegen der blickdichten Abdeckung ziemlich dunkel. Kein Lichtstrahl drang herein, obwohl das Bootsdeck hell beleuchtet war, erinnert sich Schwedries. So bleibt seinen Augen verborgen, wie es im Boot aussieht. Beim Herumtasten erspürt er unter den Sitzbänken einige Blechkästen, die mit einem Schraubverschluss gesichert sind. Er öffnet einen Behälter und findet die übliche Notration für Schiffbrüchige: Zwieback, Wasser und Kondensmilch.

Warten auf das Ablegen

Ich probierte, mich schlafen zu legen, da es mittlerweile schon ziemlich spät war, erzählt Schwedries. Doch es gelang mir einfach nicht, auf den harten Holzbänken einzuschlafen. Ich hatte ja keine weiche Unterlage. Außerdem war ich noch viel zu aufgeregt. Ich hörte die Musik der Bordkapelle. Als sie das bekannte Abschiedslied „Muss i denn ..." spielte, wusste ich, dass es nun bald losgehen würde. Ich war erleichtert. Vorsichtig hob ich die Persenning zur Landseite etwas hoch, denn ich war ja doch neugierig. Ich sah, wie einige Luftschlangen über Bord geworfen wurden. Dann ertönte plötzlich das mächtige Horn der BERLIN, das Zeichen zum Ablegen von der Columbuskaje. Den Klang habe ich noch heute im Ohr. Mir läuft jedes Mal ein Schauer über den Rücken, wenn ich daran denke.

Bis jetzt hatte ich eine Heidenangst gehabt, entdeckt zu werden und gleich wieder zurück an Land zu müssen. Nun sah ich zu meiner Beruhigung, wie der Abstand zur Pier langsam wuchs – wir fuhren also! Das war schon mal geschafft. Ich hörte die Stimmen einiger Passagiere, die auf dem Bootsdeck spazieren gingen und nahe an meinem Boot vorbeikamen. Meine Aufregung wuchs noch einmal an. Das Tu-

ten, die Musik, das lauter werdende Motorengeräusch – alles war für mich in diesem Augenblick so unwahrscheinlich, so unwirklich wie in einem Traum. Und doch war es wahr. Jetzt ging es wirklich los.

Cola für drei Tage

In der ersten Nacht an Bord bekommt Schwedries kaum ein Auge zu: *Dafür war ich noch immer viel zu hibbelig. Ich wurde einfach nicht ruhiger. Und extrem unbequem war es ja nach wie vor. Außerdem wurde es frisch. Ich hatte ja keine Decke, nicht mal einen Mantel.* Schwedries bleibt die ganze Zeit möglichst still in seinem Boot. Irgendwann schlummert er ein, trotz der ungünstigen Bedingungen. Am nächsten Morgen hebt er ab und zu mal kurz die Plane seines Bootes hoch. *Ich hatte dabei keine Angst, entdeckt zu werden, da die Plane zum Schiff hin noch immer stramm geschnürt war und sich außen, wo ich eingestiegen war, sowieso keiner aufhalten konnte. Immer wenn ich das Horn hörte, sah ich raus aufs Wasser, um zu sehen, ob ich andere Schiffe entdeckte. Richtig genießen konnte ich das Meer allerdings nicht. Das fiel mir schon schwer.*

Um weitere Fahrgäste abzuholen, fuhr die BERLIN zunächst nach Southampton. *Dort sah ich, wie die riesige QUEEN ELIZABETH der Cunard Reederei langsam an uns vorbei aus dem Hafen hinausglitt. Auch sie wollte wie wir nach New York. Ich dachte, die nimmt kein Ende, so lang war die.* Die BERLIN maß knapp 180 Meter, die QUEEN fast 315.

Rettungsboote der BERLIN. (Eckhard Scherf)

Nun hat Schwedries allmählich Hunger. Er isst und trinkt auf Kosten des Norddeutschen Lloyd – die beiden Äpfel und etwas Cola! Satt wird er davon natürlich nicht. Er öffnet erneut eine Blechkiste unter der Sitzbank und nimmt sich ein paar Zwiebäcke heraus. *Die Dosenmilch habe ich bewusst noch nicht angebrochen; zur Not konnte ich mit meiner Cola noch drei Tage auskommen. Ich wollte es jedenfalls versuchen.*

Die BERLIN geschnitzt

Nun überquert die BERLIN den Kanal für einen weiteren Zwischenstopp nach Cherbourg, erst danach geht es hinaus auf den Atlantik. Schwedries muss ständig auf der Hut sein, um sich in seinem Versteck nicht zu verraten. Wenn Passagiere neben seinem Boot stehen bleiben, darf er sich nicht laut bewegen oder räuspern. *Genießen konnte ich die Fahrt so natürlich*

Die BERLIN auf dem Nordatlantik. (Slg. Focke)

nicht. Mir war schrecklich langweilig. Ich hatte ja absolut nichts zu tun. Da kommt man schon auf ganz komische Ideen: Ich schnitt mit meinem Taschenmesser ein Stück vom hölzernen Ruderblatt ab. Es lag im Boot und sollte im Notfall schnell in eine Halterung am Heck gesteckt werden. Ich fing an, aus dem Holzstück ein Modell der BERLIN zu schnitzen. Dabei orientierte ich mich an der Zeichnung im Prospekt und an einigen Ansichtskarten, die ich mir ebenfalls eingesteckt hatte. Um die Schornsteine meines Modells rötlich-gelb zu beizen, tauchte ich sie in meine Cola. Die Bullaugen färbte ich mit dem Ruß abgebrannter Streichhölzer schwarz. Das sah eigentlich ganz ordentlich aus. Ich war jedenfalls zufrieden.

Hintern über Bord

Eine reguläre Schiffstoilette zu benutzen, ist für Schwedries viel zu riskant. So bleibt ihm nichts anderes übrig, als möglichst spät in der Nacht aus dem Boot zu klettern, wenn sich das Leben an Bord weitgehend beruhigt hat. Da die Decks der BERLIN auf See rund um die Uhr beleuchtet sind, muss sich Schwedries zunächst vergewissern, ob es draußen dunkel genug ist, um sich aus seinem Versteck wagen zu können. Dafür klappt er zuvor ab und zu kurz die Plane hoch. Dann hüpft er aus dem Boot, hängt je nach Bedürfnis schnell seinen Hintern über Bord oder stellt sich an die Reling und zielt ins Speigatt, wo normalerweise das Regenwasser vom Deck nach außen abläuft. Dann verschwindet er erleichtert wieder in seinem Versteck.

Entdeckt!

Am Abend des dritten Reisetages lupft Schwedries einmal mehr die Plane und schaut hinaus. Es ist ihm auf den harten Holzplanken allmählich so unbequem geworden, dass er es so nicht länger aushält. Begehrlich schielt er auf die weichen Auflagen der Deckstühle ganz in der Nähe seines Bootes. Schon eine einzige davon würde ihn nachts viel besser schlafen und auch den Tag komfortabler als bisher überstehen lassen. Das muss sich doch machen lassen, denkt er. Genau in dem Augenblick, in dem er aus dem Boot krabbeln will, um sich eine Auflage zu holen, sieht zufällig der wachhabende Offizier aus dem Fenster der Funkstation schräg gegenüber. Er entdeckt einen Kopf und ein Gesicht und begreift sofort, wer ihn da ansieht: ein blinder Passagier. Auch Schwedries weiß gleich: *Der hat mich entdeckt! Verdammt! Jetzt bin ich dran! Hätte ich mich bloß nicht verlocken lassen.*

An den entscheidenden Moment der Entdeckung erinnert sich auch der Erste Offizier der BERLIN, Hans Dieter Lübbers: *Das war für beide eine Überraschung, als sich ihre Blicke kreuzten. Der Funker rief bei uns auf der Brücke an und machte Meldung. Ich setzte sofort einen Dritten Offizier mit zwei Mann in Marsch.*

Energisch am Kragen gepackt

Plötzlich ist sich der Funker nicht mehr sicher, in welchem Boot er den Kopf gesehen hat. Schwedries hat instinktiv die Plane wieder zugezogen und muckst sich nicht. Freiwillig gibt er nicht auf. Die sollen ihn schon holen!

Die kräftigen Männer des Suchkommandos fackeln nicht lange, sie klopfen kräftig an jedes in Frage kommende Boot, leuchten mit ihren starken Taschenlampen hinein. Sie untersuchen

Kapitän Heinz Vollmers (links) mit seinem Ersten Offizier Hans Dieter Lübbers (Mitte). (Slg. Lübbers)

auch Schwedries' Boot, entdecken den Jungen in der Dunkelheit aber zunächst nicht.

Doch sie kommen wieder: Als sie ein paar Minuten später noch einmal gründlich nachsehen, finden sie den blinden Passagier zusammengekrümmt ganz vorn im Vorpiek unter allerlei Werkzeug und anderer Ausrüstung. In dem kleinen Boot hat Schwedries keine Chance, sich dauerhaft zu verbergen. *Ich sah, wie sich ein großer, starker Mann ins Boot beugte,* erinnert er sich. *Der packte mich ziemlich energisch am Kragen, zog mich 'raus und stellte mich an Deck. Die Männer fragten mich, was ich in dem Boot zu suchen hätte. Was sollte ich antworten? Also schwieg ich. Zwei Mann hakten mich unter und schleppten mich auf die Brücke. Da wurde mir erst mal übel. Das war wohl die Aufregung, vielleicht auch Angst. Der Erste Offizier versuchte mich erst mal zu beruhigen. Dann forderte er mich auf, meine Hosentaschen zu entleeren.*

Der Bordfotograf der BERLIN machte von Wiegbert Schwedries unter Aufsicht zweier Offiziere eine Aufnahme in „seinem" Rettungsboot. Vor ihm leere Cola-Flaschen, die Zwiebackdose und das von ihm nach dem Vorbild der BERLIN geschnitzte Holzschiff. (Slg. Wiegbert Schwedries)

Erste Vernehmung

Schwedries legt sein Taschenmesser, den Personalausweis und die Postkarte seiner Mutter auf den Tisch. Der Erste Offizier schaute sich alles genau an, ehe er es wortlos beiseite legte.
Dann sagte er, sie würden mich erst mal waschen. Ich sähe ja aus wie ein Dreckspatz, kein Wunder bei dem staubigen Boot.
Ich müsse wohl großen Hunger haben, da ich ja wohl die ganze Zeit im Versteck nichts Ordentliches gegessen hätte, meinten sie. Auch damit hatten sie Recht. Sie behandelten mich sehr anständig, das muss ich sagen. Sie schauten mich nicht mal böse an. Ich hatte sogar den Eindruck, dass die mich mochten. Vielleicht imponierte ihnen, dass ich es verhältnismäßig lange in meinem Versteck ausgehalten hatte.
Nach der ersten Vernehmung auf der Kommandobrücke weist Hans Dieter Lübbers einen Matrosen an, Schwedries ins Bad zu begleiten. *Als ich fast fertig war, kam ein Offizier zu mir und brachte mir einen Teller mit Frikadellen, Kotelett, belegten Broten und hart gekochten Eiern. Ich habe erst gestaunt, dass der für mich sein sollte und dann richtig zugelangt,* erzählt Schwedries.

Maler wird Matrose

Nach dem Essen landete ich in einer abgelegenen Kammer auf dem Mannschaftsdeck. Der Hundesteward sollte auf mich aufpassen, weil noch niemand wusste, warum ich illegal an Bord war.

Lübbers bestätigt: *Unseren blinden Passagier schlossen wir ein. Wir vereinbarten über die Sache zunächst absolutes Stillschweigen. Nur der Funker und unsere Wache wussten bisher davon.*

Am nächsten Morgen wird Schwedries schon um vier Uhr geweckt: *Das Waschen lief ab wie in der Kadettenschule. In der Mannschaftsmesse bekam ich Kaffee, Brote und Spiegeleier. Mich haben sie als Matrosen eingeteilt. Das war bei blinden Passagieren nicht üblich. Sie haben mich gefragt, was ich von Beruf war. Als Maler konnten sie mich wohl ganz gut gebrauchen.*

Dazu Lübbers: *Wir wollten wir ihn bis New York kräftig mitarbeiten lassen. Das soll man ja eigentlich nicht machen, aber wir wollten ihn nicht nur einsperren, sondern auch beschäftigten.*

Mutters Geburtstag

Erst muss Schwedries das Deck schrubben, dann Liegestühle in Reih und Glied hinstellen und schließlich Salzwasserspuren von den Aufbauten abwaschen. *Danach drückten sie mir gleich einen Pinsel in die Hand. Ich sollte das Shuffleboardspiel an Deck nachmalen. Dabei entdeckte ich plötzlich meine Mutter und meine Schwester, zum Glück in einiger Entfernung. Ich versteckte mich hinter einigen Jugendlichen, die mir bei der Arbeit zuguckten.* Auf der BERLIN sieht jeden Abend ein Offizier die Passagierliste nach den Geburtstagskindern des nächsten Tages durch. Zwei Tage nach seiner Entdeckung wird Schwedries' Mutter 44. Ihr ungewöhnlicher Name kam dem Offizier gleich bekannt vor: So hieß doch auch der blinde Passagier! War das hier vielleicht seine Mutter? Nachdem Lübbers ihr gratuliert hat, lässt er sie und ihre Tochter durch einen Offizierskollegen beobachten: *Wir wollten 'rausfinden, ob die beiden an dem Coup beteiligt oder ob sie ahnungslos waren. Würden sie zum Rettungsboot Nr. 8 A gehen, um dem Jungen etwas zu essen zuzustecken? Tatsächlich kamen sie nicht einmal in die Nähe seines ehemaligen Verstecks.*

Backpfeifen in der Zahlmeisterei

Daraufhin haben wir Mutter und Tochter in der Zahlmeisterei verhört, sagt Lübbers. *Der Junge hätte bei seinem Opa in Deutschland bleiben sollen, hörten wir. Da war er aber nie aufgetaucht, wie wir aus einem Telegramm an die Mutter erfuhren. Von ihr wollten wir nun wissen, was passiert sein konnte. Sie wusste es nicht.*

Vielleicht konnte eine Gegenüberstellung die Sache klären: *Ich wurde zum Zahlmeisterbüro gebracht,* erinnert sich Schwedries. *Ich sollte mir fünf Dollar Taschengeld abholen, um mir im Bordladen Zahnpasta und Seife für die Körperpflege zu kaufen. Die dachten aber auch an alles.*

Als wir ihren Sohn hereinriefen, fiel die Mutter aus allen Wolken, berichtet Lübbers. *Sie verpasste ihm spontan ein paar Backpfeifen. Dann liefen ihr die Tränen, Daraus schlossen wir, dass sie nicht eingeweiht war und ihr Sohn auf eigene Faust gehandelt hatte. Sie glaubte, er hätte das Schiff verlassen und stünde irgendwo in der winkenden Menge auf der Columbuskaje. Entdeckt hatte sie ihn zwar nicht, aber das war in der Dämmerung bei den vielen Menschen auch kein Wunder.*

Hinter Schloss und Riegel

Kurz vor New York darf sich Schwedries von seiner Mutter und seiner Schwester verabschieden. Dann lässt ihn Kapitän Heinz Vollmers in der Quarantänestation gegenüber der Wäscherei hinter Schloss und Riegel bringen. Er soll nicht über Bord springen und an Land schwimmen können.

Wir mussten ihn strikt unter Verschluss halten, erläutert Lübbers. *Er stand natürlich auf keiner Passagierliste und hatte selbstverständlich auch kein Visum.*

Bei Sonnenaufgang kamen Polizei und Zoll an Bord; die durften nichts merken. Ab und zu kehrten sie sogar zu einer überraschenden Kontrolle zurück. Auch dabei durfte ihnen unser blinder Passagier nicht über den Weg laufen. Deshalb sagten wir der Gangwaywache Bescheid; die sollte uns sofort benachrichtigen, falls wieder einer in schwarzer Uniform anrückte. Dann mussten wir unseren Maler wieder verstecken.

Schwedries hockt also weiter in seinem Verlies tief unten im Schiff und blickt ab und zu sehnsüchtig durch das Bullauge: *Zum ersten Mal sah ich jemanden mit Baseballcap, Lederhandschuhen, Jeans und Kaugummi im offenen Mund. New York lag nur ein paar Schritte entfernt und war doch so weit weg!* Der Traum Amerika war für Wiegbert Schwedries jedenfalls ausgeträumt.

Tellerwäscher und Wäschesteward

Nach zwei Hafentagen fährt die BERLIN zurück nach Europa. *Ich arbeitete nun nicht mehr als Matrose, sondern als Tellerwäscher. Dreimal täglich musste ich alles zweimal heiß spülen, was im Speisesaal aus Glas war. Es sollte wohl ein Strafdienst sein,* glaubt Schwedries. *Mein regulärer Vorgänger war auf die BREMEN beordert worden. Wir begegneten ihr beim Auslaufen.*

Da er in der Küche pro Tag nur drei bis vier Stunden gebraucht wird, muss Schwedries danach dem Wäschesteward helfen, die Schmutzwäsche in Säcke zu sortieren. *Wenn ich so und so viele benutzte Teile bekommen hatte, musste ich entsprechend viele neue wieder herausgeben. Eigentlich sollte das der Wäschesteward kontrollieren. Doch der ließ mich die ganze Arbeit machen und rauchte selber lieber draußen eine Zigarette oder klönte mit einer Stewardess. Am Ende gab er mir immerhin fünf Dollar Trinkgeld für meinen Einsatz. Allmählich läpperte es sich, denn auch in der Küche hatten mich die Stewards für eine spürbare Arbeitserleichterung mit ein paar Mark belohnt,* erzählt Schwedries. *Straf-*

Die BERLIN begegnet der BREMEN. (Slg. Focke)

dienst sah jedenfalls anders aus als das, was ich machte. Kein Wunder, dass es mir an Bord täglich immer besser gefiel. Lieber wäre ich jetzt Matrose auf der BERLIN geworden als in ein paar Tagen zuhause wieder als Maler zu arbeiten.

Opas Urteil

Als das Schiff erneut in Southampton anlegte, kam ein Vertreter der Reederei an Bord. Als blinder Passagier hatte Schwedries juristisch betrachtet nicht nur Fahrgeldhinterziehung, sondern auch Hausfriedensbruch begangen, da er sich ohne Einwilligung des Eigentümers auf der BERLIN aufhielt. Der Norddeutsche Lloyd hatte Anzeige gegen ihn erstattet, zog sie aber unüblicherweise kurz darauf zurück. Schwedries habe an Bord willig gearbeitet und keine niederen Motive gehabt, hieß es zur Begründung. Allein das Fernweh habe ihn zu seiner Tat animiert. So war es wirklich. Als Schwedries' das Schiff in Bremerhaven verließ, blieb seine im Versteck geschnitzte Mini-BERLIN an Bord. Kapitän Heinz Vollmers nutzte sie auf seinem Schreibtisch als Briefbeschwerer.

Trotz der Kulanz des NDL musste Schwedries beim Amtsgericht Rotenburg an der Wümme auf die Anklagebank. Das Verfahren wird zwar eröffnet, aber gleich wieder eingestellt.

Der Amtsrichter wollte von mir wissen, wie ich bloß auf diese verdammte Schnapsidee gekommen sei, als blinder Passagier zu reisen. Dafür hätte ich eine Strafe verdient. Er setzte sie auf 5 DM fest, zahlbar an die Deutsche Gesellschaft zur Rettung Schiffbrüchiger. So erleichtert wie an diesem Tag war ich schon lange nicht mehr gewesen. Mein Fernweh war ein für allemal gestillt, sagt Wiegbert Schwedries.

BX493

NOCH UM KAP HOORN GESEGELT

Der Kap Hornier, Kapitän, Seelotse und Marinemaler Hans Peter Jürgens ist am 11. Oktober 2018 auf seine letzte Reise gegangen. Er wurde 94 Jahre alt und hinterlässt ein vielfältiges Oeuvre und eine Reihe von Büchern über seine Seefahrtszeit sowie den historischen Walfang. Auf diesem Gemälde erinnert Jürgens an den Fischdampferveteranen EIMSBÜTTEL und den Kriegsfischkutter DITHMARSCHEN – zwei Schiffe, auf denen er nach der Kriegsgefangenschaft sein erstes Geld verdient hat. Im Hintergrund rechts ist der Steven eines ehemaligen Cuxhavener Lotsenschoners zu erkennen. (Rüdiger von Ancken)

Der 21 Meter und 5,90 Meter breite Katamaran PARINI fährt mit bis zu 45 km/h über den See. er wird von 2 MTU-Motoren (MTU 12 V 183TE 62) mit 2 x 550 kW angetrieben. (Alle Fotos Tobias Gerken)

Navigazione passeggeri

Unterschiedliche Schiffstypen aus allen Zeitepochen sorgen für den reibungslosen öffentlichen Nahverkehr auf dem Gardasee.

▷ Tobias Gerken

Katamarane, Tragflügelboote, Auto-und Passagierfähren aber auch nostalgische Raddampfer fahren über den See. Die Flotte der Navigazione Laghi am Gardasee verfügt über eine fast unglaubliche Vielfalt an Schiffen für die verschiedensten Einsatzbereiche und Strecken.

Es ist voll am Steg in Desenzano – und heiß. Aber wenige Minuten später sind alle Passagiere auf der ANDROMEDA und die Fahrt in Richtung Sirmione beginnt. Das Schiff ähnelt fast einem modernen Liner.

Im Sommer werden die Schiffe der Navigazione di Laghi am Gardasee täglich von Tausenden Menschen benutzt. Fähren, Passagierschiffe, Katamarane und Tragflächenboote gehören heute der Flotte auf dem Gardasee an.

Insbesondere die Westküste war wegen fehlender Straßen bis weit ins 20. Jahrhundert auf die Schifffahrt angewiesen. Am 16. April 1948 startete erstmals die Personenschifffahrt auf dem Gardasee wie wir sie heute kennen und wurde immer weiter ausgebaut. Heute verfügen fast alle Ortschaften am Gardasee über einen Hafen und werden von den Schiffen der Navigazione di Laghi angelaufen. Die Fahrten laufen im Kreisverkehr, ergänzt durch Fähren, die einige Orte an West- und Ostküste direkt verbinden. Die Reise mit dem Schiff ist deutlich erholsamer und schneller als die mit dem eigenen Auto in den vom Stau geprägten Straßen entlang der Küste. Wir haben die Fahrt mit dem Schiff auf jeden Fall genossen.

Abends herrscht am Anleger in Sirmione wieder Gedränge, aber die Fähre TONALE hat bis zu 1000 Plätze. Genug für die zahlreichen Touristen und Einheimischen, die nach Hause wollen.

Die ITALIA, ein 1908 konstruierter Raddampfer, sowie die Autofähre ADAMELLO von 1992 in der Werft von Peschiera di Garda. Heute wird die ITALIA nicht mehr durch Dampf, sondern durch einen Dieselmotor angetrieben.

Die ANDROMEDA, 2007 gebaut, verfügt über 700 Plätze.

Die CATULLO, das Schwesterschiff der PARINI, in voller Fahrt. Die beiden Schiffe wurden 1992 konstruiert.

Auch Tragflächenboote gehören zur Flotte. Hier die FRECCIA DELLE RIVIERE von 1981 mit 2 x 883 kW MTU-Motoren und 28,6 m Länge. Die Maximalgeschwindigkeit beträgt 63 km/h.

Autofähre nur für Fußgänger: Die BRENNERO (1986 gebaut, 1000 Plätze) macht in Salò fest.

GALILEO GALILEI, ein weiteres Tragflächenboot von 1992, bei der Ankunft in Salò.

Die SPARVIERO gehört zu den kleineren Schiffen der Flotte.

Die TONALE fasst wie das Schwesterschiff BRENNERO bis zu 1000 Fahrgäste

Die VERONA, gebaut 1925, vor Sirmione. Charakteristisch ist der lange Bug.

Die fast 100 Jahre alte VERONA gehört zu den ältesten Schiffen der Flotte. Über Nacht liegt sie in Desenzano.

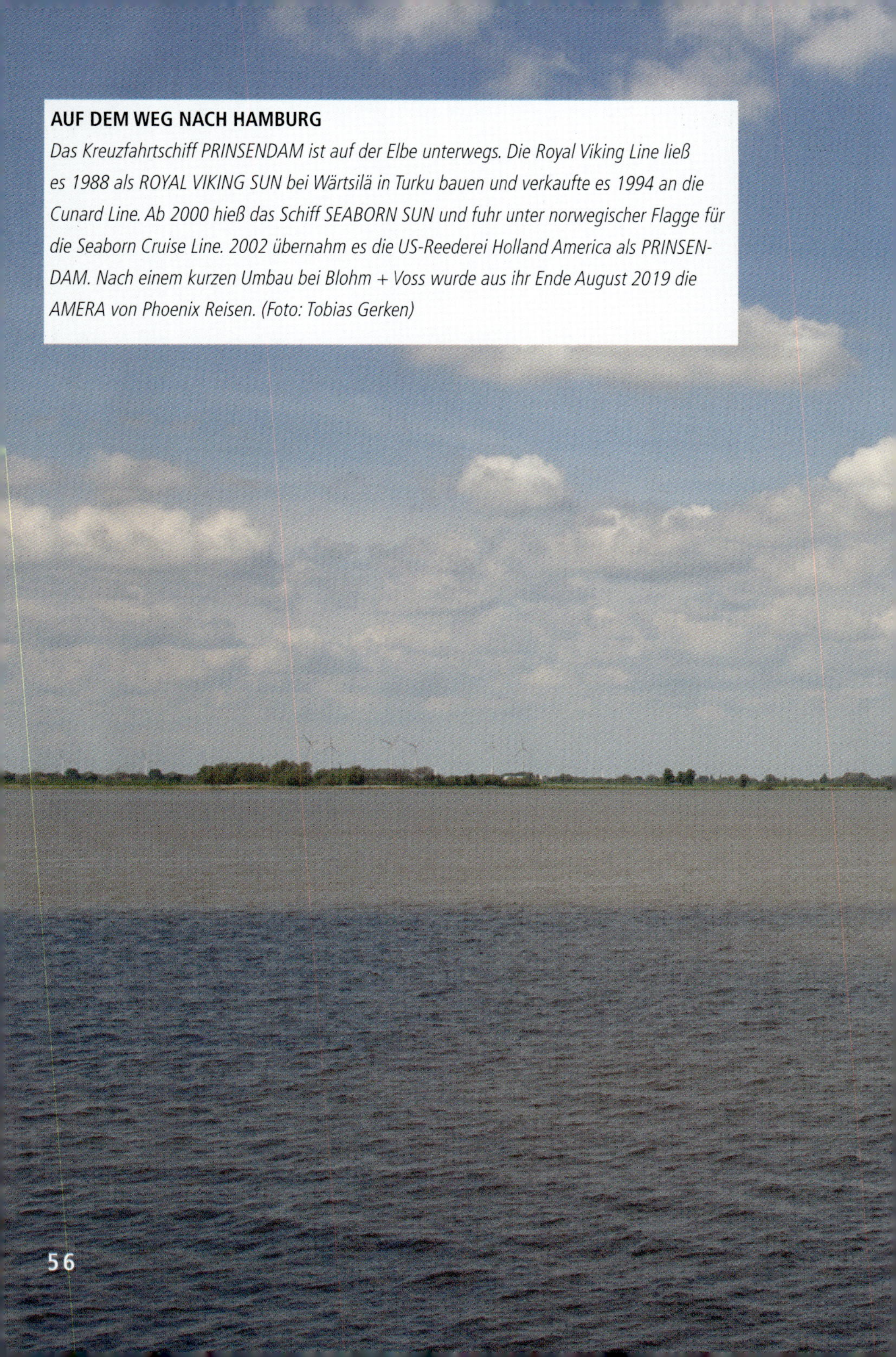

AUF DEM WEG NACH HAMBURG

Das Kreuzfahrtschiff PRINSENDAM ist auf der Elbe unterwegs. Die Royal Viking Line ließ es 1988 als ROYAL VIKING SUN bei Wärtsilä in Turku bauen und verkaufte es 1994 an die Cunard Line. Ab 2000 hieß das Schiff SEABORN SUN und fuhr unter norwegischer Flagge für die Seaborn Cruise Line. 2002 übernahm es die US-Reederei Holland America als PRINSENDAM. Nach einem kurzen Umbau bei Blohm + Voss wurde aus ihr Ende August 2019 die AMERA von Phoenix Reisen. (Foto: Tobias Gerken)

Die beim Bremer Vulkan gebaute RHEINSTEIN war der erste Neubau des NDL nach dem Krieg. (Archiv NDL)

Vom Neustart zur Fusion

Die Geschichte des Norddeutschen Lloyd 1945 bis 1970

Schon bald nach der Freigabe des Schiffbaus fuhren ab 1951 moderne Frachter des Norddeutschen Lloyd „wieder auf allen Meeren", wie der stolze Slogan der Bremer Reederei hieß. Mit der GRIPSHOLM, der späteren BERLIN, kehrte der Lloyd 1954 als einzige deutsche Reederei nach dem Zweiten Weltkrieg auch in den Passagierdienst nach New York und mit Kombischiffen nach Ostasien zurück.

Höhepunkt der Nachkriegsgeschichte war die Indienststellung einer neuen BREMEN im Sommer 1959. Von Anfang an stand sie auf dem Nordatlantik unter einem zunehmenden Druck der Jets. Mit teuren Schnellfrachtern glaubte man sich 1967 auf Jahrzehnte für den modernen Stückgutverkehr gerüstet, doch schon ein Jahr später musste man angesichts der rasanten Revolution im Frachtverkehr die ersten Containerschiffe bestellen. Mit dem zeitgleichen Niedergang der Fahrgastschifffahrt im Liniendienst und der schwierigen Umstellung auf Kreuzfahrten hatte der NDL erhebliche Belastungen zu verkraften. Der Vorstand sah nur einen Ausweg: die Fusion

DIe GRIPSHOLM vor New York. (Archiv Hapag-Lloyd)

mit der Hapag, dem Rivalen und Partner in Hamburg. Informativ, anschaulich und unterhaltsam erzählt Harald Focke, wie dem NDL nach dem Zweiten Weltkrieg der Wiederaufstieg zu einer der bedeutendsten Reedereien der Welt gelang. Kritisch beleuchtet er, welche Entwicklungen im weltweiten Fracht- und Passagierverkehr 1970 zur Fusion mit der Hapag führten. Mit zahlreichen Fotos und einer Schiffsliste mit Rissen von Karsten Kunibert Krüger-Kopiske.

Nordatlantikliner BREMEN. (Archiv Hapag-Lloyd)

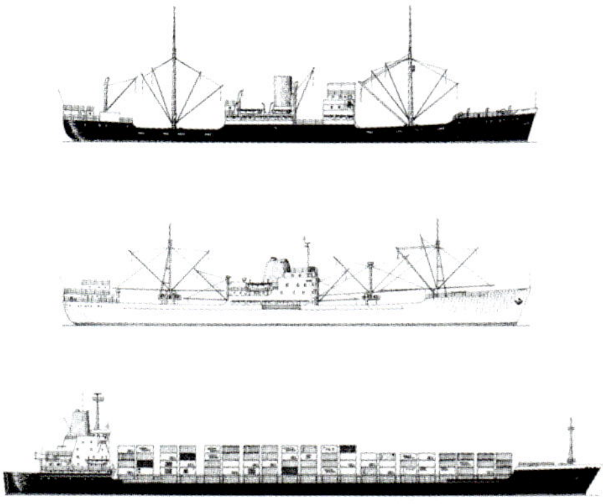

Zahlreiche Risse von Karsten Kunibert Krüger-Kopiske sind in dem neuen OCEANUM Spezial abgebildet.

Kein klassisches Theater, sondern eine offene Bühne an Bord. Auch für einen erfahrenen Lektor eine neue und interessante Erfahrung. Schon bei den Proben gibt es Zuhörer. (Dirk Schmidt-Herholz)

Gut informiert an Land

Als Lektor auf Kreuzfahrtschiffen

▷ Dirk Schmidt-Herholz

Seit 2003 geht unser Autor regelmäßig als Lektor auf Kreuzfahrt mit Schiffen verschiedener Reedereien. Hier beschreibt er seinen Arbeitsalltag an Bord und gibt Insider-Tipps für optimale Landausflüge.

Artikel, Reiseberichte und Reportagen über die Kreuzfahrtindustrie gibt es viele. Auch Fernsehsendungen wie das „Traumschiff" oder „Verrückt nach Meer" vermitteln einen Eindruck vom echten Bordleben. Wirklich? Ja und nein, beide Serien sind gut gemachte TV-Formate und erzählen meist schöne Geschichten, oft auch mit echten Crewmitgliedern.

Die ASTOR läuft in Bremerhaven ein. Auf ihrem Schwesterschiff ASTORIA hatte Autor Dirk Schmidt-Herholz im Dezember 2003 sein erstes Engagement als Lektor. (Dirk Schmidt-Herholz)

Dabei werden aber nicht alle Berufsgruppen, die an Bord vor und hinter den Kulissen arbeiten, vorgestellt. Nur wenige wissen, was Lektoren an Bord eines Hochseeschiffes machen.

Als Lektor hält man Vorträge zur Landeskunde, also zu den Fahrtzielen (Destinationen), die den Reiz des Reisens ausmachen. Dabei stehen nicht die Ankündigung und der Verkauf von Landausflügen im Fokus, sondern die Lektoren spinnen einen „roten Faden", der die Gäste auf die einzelnen Häfen vorbereitet.

Das geschieht mit regelmäßigen Fachvorträgen über den gesamten Reiseverlauf hinweg, so dass sich die Gäste innerhalb von 45 bis 60 Minuten über die Sehenswürdigkeiten der Seereise informieren können. Auch die Geschichte und Kultur, die Flora und Fauna sowie berühmte Persönlichkeiten der einzelnen Fahrtrouten werden präsentiert.

Diese Lektorate finden meist im Theater statt. Anschließend und manchmal auch zwischendurch stellen die Gäste dann Fragen. Eine ist mir besonders in Erinnerung geblieben: „Wollen Sie später vielleicht ins Showgeschäft?", hakte ein Herr nach, als ich gerade die Bühne verließ. Ziemlich überrumpelt stammelte ich: „Ich dachte, ich hätte es schon geschafft, oder ist das hier etwa kein Theater?"

Die DEUTSCHLAND an der Columbuskaje in Bremerhaven. Dieser Luxusliner war wohl das populärste „Traumschiff". (Dirk Schmidt-Herholz)

Die Lektorinnen und Lektoren an Bord von Kreuzfahrtschiffen sind eine traditionelle Einrichtung. Auf einer Hochseekreuzfahrt liegen oft längere Fahrtstrecken zwischen den einzelnen Häfen, sodass pro Reise mehrere Seetage anfallen. An diesen sind dann neben der Küche und den Bars besonders das Theaterensemble, Gastkünstler und die Lektoren gefragt, um die Passagiere bei Laune zu halten.

Da sich an Bord von Schiffen Menschen aus unterschiedlichen Nationen und Kulturen treffen, um dort zu arbeiten und miteinander zu reisen, hat sich Englisch als als Kommunikationssprache weltweit etabliert. Und dort ist die Funktionsbeschreibung für uns Lektoren eindeutig. Hier heißen wir nämlich „Guest Lecturer", also Vortragender für die Gäste.

Für mich ist eine Frage vor einer Reise wichtig: Was wollen interessierte Kreuzfahrer/-innen denn alles wissen? Auch wenn ich es zuerst nicht glauben konnte, berichtete mir eine Rezeptionistin folgende Begebenheit: Zu Beginn einer Kreuzfahrt fragte ein Gast bei ihr nach, warum das Schiff denn so häufig ein bestimmtes Reiseziel mit einem so ungewöhnlichen Namen anlaufen würde. „Welchen Hafen meinen Sie genau?", fragte die Kollegin. Darauf die Antwort des Gastes: „Na, immer wieder dieser französisch klingende Ort namens „Seetaasch". Man einigte sich schnell auf die deutsche Bedeutung „Seetag" und schmunzelte danach auf beiden Seiten ... Macht sich der Lektor eigentlich an Bord eine schöne Zeit? Natürlich, da er selbst gerne reist. Aber eben nicht nur, da er als Vertragspartner der Reederei oder des Reiseveranstalters ein Spezialist auf seinem Gebiet sein und den zahlenden Passagieren einiges bieten muss. Dazu hat er auch die Reiseausflüge zu begleiten, um auf diesem Weg neue Eindrücke zu sammeln und aktuelle Fotos zu machen. Woran erkennt der Gast an Bord nun seinen Lektor oder seine Lektorin? Daran, dass wir meist mit Reiseliteratur, Hafeninformationen und Stadtplänen bewaffnet unsere nächsten Vorträge unterwegs sind. Entweder an Bord mit dem Laptop oder an Land in den Häfen und Reisebussen auf dem Weg zu den Sehenswürdigkeiten. Dann mit der eigenen Kamera, dem Notizblock oder einem Smartphone.

Kreuzfahrtschiffe sind kommunikative Orte. An Bord kommt man leicht ins Gespräch mit anderen Gästen und findet genügend Zeit, sich um das eigene Bedürfnis nach Erholung zu kümmern. Schließlich reist man nur einmal an, checkt ein und bezieht seine Kabine. Diese bleibt dann bis zum Ende der Seereise dieselbe, nur die Zielhäfen wechseln wie von selbst.

Ich bin ein überzeugter „Wiederholungstäter", was berufliche und private Schiffsreisen angeht. Wenn ich schon aus dem Nähkästchen plaudere, dürfen wichtige Tipps zum Landgang und den Ausflügen in den Hafenstädten nicht fehlen. Die folgenden Fragen beantworte ich immer wieder und nach wie vor gern:

„Wann bietet sich ein organisierter Ausflug an, wann eher der individuelle Landgang?"

Das kommt hauptsächlich auf die gebuchte Route an. Falls Sie wie in St. Petersburg ein Einzelvisum benötigen oder das erste Mal unbekanntes Terrain anlaufen, empfiehlt sich der organisierte und geführte Ausflug. Schon allein deshalb, um sich von den örtlichen Reiseleitern gut informieren zu lassen und dadurch einen Überblick zu erhalten. Kennen Sie sich bereits an Ihrem Reiseziel aus oder wollen nur bestimmte Sehenswürdigkeiten besuchen, dann geht dies auch per Taxi oder mit öffentlichen Verkehrsmitteln. Bequemer ist allerdings meist der gebuchte Landausflug. Da kommen Sie garantiert an Ziel. Außerdem spielt der Liegeplatz eine wichtige Rolle: Liegt das Schiff in einem Industriegebiet außerhalb der City oder befindet sich der Hafen in unmittelbarer Nähe der Sehenswürdigkeiten? Auch die eigene Mobilität ist ein weiteres Kriterium: Benötige ich zusätzliche Hilfe beim Ein- und Aussteigen? Muss vielleicht ein Rollstuhl oder Rollator mitgeführt werden? Für gebuchte Landausflüge lässt sich dies im Vorfeld mit der Reiseleitung abklären und entsprechend organisieren.

„Wie plant man den Ausflug oder Landgang am besten?"

Meistens hilft der frühzeitige Blick in die eigenen Reiseunterlagen und einen aktuellen Reiseführer, um zu wissen, was man sehen will und

Arbeitsurlaub als Lektor: Bei Sonnenschein im Geirangerfjord. (Dirk Schmidt-Herholz)

wie man seine Ziele am besten erreichen kann. Dafür sind natürlich die persönlichen Interessen des einzelnen Reisegastes entscheidend. Eine umfangreiche Liste vollständig abzuarbeiten, hat sicher mehr mit Stress als mit Urlaub zu tun. Auch Pausen und die rechtzeitige Rückkehr zum Schiff müssen eingeplant werden, wenn man allein unterwegs ist. Für Kurzentschlossene reicht oft der Blick in das aktuelle Bordprogramm und die jeweilige Hafeninformation. Beides erhält man spätestens am Hafentag an der Rezeption. Bereits am Vorabend verteilt das Housekeeping das Bordprogramm für den nächsten Tag in den Kabinen. So bleibt genug Zeit für eine Vorabinformation. Der Akku der Kamera sollte vollständig aufgeladen und auf der Speicherkarte noch hinreichend Platz sein. Sonst geht dann ausgerechnet vor den schönsten Motiven der Seereise nichts mehr, vor allem, wenn man schon ein paar Tage unterwegs ist. Digitalkameras sind vom Hersteller meist so eingestellt, dass ihre Auflösung gleich die zügige Versendung der Fotos per E-Mail zulässt. Dies geschieht allerdings auf Kosten der Bildqualität. Also bitte vorher eine hohe Auflösung für Landschafts- und Panoramafotos einstellen.

„Was sollte ich bei jedem Landgang auf jeden Fall mitnehmen?"

Neben der geladenen und richtig eingestellten Digital- oder Videokamera eine Flasche Mineralwasser. Der halbe Liter lässt sich besser verstauen als Flaschen mit 0,7 oder einem ganzen Liter. Bewährt haben sich Traubenzucker, eingetragene Schuhe, bereits zugeschnittenes Pflaster, ein Smartphone, die Telefonnummer des Schiffes, etwas Bargeld in der Landeswährung für Essen und Trinken, die Bordkarte, der Ausweis, die leichte Regenjacke und ein Stadtplan, sofern man sich nicht anhand des Smartphones orientiert. Stadtpläne erhält man meist an der Rezeption, im Bordreisebüro oder in der Touristeninformation. Vergessen Sie bitte auch die Sonnencreme und eventuell das Mückenspray nicht. So sind Sie gut gerüstet.

Und wer einfach nur entspannen möchte, dem empfehle ich an den Seetagen den Spa-Bereich an Bord. Wussten Sie übrigens, woher der Begriff „Spa" kommt? Er leitet sich vom belgischen Badeort Spa ab. Zunächst verstand man darunter Mineralquellen, später die luxuriösen Badetempel besonders von Nobelhotels. Die Kreuzfahrt verbindet mit dem Begriff Spa sämtliche Angebote einer Wellness-Oase. Oft wird behauptet, Spa stünde für eine lateinische Abkürzung, die übersetzt „Gesund(heit) durch Wasser" bedeute. Egal, woher die Bezeichnung tatsächlich stammt, den meisten Gästen und auch mir gefällt dieser Gesundheits- und Wohlfühlaspekt einer Seereise.

Vergessene Schulschiffe

Mit Fürsorgezöglingen gegen die „Leutenot" auf See

▷ Olaf Schmidt-Rutsch

Vor dem Ersten Weltkrieg fehlte auf deutschen Schiffen der Nachwuchs. Die Provinz Westfalen reagierte mit der schrägen Idee, Fürsorgezöglinge zu Seeleuten zu machen – nicht ohne Gegenwind. Die Ausbildungsschiffe lagen in Emden.

Um 1900 konnte der Personalbedarf für Handelsschifffahrt und Marine nicht mehr ausschließlich durch die Küstenbevölkerung gedeckt werden. Dieses Problem kannte der Direktor der Emder Fischerei-AG Neptun, David Abraham Kool. Auf seinen Heringsloggern fehlten immer mehr Leute. Er fand Gehör beim westfälischen Landeshauptmann Wilhelm Hammerschmidt. Dieser hatte als Chef der für die Jugendfürsorge zuständigen Provinzialbehörde eine Idee, wo dauerhaft geeigneter Mannschafts-Nachschub zu finden sei. Die Einführung der Fürsorgeerziehung für verwahrloste Jugendliche hatte zwischen 1900 und 1910 zu einer Verzehnfachung der Fürsorgefälle geführt. Hammerschmidt griff auf das britische Modell zurück, geeignete Jungen auf ausgedienten Schiffen unterzubringen und dort auf den Seemannsberuf vorzubereiten. Die Zusammenarbeit mit Kool führte zu einem entscheidenden Vorteil: Die garantierte Unterbringung auf den Heringsloggern löste einerseits die „Leutenot" der Reederei, verschaffte den Jungen andererseits die notwendige Fahrtzeit, um sie danach als seebefahrenes Personal automatisch für den Dienst in der Kaiserlichen Marine zu verpflichten.

Im Oktober 1907 kaufte der Provinzialverband die bereits 1863 in Elbing vom Stapel gelaufene hölzerne Bark ALBION. Das programmatisch in KLARZUMWENDEN umbenannte Segelschiff wurde aufwendig für den geplanten stationären Ausbildungsbetrieb in Emden umgebaut und erhielt sogar eine Duscheinrichtung. Aufgrund seines Alters, das sichtbare Spuren hinterlassen hatte und der großen, in die Bordwand geschnittenen Fenster entsprach es kaum dem populären Bild eines Schulschiffs.

Im Januar 1908 kamen die ersten 53 Zöglinge im Alter zwischen 14 und 16 Jahren an Bord. Leiter der Einrichtung wurde ein ehemaliger Decksoffizier der Kaiserlichen Marine. Die Ausbildung orientierte sich daher an den disziplinarischen Grundsätzen der Marine und bereitete die Jungen auf die Arbeit in der Fischerei vor.

Zur Fangsaison von Mai bis Dezember wechselten die Zöglinge auf die Logger. Hier trafen sie auf harte Arbeitsbedingungen. Oft hatten sie

Repr. F. Bruckmann A.-G., München. Ausbildungsschiff Klarzumwenden. Aufn. von Regendorp, Emden.

Die Bark KLARZUMWENDEN mit dem ersten Ausbildungsjahrgang 1908. (aus Wilhelm Hammerschmidt: Die provinzielle Selbstverwaltung Westfalens, Münster 1909)

sprachliche Schwierigkeiten, denn die meisten Besatzungen stammten aus den Niederlanden. Wie in der Branche üblich, waren sie anteilig an den Fangergebnissen beteiligt und unterschieden sich so nicht von den anderen Fischern.

Mit Ende der Fangsaison wechselten die Zöglinge zurück aufs Schulschiff. Während die AG Neptun auch im zweiten Jahr über die Zöglinge verfügte, konnten sie im dritten Jahr auch auf andere Schiffe vermittelt werden. Das Konzept erwies sich als so erfolgreich, dass bereits 1909 mit der GERMANIA ein weiteres Wohnschiff angeschafft wurde. 1911 vervollständigte der ehemalige Lotsenschoner BORKUM als fahrendes Ausbildungsschiff die kleine Flotte der westfälischen Provinzialschulschiffe. In Schifffahrtskreisen stießen die Ausbildungsschiffe auf wenig Gegenliebe. Die Emder „Matrosenfabrikation" ließ befürchten, dass Fürsorgezöglinge mit staatlichem Druck in die Handelsschifffahrt gepresst werden sollten. Sie passten nicht in das Bild einer aufstrebenden deutschen Schifffahrt, die zunehmend Bürgersöhnen aus dem Binnenland eine attraktive berufliche Perspektive bieten sollte. Auf diesem Weg war der Kontakt mit dem „degenerierten Gesindel" der Emder Schulschiffe unerwünscht und nach Möglichkeit zu vermeiden.

Wie sehr die regionale Herkunft eine Rolle spielte, wurde in einer Eingabe des Zentralvereins

Die Bark GERMANIA und der Schoner BORKUM. (Slg. Herbert Karting)

Deutscher Reeder deutlich: „Die Provinz Westfalen ... kann sich auf natürliche Beziehungen zum Seemannsleben nur in sehr beschränktem Masse berufen, und man kann mit Sicherheit annehmen, daß die dortige Bevölkerung, insbesondere deren ärmere Schichten mit ihrem starken Einschlag polnischer Nationalität und der weit verbreiteten Tätigkeit unter Tage durchschnittlich nicht im Stande ist, für die Seefahrt besonders geeignete Knaben hervorzubringen." Im Laufe der Zeit wurde die Arbeit der Ausbildungsschiffe jedoch mehr und mehr anerkannt. Es gab sogar Pläne, einen ausgedienten kleinen Kreuzer der Kaiserlichen Marine als Ausbildungsschiff zu übernehmen. Der Beginn des Ersten Weltkriegs machte derartige Projekte zunichte. Die Zöglinge wurden entlassen und die Schiffe als Wohnschiffe an die Kaiserliche Marine vermietet. 1918 endete mit dem Krieg auch der Traum von der Seemacht. Der Flotteneuphorie der Vorkriegszeit folgte der große Zusammenbruch. Die GERMANIA war während eines Sturms an ihrem Liegeplatz gesunken Die beiden übrig gebliebenen Schiffe wurden verkauft. Insgesamt hatten über 500 Jugendliche die Ausbildung in Emden durchlaufen.

MEHR ZUM THEMA

Olaf Schmidt-Rutsch: Jugendfürsorge auf See. Die „Westfälischen Provinzial-Ausbildungsschiffe" in Emden, in: Westfälische Forschungen 67/2017, S. 339–368.

„Reklametechnisch sehr gut"

Wie 1927 Robert Schmidt-Hamburgs CAP ARCONA-Plakat entstand

▷ Rüdiger von Ancken

Bevor die Hamburg Süd ihr neues Flaggschiff CAP ARCONA auf Jungfernreise nach Südamerika schickte, rührte die Reederei kräftig die Werbetrommel. Dabei setzte sie auf die Ideen und das Können des bekannten Marinemalers Robert Schmidt-Hamburg.

Seit Anfang der 1920er-Jahre intensivierte sich die Zusammenarbeit zwischen der Hamburg-SüdamerikanischenDampfschifffahrts-Gesellschaft und dem in Laboe ansässigen Marinemaler Robert Schmidt-Hamburg. Nachdem Friedrich Lange die Werbeabteilung der Hamburg Süd übernommen hatte, bedachte er

Die CAP ARCONA verlässt den Hamburger Hafen mit Kurs Südamerika. (Hans Hartz/Archiv Hamburg Süd)

Die CAP ARCONA in Montevideo. (Archiv Hamburg Süd)

Schmidt mit immer mehr Aufträgen. Er bestellte Schiffsbilder für das eigene Haus und die auswärtigen Agenturen oder Bilder für Reproduktionszwecke als Postkarten, Speisekarten oder Kalenderrückwände. Die Kommunikation zwischen Robert Schmidt und der Werbeabteilung bekam anstelle des zunächst geschäftsmäßigen nach und nach einen fast freundschaftlichen Ton.

Bevor der Turbinenschnelldampfer CAP ARCONA seinen Südamerikadienst aufnahm, sollte Robert Schmidt für die erste Ausreise zum 19. November 1927 ein Werbeplakat gestalten. Der Entwurf gefiel so sehr, dass Abteilungsleiter Lange mit hanseatischem Understatement auf den Entwurf schrieb:

„Reklametechnisch sehr gut u. eindrucksvoll La." Übersetzt würde man heute sagen, dass die beiden Hamburg Süd-Geschäftsführer John Eggert und Herbert Amsinck sowie die Werbeabteilung restlos begeistert waren.

Robert Schmidt wusste, wie man Schiffe werbetechnisch zur Geltung bringen konnte. Aus der sogenannten Paddelboot-Perspektive hat

Die CAP ARCONA. Vermutlich war dieses Foto die Vorlage für Robert Schmidt-Hamburgs Plakat. (Slg. Henry Albrecht)

Robert Schmidts Plakatentwurf CAP ARCONA von 1927. (Tempera 34 x 26 cm, Privatbesitz)

er die Schiffe häufig schräg von vorne dargestellt und dabei die Schornsteine fast immer überzeichnet. Schmidt schuf 1927 nach seinem Entwurf die aus dem Hamburger Hafen auslaufende CAP ARCONA. Alle drei Schornsteine ließ er heftig qualmen, obwohl der dritte Schornstein keine technische Funktion hatte. Er wurde nur auf Grund des harmonischeren Aussehens des Schiffes zusätzlich aufgestellt.

Auf allen Decks standen die Passagiere dicht gedrängt an der Reling und beobachteten das Geschehen rund um die Hamburger Landungsbrücken, während ein Schlepper und eine Hafenfähre die CAP ARCONA auf ihrer ersten Ausreise noch ein Stück begleiteten.

Retuschiert wurde jedoch der von Robert Schmidt geschriebene Schiffsname. Er wurde durch größere weiße Blockbuchstaben ersetzt, um CAP ARCONA auch aus größerer Distanz deutlich lesbar zu machen.

Neben dem Werbeplakat für das neue Hamburg Süd-Flaggschiff wurde von dem gleichen Motiv auch eine Postkarte mit dem Hinweis gedruckt, die CAP ARCONA sei 27.000 Bruttoregistertonnen groß und brauche für die Rei-

Plakat zur Ersten Ausreise der CAP ARCONA. (Original 69 x 45 cm, Reproduktion aus der Werbemappe „Schöne alte Schiffsplakate der Hamburg Süd 1921–1939", Slg. Rüdiger von Ancken)

se von Hamburg nach Rio de Janeiro zwölf und bis nach Buenos Aires 15 Tage. Aus Robert Schmidts Grundidee war ein durchdachtes Werbeplakat entstanden, das auch Binnenländer auf Grund der wuchtigen Darstellung des Schiffes zum Mitreisen anregen sollte. Die Menschen längs der Elbe wussten längst die Reisequalitäten auf den Hamburg Süd-Passagierschiffen zu schätzen.

MEHR ZUM THEMA CAP ARCONA

Harald Focke: **Die elegante Pracht der „Goldenen Zwanziger"** *Die CAP ARCONA der Hamburg Süd setzte neue Maßstäbe auf dem Südatlantik. Erschienen in OCEANUM. Das maritime Magazin. Ausgabe 02, Euro 15,90, ISBN 978-3-86927-502-4*

PASSAGIERSCHIFFFAHRT

Die elegante Pracht der „Goldenen Zwanziger"

Die CAP ARCONA der Hamburg Süd setzte neue Maßstäbe auf dem Südatlantik

▷ Harald Focke

Diplomaten, Im- und Exportkaufleute und andere Reiche aus Europa und Südamerika, die sich einen Urlaub im jeweils anderen Kontinent leisten konnten, buchten für ihre Reise über den Südatlantik ab Ende der 1920er-Jahre gern die CAP ARCONA. Mit ihren drei hohen Schornsteinen, dem schwarzen Rumpf und den weißen Aufbauten war sie unverwechselbar. Sie war ab 1927 das neue Flaggschiff der Hamburg Süd als Nachfolgerin der schon vor dem Ersten Weltkrieg geplanten CAP POLONIO und ein Liner der Superlative, nicht zuletzt wegen der eleganten Ausstattung. Sie war die reine Pracht und passte zu den „goldenen" zwanziger Jahren, die im Oktober 1929 mit dem New Yorker Börsencrash schlagartig endeten und einer weltweiten Depression Platz machten. Im Frühjahr 1926 hatte die Reederei der Hamburger Werft Blohm & Voss den Auftrag erteilt, um nicht hinter die starke englische, französische und italienische Konkurrenz zurückzufallen. Am 14. Mai 1927 lief die fast 300 Meter lange CAP ARCONA vom Stapel, am 19. November begann sie in Hamburg ihre Jungfernreise über Boulogne, Vigo und Lissabon nach Südamerika. Unter der Führung des Hamburg

Links: Die CAP ARCONA in Montevideo. (Archiv Hamburg Süd)

Blick in die Bibliothek. (Archiv Blohm & Voss)

Reisende auf der CAP ARCONA. (Archiv Blohm & Voss)

MEHR ZUM THEMA SCHMIDT-HAMBURG

Schmidts Häfen. Kalender 2020. Hamburg und Kiel auf Gemälden des Marinemalers Robert Schmidt-Hamburg. *ISBN 978-3-86927-305-1, 48,8 x 33 cm, 14 Seiten mit 12 großformatigen Abbildungen sowie einer Erläuterungsseite. Euro 19,90*

Seenotkreuzer HAMBURG voraus!

Neubauprojekt der DGzRS

▷ Manuel Miserok

Im Frühjahr 2020 verstärkt der Seenotkreuzer HAMBURG die Rettungsflotte der Deutschen Gesellschaft zur Rettung Schiffbrüchiger. Allein aufgrund seines Namens sorgt der Neubau lange vor der Indienststellung für Aufmerksamkeit und Begeisterung weit über die Elbmetropole hinaus. Denn ein Blick auf das Bauprojekt und in die Geschichte zeigt: Obwohl die DGzRS in Hamburg keine Rettungsstation betreibt, bestehen vielfache Verbindungen zwischen den Seenotrettern und den Hansestädtern.

Ein neuer 28-Meter-Seenotkreuzer wird 2020 in Hamburg getauft. Das Spezialschiff entsteht auf der Fassmer Werft an der Weser. (Manuel Miserok)

Abschied von ALFRIED KRUPP – letztes noch aktives Fahrzeug aus den 1980er-Jahren und damit dienstälteste Rettungseinheit. (Manuel Miserok)

Vom Redaktionsschluss für dieses Magazin bis zur Indienststellung der HAMBURG vergeht noch ein gutes Dreivierteljahr. Auf der vorangehenden Doppelseite sehen Sie ein Bild aus der Bauphase: Rumpf und Deckshaus sind bereits zusammengefügt, auch das Namensschild ist angebracht, während der Innenausbau, die Antriebsanlage und die DGzRS-typische Lackierung noch fehlen. Bis das neue Spezialschiff in Hamburg getauft und auf der Nordseeinsel Borkum stationiert wird, überbrücken wir die Wartezeit mit dem hamburgischen Seenotretter-Alphabet:

H wie Heimathafen

Offizieller Heimathafen aller Rettungseinheiten ist Bremen. Dass dort die DGzRS ihren Hauptsitz hat, ist das Resultat aus den während der Gesellschaftsausschuss-Tagung am 27. Januar 1866 in Hamburg durchgeführten Vorstandswahlen. Ihre geografische Heimat wird die neue HAMBURG indessen auf der Ostfriesischen Insel Borkum haben, wo sie den seit 1988 dort stationierten Seenotkreuzer ALFRIED KRUPP ablöst. Aus den USA und aus Zypern wurde bereits Interesse bekundet, die ALFRIED KRUPP nach ihrer Außerdienststellung weiterhin zu nutzen.

Rund um die Insel Borkum und im Bereich der Außenems bewegen sich jährlich rund 10.000 Wasserfahrzeuge – allerdings nicht auf geradlinigen Kursen, denn ausgedehnte Riffe, Watten- und Flachwassergebiete kennzeichnen hier die Struktur der Meeres- und Küstengeographie. Die vergleichsweise schmalen Fahrrinnen von Randzelgat, Wester- und Osterems erfordern daher ausgezeichnete Navigationskenntnisse. Der natürliche Rhythmus der Gezeiten bestimmt den täglichen Takt der maritimen Arbeitswelt. Vom Maschinenschaden bis zur Grundberührung, von der Person-über-Bord Situation bis zum Wassereinbruch deckt das Einsatzspektrum der Borkumer Seenotretter alle denkbaren Arten von Notsituationen und Hilfeleistungen ab. Betroffen sind Berufsschifffahrt und Wassersportler gleichermaßen.

A wie Alster

Am Alsteranleger Jungfernstieg im Herzen der Hansestadt durfte die Öffentlichkeit am 30. März 2019 eine 1,7 Tonnen schwere Schiffssektion des bei der niedersächsischen Fassmer-Werft entstehenden Seenotkreuzers bestaunen. An diesem Tag wurde im Rahmen einer sinnbildlich als Kiellegung bezeichneten Feierstunde eine Ehrenmedaille des Hamburger Senats als Glücksbringer in einer eigens dafür vorgesehenen Tasche am Rumpfsegment eingelassen und anschließend verschweißt. Eine mit der Neubaunummer 18/1/7080 versehene Aluminiumplatte markiert die Stelle.

Der Festakt an der Alster fügt sich in eine Reihe weiterer symbolträchtiger Orte ein: Das Hamburger Rathaus diente im August 2018 als Raum für eine Bilderausstellung zu diesem Neubauvorhaben und an Bord des Museumsschiffs CAP SAN DIEGO wurde im November 2018 im Zuge einer Pressekonferenz das erste HAMBURG-Namensschild präsentiert. Seinen feierlichen Abschluss findet das Projekt mit der Schiffstaufe am 19. April 2020 an der Elbphilharmonie, begleitet von einer Benefiz-Matinee in Hamburgs modernstem Konzerthaus am selben Tag.

Die unmittelbare Beziehung zwischen Hamburg und der HAMBURG reicht sogar zurück ins Jahr 2013: Seinerzeit fanden in der Hamburgischen Schiffbau-Versuchsanstalt (HSVA) erste Schlepp- und Seegangsversuche für den Prototypen des 28-Meter-Seenotkreuzers statt, um die optimale Rumpfform für diese neue

Schnittiger Vorsteven: Bei dem am Jungfernstieg aufgestellten Rumpfsegment ist das Spantengerüst deutlich zu erkennen. (Manuel Miserok)

Schiffsklasse zu bestimmen. Zu diesem Zweck wurden in einem 300 Meter langen Tank an einem selbstfahrenden, ungebundenen Modell im Maßstab 1:17 bis zu sechs Meter hohe Wellen bei einer Fahrt von maximal 24 Knoten simuliert.

Zusammen mit seinen Kollegen der Rettungsstationen Laboe, Grömitz und Warnemünde war der Borkumer Vormann Ralf Brinker von Anfang an bei den Tests dabei.

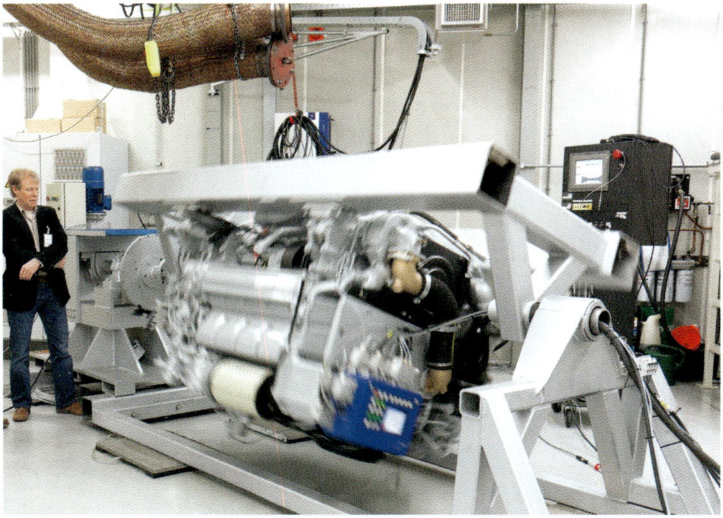

Härtetest auf dem Schwenkprüfstand: Rettungsboot-Motoren müssen sich um die eigene Achse drehen und trotzdem weiterlaufen können. (MTU)

M wie Motoren

In den Seenotkreuzern der 28-Meter-Klasse kommen je zwei Maschinen des Fabrikats MTU 16V 2000 M72 zum Einsatz. Die 16 Zylinder bringen bei einem Hubraum von 35,7 Litern (Bohrung/Hub = 135 mm/156 mm) eine maximale Leistung von 1440 kW (1958 PS) auf den Propeller. Wenn beide Maschinen unter Volllast laufen, rauschen 715 Liter Diesel pro Stunde bei Erreichen der maximalen Drehzahl von 2250 U/min durchs System. Bei einer Länge von 3,24, einer Breite von 1,36 und einer Höhe von 1,46 Metern bringt ein Einzelstück dieser Baureihe 4600 Kilogramm auf die Waage.
Die Besonderheit: Auch unter extremsten Bedingungen – etwa bei großen Krängungswinkeln oder gar im Fall einer Durchkenterung, wenn das Schiff sich für wenige Sekunden in der Kieloben-Lage befinden würde – müssen die Motoren weiterlaufen, damit der Rettungskreuzer nicht selber zum Rettungsfall wird. Die Herausforderung: Durch das Kentern kann Motorenöl über die Kurbelgehäuseentlüftung in die Zylinder gelangen und durch unkontrollierte Verbrennung die Motoren zerstören. MTU-Ingenieure haben daher ein Ventil in die Kurbelgehäuseentlüftung eingebaut, das sich in Abhängigkeit der Schiffsneigung schließt und so das Öl vom Auslaufen abhält. Befindet sich der Motor wieder in aufrechter Position, öffnet sich das Ventil automatisch.

B wie Bordstempel

Bei Philatelisten und Schiffspostsammlern begehrt sind die schmuckvollen Schiffsstempel der DGzRS-Rettungseinheiten. Bis zur Indienststellung sollen für die HAMBURG drei Ausführungen produziert werden: eine schlicht gestal-

Filigranes Druckwerk: Die Bordstempel sind bei Sammlern beliebt.

tete Version mit der Schiffs-Silhouette und dem während der Erprobungsphase verwendeten Kürzel SK 40 sowie der offizielle Bordstempel in zwei Varianten – wahlweise mit Angaben zum Ort und Datum der Schiffstaufe in einem umlaufenden Rand oder in der hier gezeigten Variante ohne Zusatzinformation zur Taufe.

Schon zur Kiellegung am 30. März 2019 wurde ein Sammlerbeleg in streng limitierter Auflage herausgegeben, allerdings nicht mit einem gestempelten, sondern mit aufgedrucktem Cachet. Anfragen an den Sammlerservice für DGzRS-Bordstempel sind an folgende Anschrift zu richten: Wolfgang Herold, Postfach 2421, 38014 Braunschweig.

U wie Unbekannt

Im Unterschied zum Seenotkreuzer ist der Name des unter der internen Seriennummer TB 44 gelisteten Tochterbootes noch nicht vorab bekannt. Nach DGzRS-Angaben soll das Tochterboot den Namen eines Hamburger Stadtteils erhalten, der im Rahmen eines Wettbewerbs ermittelt wird. Den Borkumer Seenotrettern ist zu wünschen, dass die Wahl nicht ausgerechnet auf die als Bootsname eher ungeeignet erscheinenden Stadtviertel Kleiner Grasbrook, Hausbruch, Hoheluft-West oder Groß Borstel fallen möge ...

Ein weiteres Mitglied der Rettungsflotte trägt bereits einen Namen mit Bezug zur Hansestadt: Das Arbeitsboot des in List auf Sylt stationierten Seenotkreuzers PIDDER LÜNG (Baujahr 2013) ist nach dem bekannten Wahrzeichen MICHEL benannt. Denselben Namen trug das Tochterboot des ersten Seenotkreuzers HAMBURG, der unter der DGzRS-Flagge von 1960 bis 1985 im Rettungsdienst eingesetzt war.

Aus einem Spendenwettbewerb zwischen Sylt und Hamburg ging der Name MICHEL für dieses DGzRS-Arbeitsboot hervor. (Manuel Miserok)

Die BORKUM wurde 1944 in Hamburg gebaut, ein Dreivierteljahrhundert später geht eine neue HAMBURG nach Borkum. (DGzRS Archiv)

Heute befindet sich dieses ehemalige Tochterboot unter dem Namen AUGUST-WILHELM bei einem Sportbootverein auf dem Rhein.

R wie Retrospektive

1861 entstand der Hamburger Verein zur Rettung Schiffbrüchiger, der Stationen in Cuxhaven und Duhnen sowie auf Neuwerk gründete und unterhielt. Im Jahr 1869 schloss sich diese regionale Organisation der DGzRS an. Deren Bezirksverein für die Freie und Hansestadt Hamburg verwaltete fortan neben diesen drei Stationen zeitweise weitere vier Stützpunkte auf den Leuchtschiffen in der Elbmündung.

Bei der Holtz-Werft in Harburg wurden schon zu Anfang des 20. Jahrhunderts Rettungsboote für den Küstenrettungsdienst gebaut, allerdings nicht im Auftrag der DGzRS. Sie orderte jedoch bei der Schiffswerft von August Pahl eine ganze Reihe von Neubauten: Im Zeitraum von 1922 bis 1944 wurden in Hamburg-Finkenwerder insgesamt 20 Motorrettungsboote für die Seenotretter gefertigt, darunter die beiden nach gebürtigen Hamburger Reedern benannten RICHARD C. KROGMANN (Baujahr 1932) und CARL LAEISZ (1942) sowie ein Boot mit dem Namen HAMBURG (1942/1943) und die für die gleichnamige Insel bestimmte BORKUM (1944).

Erhalten gebliebene DGzRS-Historie ist im Internationalen Maritimen Museum Hamburg dargestellt: Neben einem Ausstellungsraum mit Modellen und Dokumenten über das Seenotrettungswerk kann dort das 1972 gebaute Seenotrettungsboot GRIETJE besichtigt wer-

Rettertreffen vor den Landungsbrücken: HERMANN MARWEDE, FRITZ BEHRENS und die Marineflieger bei einer gemeinsamen Hafengeburtstags-Übung im Mai 2014. (Manuel Miserok)

den, das als Museumsboot den Namen UMMA erhielt. Beim Sandtorkai, kaum zehn Gehminuten vom Museum entfernt, ist darüber hinaus häufig das ehemalige DGzRS-Boot MAX CARSTENSEN (Baujahr 1981) anzutreffen, das sich heute in Privatbesitz befindet.

G wie Gästeliste

Seit der Beginn des zollfreien Handels über die Elbe im Mai 1189 unter dem Titel „Hamburger Hafengeburtstag" als maritimes Volksfest gefeiert wird, haben sich immer wieder auch die DGzRS-Rettungseinheiten in die lange Geburtstags-Gästeliste eingetragen. An erster Stelle sind hier alle drei Vertreter der unvergessenen 44-Meter-Klasse zu nennen: Neben der HERMANN RITTER (Besuche in Hamburg unter anderem 1980, 1986) und der WILHELM KAISEN (1999) zog vor allem die JOHN T. ESSBERGER bei ihren Hamburg-Anläufen die Aufmerksamkeit auf sich. Liselotte von Rantzau-Essberger, Chefin der in Hamburg ansässigen Reedereigruppe Essberger, hatte das nach ihrem Vater John Theodor benannte Schiff 1975 getauft, das Tochterboot ELSA erhielt den Namen ihrer Mutter. Beim Hafengeburtstag schaute sie regelmäßig an Bord ihres Patenschiffes vorbei, schrieb zu Weihnachten stets einen persönlichen Brief an die Besatzung und schickte großzügige Geschenke mit. So blieb der Kontakt der Reederei zur Seenotkreuzer-Crew über die Jahre erhalten. Ehrensache, dass die „JOHN T." bei ihrer Abschiedstour auf dem Weg ins Technik Museum Speyer beim Hafengeburtstag 2011 am „Tor zur Welt" ein letztes Mal Station machte.

Der außer Dienst gestellte Seenotkreuzer HAMBURG war in den Jahren 2005 bis 2007 zu Gast, die Deutsche Post widmete dem Schiff 2006 sogar einen Sonderstempel zum Hafengeburtstag. Dessen Schwesterschiff, die ehemalige THEODOR HEUSS, erschien 2016 zur Auslaufparade auf der Elbe. Die nach einem Hamburger Bauunternehmer benannte HANNES GLOGNER stand 2008 auf der Gästeliste, ihr folgten das aus der Rettungsflotte ausgemusterte Seenotrettungsboot MAX CARSTENSEN (2012 bis 2018), der ehemalige Seenotkreuzer FRITZ BEHRENS (2012 bis 2014), die Seenotkreuzer HERMANN MARWEDE (2014), HERMANN HELMS (2016) und BERLIN (2018) – letztere mit auffälliger Hamburg-Flagge im Mast – und schließlich das ehemalige, jetzt unter der DLRG-Flagge als GREIF 1 fahrende Seenotrettungsboot PUTBUS (2018, 2019).

Die Rettungsvorführungen auf der Elbe und das Schaufahren der Tochterboote gehören mittlerweile zu den festen Programmpunkten jedes Hafengeburtstages.

HAMBURG – Schiffsname mit Tradition

HAMBURG [I]

Die erste von der DGzRS in Auftrag gegebene HAMBURG wurde unter der Baunummer 44 bei der Paul Lindenau Schiffswerft und Maschinenfabrik in Memel gefertigt und mit einem MAN-Diesel mit elektrischem Anlasser ausgestattet. Am 2. Dezember 1926 begann die Überführung nach Pillau, wo das Fahrzeug bei einem mehrmonatigen Aufenthalt seine Endausrüstung erhielt. Stationiert war die HAMBURG in Friedrichskoog, Hörnum, Langeoog und Juist. Ab März 1941 war das Boot dem Kommando Schiffe und Boote der Luftwaffe/Langeoog unterstellt, später wurde es in AUGUST NEBELTHAU umbenannt. Die letzten Kriegsmonate war es bei der 16. Marine-Nebelabteilung gemeldet, wurde 1945 außer Dienst gestellt und 1953 abgewrackt.

Motorrettungsboot HAMBURG [I]: 16 Jahre auf der Nordsee im Einsatz, dann in AUGUST NEBELTHAU umbenannt. (DGzRS Archiv)

HAMBURG [II]

Bei der Pahl-Werft in Hamburg-Finkenwerder wurde die mit einem MAN-6-Zylinder Vier-

Unsichtbare Gefahr: In den Nachkriegsjahren wurde die HAMBURG [II] durch eine Mine zerstört. (DGzRS Archiv)

Bei der Eröffnung der Vogelfluglinie 1963 war der Seenotkreuzer HAMBURG [III] mit dabei. (DGzRS Archiv)

takt-Dieselmotor angetriebene zweite HAMBURG gebaut. Hinsichtlich des Baujahrs ist die Quellenlage nicht eindeutig: Der Baunummernliste der Werft ist der 12. November 1943 als Datum des Stapellaufs zu entnehmen, einige Autoren nennen als Zeitpunkt der Indienststellung jedoch November 1942. Wie dem auch sei, die Lebensdauer dieses Bootes war tragischerweise nur kurz:
War die HAMBURG [II] in den letzten Kriegsjahren vor allem für abgestürzte und notgelandete amerikanische, britische und deutsche Flieger über der Nordsee im Einsatz, wurde sie indirekt selbst zum Opfer der Kriegshandlungen, als sie am 20. November 1947 im Fahrwasser der Süderhever auf eine ungeräumte Treibmine lief. Bei diesem Unglück kamen die drei an Bord befindlichen Rettungsmänner ums Leben. Nach einer umfangreichen Suchaktion wurden nur noch Masttrümmer und ein Rettungsring gefunden. Mit der HAMBURG [II] konnten 113 Menschen aus Seenot gerettet werden.

HAMBURG [III]

60 Jahre vor dem jetzt im Bau befindlichen Seenotkreuzer wurde die dritte HAMBURG in Dienst gestellt. Bei der Taufe am 11. März 1960 hielt Hamburgs damaliger Zweiter Bürgermeister Edgar Engelhard die Festrede; als Patengeschenk überbrachte er eine umfangreiche Bordbücherei, die im Rahmen der Seenotkreuzer-Patenschaft zum Weihnachtsfest um zusätzliche 18 Bände erweitert wurde. Als Taufpate wurde der 23-jährige Hamburger Fernmeldemechaniker Peter Trapp ausgewählt, der kurz zuvor für die Rettung von zwei Kindern mit der Rettungsmedaille des Hamburger Senats ausgezeichnet worden war. Das 6,5 Meter lange und 2,3 Meter breite Tochterboot erhielt den Namen MICHEL, mit einer Motorleistung von 32 PS erreichte es eine Geschwindigkeit von 8,5 Knoten. Der Seenotkreuzer HAMBURG war bis 1985 auf den DGzRS-Stationen Burgstaaken und Grömitz im Einsatz. Im Anschluss an seine Außerdienststellung fuhr das Schiff un-

ter dem Namen SEA-WOLFE in der Karibik, nach der Rückführung in europäische Gewässer wechselten seine Namen zwischen OSTSEEBAD KÜHLUNGSBORN, HAMBURG und SEEWOLF. Zeitgleich mit dem Entstehen des neuen 28-Meter-Seenotkreuzers wird die ehemalige HAMBURG auf einer niederländischen Werft zum Hotelschiff umgebaut und soll zukünftig voraussichtlich in Düsseldorf als schwimmende Unterkunft genutzt werden.

Technische Daten	HAMBURG [I]	HAMBURG [II]	HAMBURG [III]	HAMBURG [IV]
Typ	Motorrettungsboot	Motorrettungsboot	Seenotkreuzer	Seenotkreuzer
Baujahr	1926	1943	1960	2020
Bauwerft	P. Lindenau, Memel	August Pahl, Hamburg	Abeking & Rasmussen	Fassmer, Berne
Länge	11,85 Meter	13 Meter	23,2 Meter	27,9 Meter
Breite	3,4 Meter	3,8 Meter	5,3 Meter	6,2 Meter
Tiefgang	0,75 Meter	1,35 Meter	1,4 Meter	1,95 Meter
Geschwindigkeit	8 Knoten	8,5 Knoten	20 Knoten	24 Knoten
Leistung	50 PSe	200 PSe	1750 PS	3916 PS

NEUE BÜCHER ZUM THEMA

OCEANUM. Das maritime Magazin Spezial. Seenotretter
Von Manuel Miserok, 176 S., Euro 16,90, ISBN 978-3-86927-603-8, www.oceanum.de

OCEANUM. Das maritime Magazin Kompakt. Seenotretter 2019
Von Manuel Miserok, 96 S., Euro 9,90, ISBN 978-3-86927-701-1, www.oceanum.de

Manuel Miserok begeistert sich seit mehr als 30 Jahren für die Seenotretter, er ist der Spezialist im OCEANUM Verlag für Seenotrettung. Sein OCEANUM Spezial Seenotretter ist in der zweiten Auflage erhältlich. Seit 2019 gibt Miserok das OCEANUM Kompakt Seenotretter heraus, das jährlich im Frühjahr erscheint und historische sowie aktuelle Themen beleuchtet.

NATO-Code „Tarantul"

Das kleine Raketenschiff Projekt 1241 RÄ in der Volksmarine

▷ Dieter Flohr

Der 22. Juni 1989 war ein ruhiger sonniger Tag, die Ostsee spiegelglatt. Unweit einer Abteilung bundesdeutscher Flugkörperschnellboote des Typs 148 dümpelte das kleine Raketenschiff des Projekts 1241RÄ FRITZ GLOBIG der Volksmarine. Deren Besatzung hatte bereits eine Weile mit Neugier die Verbandsübungen der Schnellboote beobachtet, was zu dieser Zeit schon kein Problem mehr darstellte.

Die RUDOLF EGLHOFER (Bordnummer 572) bei der Demonstration ihrer beiden Revolverkanonen (Gatling) AK- 630. Diese Waffe konnte 5000 Schuss/min auf eine maximale Entfernung von 5,2 Kilometern abfeuern. (Peter Seemann)

Wettfahrt mit Überraschung

Die Verbissenheit des Kalten Krieges hatte sich verflüchtigt. Die einst so kämpferisch aufkreuzenden Schiffseinheiten der Bundesmarine und der Volksmarine begegneten sich immer öfter auf See korrekt, beobachteten sich aus größerer Nähe als früher und handelten zumeist nach seemännischen Gepflogenheiten. Längst wurde sogar das traditionelle maritime Zeremoniell wieder gepflegt, sich im Vorbeilaufen durch Seite pfeifen und Front oder durch Dippen der Dienstflaggen zu grüßen, die dann für einen Augenblick aus der Gaffel niedergeholt und wieder gehisst wurden. Bundesverteidigungsminister Helmut Schmidts einstiger Erlass aus den 1970er-Jahren, dies zu tun, hatte sich in der jüngeren Generation bundesdeutscher Schiffskommandanten allmählich durchgesetzt. So schien es fast normal, dass sich das Boot des Abteilungschefs der Schnellboote der Bundesmarine dem DDR-Schiff bis auf etwa zehn Meter annäherte. Über Megaphon wünschte der Abteilungschef dem ostdeutschen Kommandanten einen schönen Tag und fragte dann an, ob man einmal eine Wettfahrt beider Schnellboote veranstalten könne. Kommandant Michael Dumaschewski willigte sofort ein und freute sich insgeheim schon diebisch. Schließlich wusste er um die Stärken seiner aus vier Gasturbinen bestehenden Maschinenanlage.

Die Startlinie war schnell vereinbart. Dumaschewski ließ derweil die vier Gasturbinen seiner Tarantul hochfahren und schon mal auf 40 Prozent Leistung bringen. Dabei setzte er darauf, dass die Jungs der anderen Seite dies nicht wissen konnten. Sie selbst verfügten über Maybach-Dieselmotoren, die zwar leistungsstark waren, aber nur im Leerlauf umgesteuert und erst danach hochgefahren werden konnten. Der westdeutsche Kommandant nahm als Startzeichen die Mütze ab, Dumaschewski befahl „Beide Wellen voraus: Große Fahrt!“ Das

Kleine Raketenschiffe der Volksmarine Projekt 1241 RÄ (Tarantul) 1987 während einer Flottenparade anlässlich der Verabschiedung des Admirals Dr. Wilhelm Ehm in den Ruhestand. (Peter Seemann)

Raketenschiff hob seinen Vorsteven mit einem Ruck aus der See und stürmte los, eine mächtige Hecksee auftürmend. Mit 40 Prozent Leistung lief das Boot bereits 27 Knoten, mit „Großer Fahrt" dann 40 Knoten und mit „Äußerster Kraft" schaffte es 45 Knoten. Schon nach wenigen Minuten wurde das 148er-Boot der Bundesmarine achteraus am Horizont immer kleiner. Es hatte keine Chance gegen das Kraftpaket aus dem Osten!

Das Schiff

Fünf Kleine Raketenschiffe (Raketenkorvetten) des sowjetischen Typs Projekt 1241 RÄ wurden Ende der 1980er-Jahre nach und nach durch die Volksmarine erworben und in Dienst gestellt. Es handelte sich dabei um eine Export-Variante 1241RÄ (russisch: 1241PЭ) des Projekts „Molnija", das in Auswertung der Kampfhandlungen zwischen der Vereinigten Arabischen Republik und Israel sowie des indisch-pakistanischen Krieges vom Konstruktionsbüro „Almas" in Leningrad nach 1973 stufenweise entwickelt wurde. Da die einst Furore machenden Raketenschnellboote des Projekts 205 (Nato-Code OSA I und II mit den inzwischen neuesten westlichen Raketenkomplexen und Bootstypen (Schnellfeuerartillerie OTO-Melara-Raketen Kormoran auf den Lenkwaffenschnellbooten 148 Raketen der Marineflugzeuge) aufgrund ihrer Artilleriebewaffnung und Luftabwehr gegenüber den inzwischen neuesten westlichen Flugkörperschnellbooten Klassen 148, 143 und 143A (76-mm-Geschütz OTO-Melara, RAM-ASMD) nicht mehr Schritt halten konnten, war eine neue Entwicklungsstufe unausweichlich geworden, um dem Westen Paroli bieten zu können.

Noch wichtiger als die westlichen Schnellbootentwicklungen waren die realen Gefährdungen durch große gegnerische Überwassereinheiten. Unter der Projekt-Chiffre „Molnija" wurde 1971 in den vorgegebenen Grenzen eines Volldeplacements von etwa 500 Tonnen ein Bootskörper mit verbessertem Seegangsverhalten, einer Diesel-Gasturbinen-Anlage als Antrieb und der weiteichenden Überschallseezielrakete „Moskit" als Hauptbewaffnung entwickelt. Neben der ebenfalls weiterentwickelten Artilleriebewaffnung mit den Komplexen AK-176 und AK-630 sollte die Luftabwehr noch den Luftabwehr-Raketenkomplex „Osa-M" erhalten. Doch die realen entwicklungstechnischen Möglichkeiten jener Zeit standen diesen Ambitionen in mehrfacher Hinsicht entgegen.

Auf dieser neuen Plattform wurde ein kleines Raketenschiff mit dem neuen Schiffsraketenkomplex P-20 „Termit" in einer ersten Serie mit den Schiff-Schiff-Raketen P-20 und P21 umgesetzt. Eine reine Gasturbinenanlage verlieh den Booten hohe Geschwindigkeiten von 42 bis 45 Knoten. Die Artillerie- und Luftabwehrbewaffnung bestand aus dem 76,2-mm-Geschütz AK-176, den beiden 30-mm-Artilleriekomplexen AK-630 und Ein-Mann-Fla-Raketen „Strela". So wurden neben dem erforderlichen Eigenbedarf auf der Werft in Rybinsk zunächst 22 Einheiten des Projekts 1241RÄ (Export) gebaut und nach und nach an Polen, Rumänien, Indien, Viet-

Die Leistungsparameter der Tarantul-Klasse

Deplacement	380 t
Länge	56 m
Breite	11 m
Tiefgang	3,9 m
Geschwindigkeit	45 Knoten (in den USA 51 Knoten, also 94 km/h)
Antrieb	Zweiwellengasturbinenanlage Typ M 15 2 Gasturbinen M-75 (Marschturbinen) (2 x 2940 kW) 2 Gasturbinen M-70 (Gefechtsturbinen) (2 x 8526 kW) Gesamtleistung 22.932 kW
Besatzung	39 Mann: 6 Offiziere, 6 Fähnriche (Berufssoldaten), 8 Unteroffiziere, 19 Matrosen
Bewaffnung	2 Doppelstarthangars für Seezielraketen P20 („Termit" und P21 mit Radarsuchlenkkopf sowie und P-22 (Infrarot-Suchlenkkopf) (max. Reichweite ca. 80 km): Start bis Seegang 5 bei min. 22 kn, Flugweite min. 4,3 sm, max. 43 sm, Flughöhe 25 m oder 50 m. 1 Decksturmgeschütz 6,2 mm-AK 176: Max. Schussgeschw. 152 Schuss/min, Schussweite 11 km. 2 Revolverkanonen (Gatling) 30 mm sechsläufig AK 630 Max. Schussgeschw. 5000/min, Schussweite 5200 m. 1 Vierfachstarter FASTA 4 für Strela-2M- Raketen

nam, Jemen und an die Volksmarine abgegeben. Für den sowjetischen Bedarf folgten auf dieser Plattform weitere Modifikationen mit veränderter Raketenbewaffnung und Antriebsanlage. In der sowjetischen und auch heute in der russischen Flotte werden sie anders als in der DDR, als „große Raketenschnellboote" bezeichnet.

Was die „Tarantuls" leisteten

Die fünf Kleinen Raketenschiffe der Volkmarine des Projekts 1241RÄ mit den Bordnummern 571 bis 575 wurden in der 6. Flottille im Stützpunkt Dranske/Bug stationiert. Sie erhielten die Namen revolutionärer Matrosen der deutschen Novemberrevolution RUDOLF EGELHOFER, HANS BEIMLER, ALBIN KÖBIS, FRITZ GLOBIG und PAUL EISENSCHNEIDER. Der 39-köpfigen Besatzung boten diese Schiffe weitaus bessere Lebens- und Dienstbedingungen als die bisherigen Raketenschnellboote der OSA-Klasse. Es gab ansehnliche Unterkünfte für Matrosen, Maate und Offiziere, Duschen, eine Klimaanlage, eine geräumige Kombüse, so-

Das Buggeschütz AK 176 Kaliber 76 mm hatte eine Schussgeschwindigkeit von 130 Schuss/min und konnte Ziele in einer Entfernung von 11 Kilometern erreichen. (Dieter Flohr)

gar eine Seewasserentsalzungsanlage. Der Import kostete die Steuerzahler der DDR die enorme Summe von 77,1 Millionen Mark pro Stück. Mitte der 1980er-Jahre hatten diese Schiffe mit den zehn mobilen Batterien des Küsten-Raketen-Komplexes „Rubesh" zu einer beachtlichen Kampfwertsteigerung der Volksmarine beigetragen.

In den Dienstjahren zwischen 1984 und 1990 haben die „Tarantuls" nach anfänglichen Kinderkrankheiten ihre Aufgaben sehr gut erfüllt. Besonders beim Raketenschießen auf See- und Luftziele gab es stets hervorragende Ergebnisse.

Vor allem hatten diese Schiffe dank ihrer Raketen die Möglichkeit, Ziele in großen Entfernungen zu erreichen. Sie konnten mit ihren beiden sechsläufigen Revolverkanonen wesentlich zur eigenen Luftabwehr beitragen und eigene Schiffsverbände mit Geschosswolken gegen angreifende Flugzeuge oder Seezielraketen abschirmen.

Bekannt wurde ein ernster Zwischenfall beim Luftzielschießen auf der Reede von Pillau (Baltijsk) im Juli 1986. Mit Küstenschutzschiffen (NATO-Code „Koni"), U-Jagdschiffen des Projektes 133.1 (Parchim-Klasse), Raketenschnellbooten 205 (OSA I) sollten die Kleinen Raketenschiffe („Tarantul") mit ihren Revolverkanonen versuchen, eine längs des Verbandes fliegende Rakete P-15 im Vorbeiflug zu bekämpfen.

Alle Besatzungen waren hochkonzentriert, die Rakete wurde gestartet und mit dem Funkmessgerät auch schnell geortet. Bei Erreichen der Einsatzentfernung eröffneten die Schiffsgeschütze das Feuer. Ein regelrechtes Inferno brach los. Zunächst bemerkte niemand eine

Einer der beiden Doppelhangars für Seezielraketen P-21 (Infrarot-Suchkopf) bzw. P-22 (Infrarot-Suchkopf). (Dieter Flohr)

ebenfalls und offenbar ahnungslos anfliegende Aufklärungsmaschine der Bundesmarine des Typs Brequet Atlantic. Angesichts des Sprengwolkenvorhangs machte der Pilot eine extreme Kursänderung, überflog nun den gesamten Volksmarineverband und entschwand. Dass er damit gegen völkerrechtliche Regeln verstoßen hatte, spielte nun keine Rolle mehr. Wichtig war, dass das neugierige Flugzeug nicht abgeschossen wurde. Die vorüberfliegende Rakete aber wurde auch nicht getroffen, sondern setzte ihren Flug unbeirrt fort.

Der Dienst an Bord

Der Borddienst auf den Schiffen der Tarantul-Klasse war trotz des unaufhörlichen angestrengten Lernens der Besatzungsangehörigen auf allen Gefechtsstationen interessant und erlebnisreich. Wenn nur nicht die hohe physische Belastung der Besatzungen gewesen wäre! Das Oberkommando des Warschauer Vertrages bestand stets auf einer höchsten Gefechtsbereitschaft bestanden. So mussten stets 85 Prozent des Personalbestandes in allen Einheiten der NVA und auch auf den Schiffen und Booten der Volksmarine anwesend sein. Hinzu kamen die sich ständig wiederholenden Bereitschaftsdienste.

Dabei wurden je vier Raketenschnellboote sowie ein kleines Raketenschiff mit Gefechtsraketen aufgerüstet und an einer Pier (Pier 4 in Dranske für Prj. 205 bzw. im Hafen Sassnitz Prj.1241 RÄ) vertäut. Die Besatzungen hatten komplett an Bord zu sein und wurden für acht Tage vergattert, das heißt, sie wurden zu Beginn des Gefechtsdienstes, der immer ein halbes Jahr dauerte, in einer feierlichen Brigade-

musterung mit Truppenfahne, Musikkorps, Nationalhymne und verpflichtenden Worten vom Brigadechef verpflichtet.
Der ehemalige Kommandant der ERICH GLOBIG, Korvettenkapitän a.D. Michael Dumaschefski, schildert dies in seinem Buch „Pier 4" so: „Das waren schwere Zeiten... Die 14 Tage bestanden in der Woche aus fast normalem Dienst. Aber man lag am Wochenende, wo man gern zu seiner Familie gewollt hätte, eben am Pier 4. Auf den allmorgendlichen Lagen des Brigadechefs wurde die aktuelle Gegnerlage dargestellt. Wir wussten ziemlich genau, wo die Schiffe der anderen Marinen waren. Am Wochenende und vor allem zu den Feiertagen waren die immer zu Hause und wir lagen an Pier 4. Ostern, Pfingsten, am Schlimmsten war es zu Weihnachten. Die Ostsee war leer oder vereist und wir lagen an Pier 4 oder in Sassnitz in Bereitschaft echt sinnlos rum... Für verheiratete Offiziere und Unteroffiziere war dies frustrierend. Alle reden von KSZE, vom zunehmenden Frieden, von Verständigung Ost und West, Honecker wird mit militärischen Ehren in der BRD empfangen und wir liegen an Pier 4. Meine Frau und die Kinder kamen mit dem Auto bis zum Kontrollpunkt der Dienststelle. Da dort ein Telefon war, konnte ich mich wenigstens bis dorthin von Bord abmelden, mit meiner Familie im Auto sitzend Kaffee trinken, Kuchen essen, die Kinder kurz küssen und dann ging es wieder zur Pier 4. Und gewohnt habe ich drei Kilometer weiter im Ort Dranske!"
Und das alles blieb natürlich nicht ohne Folgen, denn weiter schreibt der ehemalige Kommandant: „Bei den verheirateten Offizieren und Berufssoldaten mussten die Frauen viel allein schultern... Viele junge Frauen hatten mit dem strengen Dienstregime große Probleme, die Männer hatten keine Chance, dies zu verändern, so gingen doch viele, zu viele Ehen in die Brüche. Offiziell registriert oder analysiert hat das wohl niemand."
Doch das Ende der DDR und ihrer Volksmarine war Ende der 1980er-Jahre absehbar. Ersatzteile und besondere Betriebsstoffe kamen aus der desolaten Sowjetunion immer spärlicher. Schon im letzten Sommer der DDR 1990 waren die Schiffe nur noch bedingt einsatzbereit. Als die Bundesmarine den Schiffsbestand der Volksmarine am 3. Oktober 1990 übernahm, wurde schnell klar, dass die auf sowjetischer Spezialtechnik beruhenden „Kraftprotze" der Tarantul-Klasse nicht im Dienst zu halten waren und auch nicht gehalten werden sollten. Selbst ein Verkauf dieser fast neuen und keineswegs maroden Schiffe an durchaus vorhandene ausländische Interessenten stieß im Westen auf politisch verordnete Ablehnung. So wurden die Schiffe FRITZ GLOBIG, PAUL EISENSCHNEIDER und ALBIN KÖBIS in den frühen 1990er-Jahren verschrottet.

Auswertung in den USA

Die RUDOLF EGLHOFER, die sich als das noch am besten fahr- und einsatzbereite Schiff erwiesen hatte, wurde von der Bundesmarine unter der Bordnummer P 6166 HIDDENSEE für kurze Zeit in Dienst gestellt, dann aber mit dem

Die HANS BEIMLER an ihrem früheren Liegeplatz vor dem Historisch-Technischen Museum Peenemünde. (Dieter Flohr)

kompletten Raketenvorrat der Volksmarine an die US-Navy „weitergegeben".
Die Amerikaner hatten verständlicherweise größtes Interesse an dieser sowjetischen Marineentwicklung. Sie holten Schiff und Waffentechnik unverzüglich als Oberdecksladung über den Großen Teich. Dort wurde das Schiff unter dem Namen HIDDENSEE mit einer 20-köpfigen deutschen Besatzung aller bisherigen „Tarantuls" und ihrem Kommandanten Andreas Kuhfuss unter der Stars and Stripes-Flagge in Dienst gestellt. Wie verlautet, haben die Amerikaner das Schiff auf Herz und Nieren geprüft und wichtige Aggregate wie den Komplex AK 630 ausgebaut und extern erprobt. Mit der Erprobung des Schiffes lief gleichzeitig der Test des Küstenraketensystems „Rubesh", das ebenfalls im Austausch gegen die Erprobungsergebnisse an die USA abgegeben worden war. Die Amerikaner haben den gesamten Kampfsatz von 195 Schiff-Schiff-Raketen verschossen. Sie wollten herausfinden, wie diese Raketen P-20 und P-21 am besten abzuschießen waren. Wie berichtet wurde, gelang ihnen dies erstaunlicherweise in keinem Falle und zwar weder mit ihren Artilleriewaffen noch mit ihren Flugabwehrraketen. Die Treffsicherheit der Projektile auf Schiffsziele hingegen war stets gegeben. Von der erreichbaren Geschwindigkeit des Schiffes (maximal 53 Knoten!) und der Raketentechnik waren die Amerikaner schwer begeistert. Die HIDDENSEE liegt seither gut gepflegt im Naval Museum in Fall River/Massachusetts.

Im Museum Peenemünde

Einer weisen Entscheidung der damaligen Führung der Bundesmarine ist es zu verdanken, dass das letzte in der ehemaligen DDR verbliebene „Tarantul"-Schiff, die HANS BEIMLER, erhalten blieb und dem Historisch-Technischen Museum in Peenemünde übergeben wurde. Dieses Museum hatte damals das Ziel, nicht nur die Entwicklung der so genannten V-Waffen (Flügelbombe V1 bzw. V2 [Aggregat 4]) in der NS-Zeit darzustellen, sondern sammelte auch die Sachzeugen der NVA-Luftstreitkräfte, die ehemals als Jagdbombengeschwader 9 in Peenemünde/ Karlshagen stationiert war und auch die Reliquien der Volksmarine, also der Schiffe der 1. Flottille. Insofern waren im Außenbereich des Museums verschiedene Flugzeugtypen und Hubschrauber, eine Reihe von Flugabwehrraketen und Minenräumtechnik und anderes ausgestellt. Dann aber gab es einen Wechsel in der Direktion und danach verzichtete man auf alles, was mit der NVA in Verbindung stand. Auch das Kleine Raketenschiff ex HANS BEIMLER sollte verschwinden. Unterschriftssammlungen, Briefe an das Museum und das Kultusministerium konnten die Verschrottung verhindern. Schließlich kam HANS BEIMLER in das im Aufbau befindliche Marinemuseum Peenemünde.

In langwieriger und mühevoller Arbeit gelang es einem Förderverein aus ehemaligen Angehörigen der Volksmarine und der Bundesmarine, insbesondere alten Schnellbootsfahrern, das Schiff wieder herzurichten und Besuchern zugängig zu machen. Erhebliche Verdienste an der Aufbereitung dieses Marineobjektes gebühren dabei dem ehemaligen Kommandanten des Schwesterschiffes ALBIN KÖBIS Korvettenkapitän a.D. Holger Neidel. Damit ist die frühere HANS BEIMLER das einzige in Deutschland erhaltene noch schwimmende Schiff der DDR-Volksmarine. Es liegt in Peenemünde im Haupthafen an der Fährstraße und ist ganzjährig von 10 bis 16 Uhr geöffnet. Führungen nach Vereinbarung.

Die frühere HIDDENSEE der Volksmarine im Battleship Cove Museum in Fall River/Massachusetts. Im Hintergrund das US-Schlachtschiff MASSACHUSETTS. (Slg. Dieter Flohr)

Die Elbmündung, im Hintergrund ist der Leuchtturm von Neuwerk erkennbar. (Öl/Hartfaser, 30 x 40 cm, Privatbesitz)

Der Marinemaler Fritz W. Schulz

Das Zusammenspiel von Wolken, Wind und Wellen im Blick

▷ Rüdiger von Ancken

Fritz W. Schulz gehört zu den deutschen Marinemalern, über die nur wenig bekannt ist. Das mag daran liegen, dass er auf Ausstellungen nur selten vertreten war, denn sein Ziel war es, immer noch bessere Bilder zu schaffen, bevor er sie der Öffentlichkeit präsentierte.

Friedrich-Wilhelm Schulz wurde am 2. April 1884 in Berlin geboren. Für seinen Lebensweg hatten die Eltern den Beruf des Lehrers vorgesehen. 1905 bestand er die 1. Prüfung zum Volksschullehrer. Aber es zog ihn mehr zur Kunst als in die Schule. So wurde er 1907 an der Königlich Akademischen Hochschule für bildende Künste in Berlin aufgenommen. Seine wichtigsten Lehrer waren dort Martin Körte, Paul Friedrich Meyerheim und Carl Saltzmann.
1908 meldete sich Schulz als Einjährig-Freiwilliger zur Infanterie. Nach Beendigung seiner militärischen Ausbildung wurde er als Leutnant der Reserve in Neuruppin entlassen. Bei Ausbruch des Ersten Weltkrieges wurde er sofort eingezogen und bald darauf im Westen verwundet. Schulz wechselte nach seiner Genesung zur Fliegerei. Dem reichhaltigen Fundus an Fliegerfotos kann man entnehmen, dass er 1915 in Köslin und Posen stationiert war. Die Zeit von 1916 bis 1918 verbrachte er hauptsächlich auf dem Flugplatz von Jüterbog.
Nach Kriegsende schied er als Hauptmann aus der Fliegertruppe aus. Fortan war sein Lebensmittelpunkt das Atelier in Berlin-Moabit, anfangs am Holsteiner Ufer, direkt an der Spree gelegen, dann in der Wilsnackerstraße. Sein letztes Atelier in Berlin befand sich in der Kantstraße in Berlin-Charlottenburg. Gegen Ende des Zweiten Weltkrieges wurde die Familie ausgebombt und zog nach Neuruppin, der Geburtsstadt von Schulz' Frau. Als sich die Rote Armee Neuruppin näherte, flüchtete die Familie mit dem letzten Treck in Richtung Westen. Sie fand im Lager Oksbøl nahe Esbjerg schließlich Unterkunft. 1948 kehrte die Familie nach Deutschland zurück, erst nach Aldingen im Landkreis Tuttlingen, dann nach Stutt-

Fritz W. Schulz um 1916 vor einem Schulflugzeug vom Typ LVG Doppeldecker. (Familienbesitz)
Links: Fritz W. Schulz auf dem Tankschiff GEDANIA. (Familienbesitz)

Rügen, Kap Arkona 1941. (Öl/Hartfaser, 18 x 24 cm, Privatbesitz)

gart. 1955 erfolgte der Umzug nach Hamburg, dem künftigen Lebensmittelpunkt. Am 12. Juni 1962 starb Fritz W. Schulz. In Jersbek auf dem Friedhof „Waldfrieden am Barockpark" fand er seine letzte Ruhestätte.

Während seiner Schaffenszeit unternahm Fritz W. Schulz einige Studienreisen. So fuhr er im Juni 1925 als sogenannter Badegast an Bord des Linienschiffes ELSASS nach Norwegen, das Oslo und Odda besuchte.

1931 stieg er für eine siebenwöchige Reise auf dem Hamburger Tankdampfer GEDANIA ein. Die Rundreise führte ihn von Hamburg zum texanischen Baytown, wo sich damals die größten Ölraffinerien der USA befanden. Die 1919 gebaute und mit 13.940 tdw vermessene GEDANIA gehörte der Hamburger Deutsch-Amerikanischen Petroleum-Gesellschaft an, die nach dem Zweiten Weltkrieg als Esso Tankschiff-Reederei firmierte. Im Dezember 1932 verfasste Schulz für die Zeitschrift Reichsmarine unter der Überschrift Tankschiffahrt einen Reisebericht. Neun Fotos begleiteten seinen Bericht. In Köhler's Flotten-Kalender von 1933 schrieb er nochmals unter der Überschrift „Tankschifffahrt, ein hohes Lied der Arbeit" einen Aufsatz, in dem er über die schwere Arbeit der Matrosen berichtete.

Die Pommersche Bucht bei Landregen von Ahlbeck aus gesehen. Rechts die Mole von Swinemünde. (Öl/Hartfaser, 12 x 20 cm, Privatbesitz)

Fritz W. Schulz unternahm viele Reisen an der deutschen Nord- und Ostseeküste, häufig auch mit seiner Familie. Von Swinemünde aus wurde Ahlbeck auf der Insel Usedom besucht und gelegentlich auf Rügen gezeltet. In Cuxhaven entstanden besonders viele Motive, sowohl vor als auch nach dem Zweiten Weltkrieg. Nicht zu vergessen Helgoland, das Schulz mit dem Bäderdampfer von Cuxhaven aus mehrmals besuchte. Wilhelmshavens Tankerliegeplätze boten ihm ebenfalls interessante Motive.

1936 erschien im Franz Schneider Verlag Wolfgang Franks Jugendbuch Fischdampfer auf hoher See. Dazu schuf Schulz das Umschlagbild und illustrierte den Text mit 14 Federzeichnungen. Im Januar 1937 veröffentlichten Velha-

Eisgang vor Cuxhaven, datiert 19.2.56. (Öl/Karton, 19,5 x 28 cm, Privatbesitz)

Cuxhaven mit Cunard Dampfer LANCASTRIA am Steubenhöft, 1929. (Öl/Karton, 20 x 29,5 cm, Privatbesitz)

Elbmündung. Blick über das Watt zum Fahrwasser. (Öl/Hartfaser, 18,5 x 23 cm, Privatbesitz)

gen & Klasings Monatshefte sein Gemälde Aufkommender Blizzard (Schneesturm) vor Neufundland.

Obwohl Fritz W. Schulz nicht Parteimitglied war und durch eigene Erlebnisse im Ersten Weltkrieg das Kriegsgeschehen des Zweiten Weltkriegs mit großer Distanz betrachtete, schuf er zwischen 1941 und 1943 eine Reihe von

Titelbild für Wolfgang Franks Buch „Fischdampfer auf hoher See". (Slg. Rüdiger von Ancken)

Cuxhaven Mützelfeldtwerft, 1950er Jahre. (Öl/Hartfaser, 19 x 30 cm, Privatbesitz)

Abendstimmung. (Öl/Hartfaser, 29 x 40 cm, Privatbesitz)

Wolkenstudie. (Öl/Karton, 13,5 x 17,5 cm, Privatbesitz)

Seeschlachtengemälden für den Marine Bilderdienst. Diese Bilder wurden von der Kriegsmarine zu Propagandazwecken genutzt. (Siehe Oceanum Magazin 02, Seiten 216ff). 1949 wurde Schulz von der Spruchkammer III in Stuttgart als „unbelastet" eingestuft.

Betrachtet man in seinen Bildern besonders das Zusammenspiel von Wolken, Wind und Wellen, kann man erkennen, dass Schulz auf seinen Reisen sehr genau die Naturverhältnisse studierte und sie später auf der Leinwand zum Ausdruck brachte. Er war ein Wolkenfan, wie aus der Familie berichtet wird.

Seine Bilder signierte er in Blockbuchstaben oder er monogrammierte sie, indem er seinen Vornamen mit F W über ein großes eckiges S setzte. Fast alle Bilder wurden datiert. Oftmals setzte Schulz eine Ortsbeschreibung hinzu.

Die Käufer seiner Gemälde waren häufig hochgestellte oder bekannte Persönlichkeiten, viel-

Atlantik, datiert 4.9.31. (Öl/Hartfaser, 20 x 30 cm, Privatbesitz)

fach aus dem Berliner Raum. Zu ihnen gehörten die Direktoren und Prokuristen der Deutsch-Amerikanischen Petroleum-Gesellschaft und nach dem Krieg die der Esso Tankschiff Reederei, zu denen Fritz W. Schulz geschäftliche Beziehungen unterhielt.

Der Ozeanflieger Hermann Köhl bestellte ein großes Gemälde seines Atlantikfluges von Europa nach Amerika. Am 13. April 1928 landete er mit seiner Junkers W33 auf Greenly Island in Neufundland und war zusammen mit seinem Co-Piloten James C. Fitzmaurice und dem Pressereferenten des Norddeutschen Lloyd Freiherr Ehrenfried von Hünefeld der erste Flieger, der den Nordatlantik von Ost nach West überquerte.

Das war damals das Ereignis schlechthin, das mit einer traditionellen Konfettiparade in New York gewürdigt wurde. Hitlers Leibarzt Dr. Theodor Morell bestellte bei Schulz das Bild einer preußischen Fregatte von 1703. Die Berliner Segler-Vereinigung von 1903 orderte das Bild eines Vollschiffs in schwerem Wetter. Auch im Berliner Museum für Meereskunde war ein Schulz-Gemälde ausgestellt.

Kurbrandenburgische Fregatte vor der Goldküste um 1681. (Öl, 30 x 40, Privatbesitz)

Die häufig gestellte Frage „Was will der Künstler mit seinem Bild ausdrücken?" beantwortete Schulz offen und ehrlich: „Hoffentlich kann ich das Bild gut verkaufen." Er und seine Familie lebten schließlich von seiner Kunst.

Wilhelmshaven, Esso Tanker an der Ölumschlagsanlage, 1950er Jahre. (Bleistiftskizze und Ölstudie, Privatbesitz)

Ozean-Wetterschiff GALLATIN der United States Coast Guard. (Ilka Hennemeyer)

Außenposten auf See

Ozean-Wetterschiffe im Atlantik und Pazifik

▷ Detlef Hechtel

Seeleute auf Handelsschiffen bekamen die Ozean-Wetterschiffe der United States Coast Guard (USCG) nur selten zu sehen, doch sie hielten verlässlich Wache im Atlantik und im Pazifik. Wie Feuerschiffe verließen diese „Wächter der Meere" ihre Stationen nur in extremen Wetterlagen oder wenn sie zu einer Hilfeleistung gebeten wurden. Zwei epochale Innovationen des 20. Jahrhunderts begründeten den Dienst der Wetterschiffe: der transatlantische Flugverkehr und die Funknavigation.

Sie dienten wie kaum eine andere maritime Institution der internationalen Luft- und Seefahrt. In zahlreichen Einsätzen erarbeiteten sie sich einen vorderen Platz in der Schifffahrtsgeschichte. Der Leitspruch der USCG „Semper Paratus" (Allzeit bereit) bedeutete für ihre Kapitäne, Offiziere und Besatzungen Anspruch und Verpflichtung zugleich. Ihre Einsatzgebiete veröffentlichte das Coast-Guard-Kommando in den nautischen Handbüchern.

Als es den britischen Flugpionieren John Alcock und Arthur Brown im Juni 1919 gelang, in einem umgebauten Militärflugzeug nonstop von Neufundland nach Irland zu fliegen, schlug die Stunde des Luftverkehrs über dem stürmischen Nordatlantik. Schon zwei Jahre später machte die französische Wetterbehörde Météo-France in Paris den Vorschlag, dauerhaft ein Schiff bereitzustellen, das den Piloten über Funk Navigations- und Wetterinformationen übermitteln sollte, davon könnte schließlich auch die Seeschifffahrt auf der vielbefahrenen Handelsroute zwischen Europa und Nordamerika profitieren. Es bedurfte aber erst einige Aufsehen erregende Flugzeugunglücke, um diese außergewöhnliche Idee Wirklichkeit werden zu lassen: 1937 blieb die amerikanische Pilotin Amelia Eathhart bei ihrem waghalsigen Versuch, als erste Frau den Pazifik im Alleinflug zu überqueren, für immer verschollen.

Ein Jahr später verschwand spurlos ein Flugboot der PanAm mit 15 Personen an Bord, das sich auf dem Weg von Guam nach Manila befand. Diese und ähnliche Ereignisse veranlassten die US-Coast Guard und das Weather Bureau in Washington D.C., regelmäßige Beobachtungen auf See anzuregen. Ein Coast-Guard-Schiff (Cutter) der International Ice Patrol sollte unter Commander Edward H. Smith, praktische Versuche dazu anstellen, die am Ende so erfolgreich verliefen, dass Smith sogar empfahl, gleich mehrere Wetterschiffe vorzusehen.

Edward Hanson Smith (1889–1961), Ozeanograph, Polarforscher und späterer Rear-Admiral der US-Küstenwache. (US-Coast Guard)

Anfang 1939 benötigten immer mehr zivile Flugzeuge Wettervorhersagen und Navigationshilfen über dem Atlantik, denn durch die bereits kriegsbedingte eingeschränkte Nutzung des Seefunks auf Handelsschiffen fehlten für zuverlässige Prognosen aktuelle meteorologische und ozeanographische Daten. Die einflussreiche Fluggesellschaft PanAm forderte daher im Januar 1940 von der amerikanischen Regierung, diesen Mangel zu beheben. Präsident Franklin D. Roosevelt ordnete daraufhin an, einen „Atlantik-Wetterbeobachtungs-Dienst" einzuführen. Dazu sollten Kutter der

USS BIG HORN im März 1945. (US-Coast Guard)

Küstenwache eingesetzt werden. Da die meisten Flugrouten von den USA nach Europa über die Azoren führten, positionierte die Coast Guard ihre ersten Wetterschiffe auf dieser Kurslinie bis zu der kleinen Inselgruppe. Im Februar 1940 nahmen die DUANE und die BIBB als Ozean-Stationen (OS) 1 und 2 ihre Tätigkeiten auf; später wurden sie in E und D (Echo und Delta) umbenannt.

Im Sommer folgte nordöstlich von Neufundland OS Charlie, um den militärischen Flugverkehr nach England abzusichern. Als zu erkennen war, dass der Krieg auf dem europäischen Kontinent andauern würde, übernahm die US-Navy alle Fahrzeuge der Coast Guard. Damit verloren die Wetterschiffe ihren zivilen Status. Dass durch deutsche U-Boote arg bedrängte Großbritannien bat 1942 die USA, die Versorgungsflüge über Grönland und Island auszuweiten und zwei weitere Ozean-Stationen (Alfa und Bravo) einzurichten. Die Navy stellte zehn Zerstörer und den betagten Eisbrecher NORTHLAND für diese Aufgaben bereit.

Mit dem Kriegseintritt der USA im Dezember 1941 entschloss sich die Navy, sämtliche Wetterschiffe aus dem Atlantik zurückzuziehen, um sie für den militärischen Schutz von Geleitzügen abzustellen. Als Ersatz mussten fünf ältere Frachter herhalten, die kaum in der Lage waren, mehr als zehn Knoten zu laufen. Als einer dieser Veteranen, die MUSKEGET (OS 2), 400 Seemeilen östlich von Neufundland durch U 755 (Kapitänleutnant Walter Göing) mit zwei Torpedos versenkt wurde, beorderte die Marineführung auch diese Schiffe in ihre Heimathäfen zurück. Stattdessen schickte sie nicht mehr benötigte Tonnenleger, notdürftig umgebaute Luxusjachten wie die SEA CLOUD oder den Tanker USS BIG HORN als Wachschiffe in den Atlantik.

Dem Kriegsverlauf entsprechend mussten diese „Außenposten" gelegentlich ihren Aktionsradius nach Norden bis an die Packeisgrenze ausdehnen, um den wechselnden Flugrouten der Alliierten zu folgen. Großbritannien stellte darüber hinaus zwei zusätzliche Wachschiffe mit umfangreichen Funknavigations- und Kommunikationsanlagen sowie Rettungseinrichtungen östlich 300 bereit, um die von Halifax ausgelaufenen und sich den „Western Approaches" nähernden Konvois zu unterstützen. Mit dem absehbaren Ende des Krieges Anfang 1945 und einer damit verbundenen Zunahme des See- und Luftverkehrs wuchs der Bedarf an Wetterschiffen weiter an, bis er schließlich im Mai mit 16 Einheiten im Nord- und Südatlantik einen einmaligen Höhepunkt erreichte.

Auf dem pazifischen Kriegsschauplatz kam es nach der Schlacht in der Coral Sea im Frühjahr 1942 zu verstärkten militärischen Flugbewegungen, den die Coast Guard schützen und überwachen sollte.

Doch erst 1943 ging nördlich von Hawaii ein amerikanisches und im Golf von Alaska ein kanadisches Schiff auf Station. Als sich der Seekrieg zugunsten der Amerikaner immer weiter nach Westen verlagerte, verlängerten sich damit die Nachschubwege für die Kampfverbände. Deshalb musste die Zahl der Wachschiffe erhöht werden.

Zum Zeitpunkt der Kapitulation Japans am 2. September 1945 kontrollierten 24 Wetter- und Flugsicherungsschiffe den durch die Demobilisierung der alliierten Land- und Seestreitkräfte gewachsenen Flug- und Schiffsverkehr. Jetzt drohte eine ganz andere Gefahr: Es mehrten sich kritische Stimmen zur Finanzierung dieser teuren Einrichtungen. Bald stellten Abgeordnete des US-Kongresses die Mittel dafür in Frage.

Das Flugboot BERMUDA SKY QUEEN kurz vor der Notwasserung, aufgenommen vom USCG Cutter BIBB. (US-Coast Guard)

Die Coast Guard versuchte dagegenzuhalten und plädierte für professionelle Wetterbeobachtungen und moderne Funknavigationsverfahren wie Loran auf dem Atlantik und Pazifik auch in Friedenszeiten. Die amerikanische Luftfahrtindustrie und das Weather Bureau unterstützten diesen Vorschlag und forderten die US-Regierung auf, den Dienst weiterhin aus Steuern zu finanzieren.

Die International Civil Aviation Organization (ICAO) beschloss 1947 auf einer Konferenz in Montreal den Aufbau eines international organisierten Wetterdienstes auf See. Die Delegierten einigten sich zunächst auf 13 Ozean-Stationen, die von den USA, Kanada und sechs europäischen Staaten unterhalten und bezahlt werden sollten. Die Reaktion der Politiker in den angesprochenen Ländern über diesen Beschluss fiel verhalten aus. Das Vorhaben wäre fast gescheitert, hätte es nicht eine spektakuläre Bergungsaktion durch die OS Charlie gege-

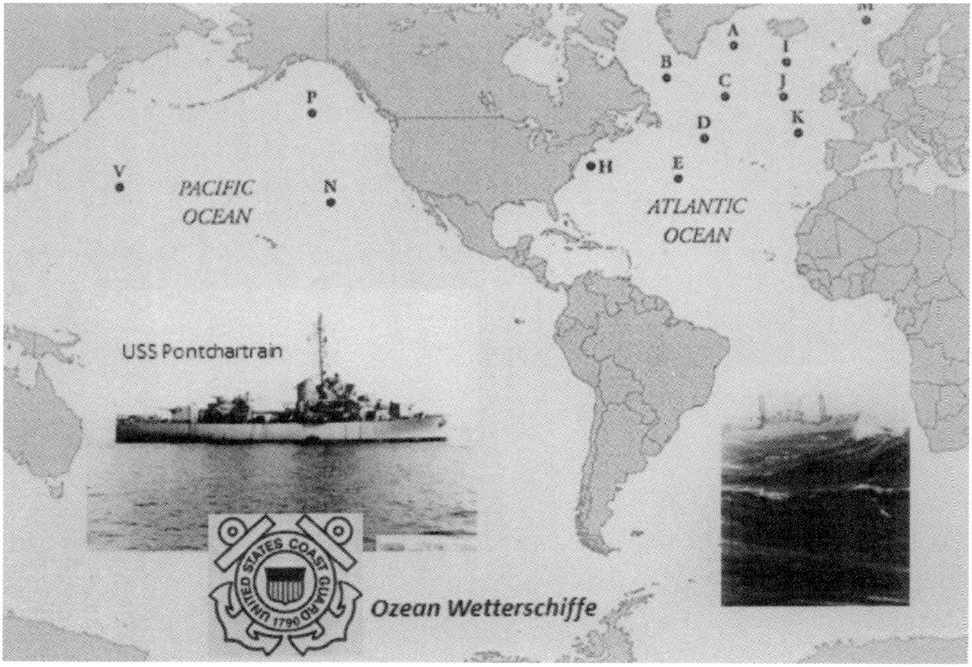

Ozean-Wetterschiffe in ihrem Seegebiet. (Fotomontage Detlef Hechtel)

ben: Im Oktober 1947 zwang ein technischer Defekt das Flugboot BERMUDA SKY QUEEN mit 69 Passagieren, nahe der BIBB zu wassern. Es gelang deren Besatzung, alle Fluggäste und Crewmitglieder zu retten und nach Argentia auf Neufundland zu bringen. Dieser Vorfall führte in der Politik zu einem Meinungsumschwung, sodass nun die Wetterschiffe weiter auf Station bleiben konnten.

Die USA, Kanada, Großbritannien, Frankreich, die Niederlande, Norwegen und Schweden übernahmen jetzt die Verantwortung für Betrieb, Ausrüstung und Besatzung der Wachschiffe. Elf Staaten, darunter die Bundesrepublik Deutschland, leisteten Zahlungen zu deren laufenden Kosten. Das Aufgabenfeld legten die Coast Guard und die World Meteorological Organization (WMO) fest: regelmäßige Wetterbeobachtungen, Beteiligung an Suche und Rettung (SAR), Verfügbarkeit von Radarüberwachung und Funkfeuer, Koordinierung der Kommunikation für Belange der Schiffssicherheit, Entgegennahme der Positionsangaben von Handelsschiffen für das Schiffsmeldesystem AMVER (Automated Mutual-Assistance Vessel Rescue System) sowie Empfang und Weitergabe verschlüsselter Wetterdaten, sogenannte Observations (Obs).

Jede Ozeanstation konnte sowohl von Flugzeugen als auch von Schiffen unter bestimmten

Voraussetzungen gepeilt werden. So konnte eine Zielfahrt vereinbart werden. Die Funkstationen hörten darüber hinaus ununterbrochen die Notfrequenzen für den Luft- und Seeverkehr ab. Typischerweise blieben die Kutter 21 Tage in ihrem zugewiesenen Seegebiet. Danach lagen sie für etwa zehn Tage im Hafen, bevor sie wieder ausliefen. Alle drei Stunden täglich ließen die Bord-Meteorologen einen Ballon mit einer daran befestigten Radiosonde in verschiedene Höhen der Atmosphäre aufsteigen. Die Sonden sendeten beispielsweise die Temperatur und die Luftfeuchtigkeit zum Schiff, wo sie aufgezeichnet und ausgewertet wurden.

Weitere Angaben zu Wolken, Wellenhöhe, Windsee, Dünung oder Luftdruck vervollständigten die aktuelle regionale Wetteranalyse. Die ermittelten Daten wurden verschlüsselt und nach Washington gefunkt. Die daraus erstellten Vorhersagen und Wetterkarten für den See- und Flugverkehr sendete die amerikanische Wetter-Funkstelle NSS zu festgelegten Zeiten und auf bestimmten Frequenzen zweimal am Tag kostenfrei an alle Schiffe und Flugzeuge.

Routiniert und zuverlässig versahen die Besatzungen der Wachschiffe ihre Aufgaben. In den Blick der Öffentlichkeit und der Medien kamen sie nur bei besonderen Rettungsaktionen, die auch die deutsche Handelsflotte betrafen. In der Nacht vom 30. Oktober 1956 setzte die HELGA BOLTEN aus Hamburg einen SOS-Ruf ab. Sie war mit einer Ladung Kohle auf dem Weg von Norfolk (Virginia) nach Bergen (Norwegen). Das Schiff rollte heftig in einem für diese Jahreszeit typischen Nordatlantiksturm. Schwere, überkommende See beschädigte zwei Lukendeckel. Wasser drang in die Räume ein; es kam zu einer gefährlichen Backbord-Schlagseite.

Ballonaufstieg auf einem Wetterschiff bei hochgehender See. (US-Coast Guard)

Doch die HELGA BOLTEN hatte Glück: Ihren Notruf bestätigten der britische Cunard-Liner MAURETANIA und das Wetterschiff CHINCOTEAGUE (OS Delta). Beide hielten sofort auf den Havaristen zu. Da die HELGA BOLTEN entgegen der Annahme ihres Kapitäns nicht sank, konnte die MAURETANIA wieder entlassen werden und ihre Reise fortsetzen. Die Besatzung des Frachters wurde vorsichtshal-

Der deutsche Kohlenfrachter HELGA BOLTEN mit Backbord-Schlagseite. (US-Coast Guard)

MEHR ZUM THEMA

Harald Focke: **Die PAMIR-Katastrophe**
Viele Ursachen und immer noch offene Fragen.
Erschienen in OCEANUM. Das maritime Magazin.
Ausgabe 02, Euro 15,90, ISBN 978-3-86927-502-4

ber mit Schlauchbooten auf das Wetterschiff gebracht. Mehrere herbeigerufene Hochseeschlepper und ein zweiter Kutter, die BARATARIA, vollendeten schließlich die Bergung und schleppten die HELGA BOLTEN zu den Azoren. Niemand kam zu Schaden – eine „Seenotrettung nach Lehrbuch".

Weniger Glück hatte das frachtfahrende deutsche Segelschulschiff PAMIR nur neun Monate später. Als die Viermastbark am 21. September 1957 im Hurrican „Carrie" kenterte und sank, verloren 80 Seeleute ihr Leben. Der Notruf der PAMIR löste die bis dahin größte Such- und Rettungsaktion im Atlantik aus. Zahlreiche Handels- und Kriegsschiffe änderten ihre Route und nahmen Kurs auf die von dem Großsegler gefunkte Position.

Auch die ABSECON (OS Echo) verließ ihre Station, um sich an der Suche nach Überlebenden zu beteiligen. Am 22. September mittags er-

Der Coast Guard Kutter ABSECON. (US-Coast Guard)

reichte das Wetterschiff das betreffende Seegebiet, wo es sich von der kanadischen Fregatte HMCS CRUSADER in die Lage einweisen ließ. Dann übernahm die ABSECON als „On-Scene-Commander" die Leitung der mittlerweile angelaufenen internationalen Rettungsmaßnahmen. Systematisch kämmten Schiffe und Flugzeuge einen festgelegten Suchstreifen ab.

Der Coast-Guard-Kutter selbst konnte einen Erfolg melden: Am 24. September abends sichtete sein Ausguck ein beschädigtes Rettungsboot, in dem sich ein einzelner Seemann befand. Als der Kommandant der ABSECON heran manövrieren wollte, sprang der Schiffbrüchige ins Wasser und schwamm auf den Kutter zu, der sofort ein erfolgreiches „Mann-über-Bord-Manöver" einleitete. Die Bilder der sechs Überlebenden der PAMIR und der Einsatz der ABSECON gingen um die Welt und belegten noch einmal den seemännischen Nutzen der Wetterschiffe.

Auch der Flugverkehr konnte sich im Notfall auf die Ozean-Stationen verlassen: Am 16. Oktober 1956 landete eine Boeing 377 Stratocruiser, ein viermotoriges Langstreckenflugzeug der PanAm, in der Nähe der PONTCHARTRAIN (OS November) im Golf von Alaska. Das Flugzeug wollte von Honolulu nach San Francisco, als es notwassern musste. Auch in diesem Fall konnten alle Passagiere und Crewmitglieder von der PONTCHARTRAIN gerettet werden. Doch die Zeit der Ozean-Wetterschiffe neigte sich ihrem Ende entgegen.

In den 1960er Jahren lösten Düsen-Jets mit neuartigen Navigationsanlagen die langsamen Propellerflugzeuge ab, zunehmend sendeten

USCG Kutter TANEY in schwerer See vor Cap Hatteras. (US-Coast Guard)

Satelliten aus dem Weltall Wetterdaten in Echtzeit an die Bodenstationen. Erneut kam die Frage nach einer weiteren, sinnvollen Verwendung der Schiffe auf.

Im Jahr 1974 reduzierte die Coast Guard ihre Einheiten auf nur noch drei im Atlantik und eine im Pazifik und kündigte zudem an, in absehbarer Zeit alle zurückziehen zu wollen. Von 1975 bis 1976 stand dann lediglich noch die TANEY (OS Hotel) in See.

Die europäischen Wetterschiffe und die kanadische OS Papa dienten weiter in ihrem vorgegebenen Gebiet, bis auch sie Ende der 1970er-Jahre ihre Arbeit einstellen mussten – mit einer Ausnahme: Die CUMULUS (OS Mike) unter niederländischer Flagge hielt ihren Betrieb noch bis 1981 aufrecht. Danach übernahm Norwegen die Aufgaben und lieferte bis zur endgültigen Außerdienststellung im Januar 2010 regelmäßig Wetterdaten aus der Norwegischen See. Damit gehörte das Zeitalter der Ozean-Stationen unwiderruflich der Vergangenheit an. Fast ein halbes Jahrhundert lang hatten sie im Atlantik und im Pazifik unter oftmals schwierigsten Bedingungen der Luftfahrt und der Seeschifffahrt in vielerlei Hinsicht gedient.

Ihre umfangreiche meteorologische Ausrüstung sowie ihre zeitgemäßen Navigations- und Kommunikationsanlagen ermöglichten es, aussagekräftige Wetterprognosen zu erstellen, zu verbreiten und somit die Sicherheit des menschlichen Lebens auf See wesentlich zu erhöhen.

Leuchtfeuer an der Weser

Überraschende Vielfalt und Schönheit

Leuchttürme faszinieren: als markante Tagesmarken mit oft beeindruckender Architektur an schroffen Küsten oder auch mitten im Meer ebenso wie mit ihrem Licht, das den Schiffen in der Dunkelheit den sicheren Weg in den Hafen weist.

Das 300 Meter lange Containerschiff MAERSK LABRA von 2013 passiert die Backbordtonne 52 in der Außenweser. (Helmut Seger)

Das frühere Quermarkenfeuer Oberhammelwarden für die Abzweigung ins Huntefahrwasser. (Helmut Seger)

„Doch auch im Binnenland stehen etliche Leuchtfeuer wie etwa an der Weser mit ihren zahlreichen Richtungswechseln", sagt Helmut Seger aus Bremerhaven. „Einige von ihnen zähle ich sogar zu den schönsten Leuchttürmen Deutschlands, besonders die alten Bauten, die ihren individuellen, unverwechselbaren Charakter bewahrt haben." Seger ist so begeistert, dass er die Leuchtzeichen an der Weser von Bremen über die Außenweser vor Bremerhaven bis zur offenen See nördlich von Wangerooge fotografierte und alle wichtigen Informationen

Das gelöschte Oberfeuer Sandstedt steht an der Zufahrtsstraße zur Fähre nach Brake. (Helmut Seger)

Bei der Richtfeuerlinie Berne quert die Fähre JULIUSPLATE von Bremen-Farge kommend die Weser. (Helmut Seger)

über sie zusammentrug. Nun ist ein umfangreiches Buch daraus geworden. Es enthält alle Leuchtzeichen von den Molenfeuern am früheren Bremer Überseehafen bis zum Leuchtturm Alte Weser. Die Beschreibungen der Leuchtfeuer enthalten einheitlich folgende Informationen: Typ, geografische Position, Betriebsjahre, Bauwerkshöhe und -merkmale, Feuerhöhe samt Kennung und Tragweite sowie die internationale Nummer. Ergänzt werden diese Angaben teilweise um Erläuterungen zum Standort, geschichtliche oder andere Besonderheiten. Hinzu kommen großformatige Bilder von interessanten Schiffen von der Weserfähre bis zum Großsegler.

DAS NEUE BUCH ZUM THEMA

OCEANUM. Das maritime Magazin Spezial. Leuchtfeuer Bremen · Bremerhaven

Von Helmut Seger, 178 Seiten, zahlreiche Abbildungen, Oceanum Verlag, ISBN 978-3-86927-606-9, Euro 16,90, www.oceanum.de

Vorsicht

„Diesel klar zum Anwerfen!“

Start-Spektakel mit Druckluft

▷ Ulf Kaack (Text und Fotos)

Ein funktionierender U-Bootmotor, der nie Dienst an Bord tat und den Zweiten Weltkrieg überstanden hat, ist das Prunkstück des Maschinenmuseums in Kiel-Wik. Ihn zum Laufen zu bringen, ist eine Kunst, die zwei Männer perfekt beherrschen.

Museumsdirektor Peter Horter öffnet die Zylinderhähne.

Bereits das Startprozedere weiß nachhaltig zu beeindrucken: Zwei fachkundige und vor allem kräftige Männer sind notwendig, um den Sechszylinder-Viertakt-Diesel MWM RS 34 S zur Leistungsabgabe zu bewegen. In diesem Fall sind das Museumsdirektor Peter Horter und sein Assistent, der 22-jährige Maschinenbaustudent Lenart Kittel. Rund 60 Besucher wollen sich das Spektakel nicht entgehen lassen. „Zwischen 1939 und 1945 baute MWM rund 500 RS 34 S-Motoren ausschließlich im Auftrag der Kriegsmarine", führt Diplom-Ingenieur Horter seine Gäste in die Materie ein. „Es gab verschiedene Ausführungen mit unterschiedlicher Leistung. Unser Exemplar leistet in der Spitze 576 PS bei 850 Umdrehungen

Sechs Zylinder mit zusammen 108 Litern Hubraum mobilisieren 576 Pferdestärken.

pro Minute aus sechs Zylindern mit zusammen 108 Litern Hubraum. Dabei verfügt jeder Zylinder über eine Einspritzpumpe sowie je zwei Ein- und Auslassventile. Ursprünglich war er als Hauptmaschine an Bord eines hochmodernen dieselelektrischen U-Boots der Klasse XXIII vorgesehen. Dort hätte er über ein Getriebe direkt auf den Propeller gewirkt."

Die Motorenwerke Mannheim AG, kurz MWM, konstruierten 1938 den Motor des Typs RS 34 S für die Kriegsmarine in zwei Versionen: Eine direkt umsteuerbare und aufgeladene Ausführung für Flugsicherungs- und Minenräumboote mit einer Leistung von 750 PS. Daneben gab es die nicht umsteuerbare und nicht aufgeladene Ausführung als Antriebsmotoren für Bordaggregate. Sie fanden vorzugsweise in den „E-Werken" von Großkampfschiffen Verwendung, beispielsweise auf den größten Schlachtschiffen der Kriegsmarine BISMARCK und TIRPITZ. Im U-Bootbau kam der RS 34 S ab 1942 zum Einsatz und zwar als Marschmotor auf den Langstreckenbooten der Baureihe XI D2, von den 28 Einheiten bei der AG „Weser" in Bremen gebaut wurden.

Mit den beiden U-Bootklassen XXI und XXIII setzte die Kriegsmarine ab 1944 neue technische Maßstäbe. Die sogenannten Elektroboote konnten deutlich länger unter Wasser operieren als die bisherigen Bootstypen. Sie erreichten getaucht eine wesentlich höhere Geschwindigkeit als ihre Vorgänger. Der knapp 35 Meter lange Typ XXIII war für kurze Einsatzfahrten im küstennahen Bereich konzipiert. Als Hauptantriebsdiesel erhielten alle 61 bis Kriegsende fertiggestellten Boote den MWM RS 34 S in der zweiten Version.

Gestartet wird mit Druckluft.

Gestartet wird der mächtige Museumsmotor in Kiel mit Druckluft. Sie befindet sich in zwei Anlassluftflaschen, die Peter Horter zuvor mit komprimiertem Sauerstoff befüllt hat. Dazu hat er einen Junkers-Marineverdichter benutzt: „So einen Freikolbenverdichter, der ohne Kurbeltrieb und Schwungmasse auskommt, gab es auf jedem U-Boot der Kriegsmarine", erklärt der 76-jährige Diplom-Ingenieur seinen Gästen. „Der Bedarf an Druckluft war hoch, unter anderem zum Ausblasen der Tauchtanks und zum Befüllen der Torpedos. Der Junkers-Diesel leistet 45 PS und komprimiert die Luft in vier Stufen auf einen Druck von 230 Bar."

„Diesel klar zum Anwerfen", so das knappe Kommando von Peter Horter, woraufhin Lenart Kittel beginnt, den Motor vorzuschmieren. Mit Muskelkraft bringt er die Schmierölpumpe da-

Mit Muskelkraft wird der Öldruck aufgebaut.

zu, den Öldruck aufzubauen und das Schmieröl über die Öldruckkanäle den einzelnen Schmierstellen zuzuführen. Derweil dreht Peter Horter mit der sogenannten Törnstange den Motor durch, um das Öl im Kurbeltrieb zu verteilen. Dabei sind die Zylinderhähne geöffnet. Dann schrillt die Alarmglocke und die Zylinder werden mit Druckluft durchgeblasen, bevor Horter die Hähne wieder schließt.

Es folgt das Vorglühen für den Vorkammerdiesel. Als der Draht der Glühkontrolle dunkelrot leuchtet, gibt Lenart Kittel seinem Chef ein Handsignal. Wiederum ertönt das Warnsignal der Glocke. Peter Horter öffnet das Ventil einer der Druckluftflaschen. Ganz allmählich, dann schneller und zum Schluss im rhythmischen Takt nimmt der betagte Diesel zuverlässig seine Arbeit auf.

„Die Zuführung der Druckluft ist eine heikle Sache, das muss man im Gefühl haben", weiß der Museumsdirektor aus langjähriger Erfahrung.

Die Drähte leuchten beim Vorglühen dunkelrot.

„Wenn ich zu viel Luft in den vorgeglühten Motor gebe, kühle ich ihn ab und erreiche genau das Gegenteil dessen, was ich will: Er springt nicht an. Aber mit etwas Routine klappt das problemlos."

Doch auf welch verschlungenen Wegen kam der U-Bootmotor ins Maschinenmuseum Kiel-Wik? „Die modernen Küsten-U-Boote vom Typ XXIII wurden ab 1944 auch in Kiel auf der Krupp-Germania Werft gebaut", zeichnet Peter Horter den Lebenslauf des Sechszylinders nach. „Unseren RS 34 S lieferte der Hersteller MWM am 8. August 1944 an die Kriegsmarine aus. Der Bau hatte zuvor über sechs Monate in Anspruch genommen, die anschließende Erprobung auf dem Prüfstand dauerte sieben Tage."

In ein U-Boot wurde der Motor mit der Nummer 43/11718 niemals eingebaut. Bedingt durch massierte Luftangriffe auf die Fördestadt sowie das allgemeine Chaos in den letzten Kriegsmonaten stockte die planmäßige Fertigstellung nahezu aller Rüstungsprojekte. Nach der Kapitulation lagen vier U-Boote der Klasse XXII-II in fortgeschrittenem Bauzustand auf Helling 8 der Germaniawerft. Peter Horter vermutet, dass der Museumsmotor für eine dieser Einheiten vorgesehen war.

Dokumentiert durch die Maschinenkarte ist, dass der Motor in einer unterirdischen Fernmelde-Verstärkerstelle in Kiel am 16. Januar 1946 im Zusammenhang mit einer stationären 250 kVA-Netzersatzanlage der Fernmeldeabteilung der damaligen Reichspost in Kiel in Betrieb genommen wurde. Eine noch erhaltene Übersetzung der Bedienungsanleitung lässt darauf schließen, dass die Netzersatzanlage aus Sicherheitsgründen zunächst von den britischen Besatzern betrieben wurde.

Peter Horter öffnet das Ventil der Druckluftflaschen.

Durch das Pumpen mit der Törnstange wird das Öl im Kurbeltrieb verteilt.

Bis 1984 wurde die Netzersatzanlage von der Deutschen Bundespost genutzt, dann wurde die Anlage stillgelegt. Das letzte Prüfprotokoll

In seinem „zivilen Leben" arbeitete der U-Bootmotor auf einem Generator zur Stromerzeugung.

der vorgeschriebenen monatlichen Probeläufe bescheinigt dem MWM-Motor eine Gesamtbetriebszeit von 2010,2 Stunden.

Peter Horter und sein Mitstreiter Frank Stobbe erwarben die gesamte Netzersatzanlage im Spätsommer 1989. Ihr Ziel: Sie vor der Verschrottung zu bewahren und als technisches Denkmal funktionstüchtig wieder aufzubauen. Die Demontagearbeiten in dem unterirdischen „Fundort" mit Auszubildenden der Kieler Howaldtswerke-Deutsche Werft (HDW) wurde zum Abenteuer: „Die Bergung der zuvor zerlegten Anlage erfolgte im Rahmen einer Übung des Kieler Technischen Hilfswerks. Hierbei wurden die teils tonnenschweren Maschinenteile mit dem Autokran der Kieler Berufsfeuerwehr über einen Lichtschacht ans Tageslicht gefördert", erinnert sich der Museumschef an die damalige Schwerstarbeit.

In einem HDW-Ausbildungsprojektes schloss sich im Marinearsenal die Instandsetzung und Remontage an. Erhebliche Schäden an den Lagern und der Kurbelwelle bekam man nur mit hohem Kostenaufwand in den Griff. Derweil konstruierten und bauten die HDW-Azubis ein komplett neues Stahlfundament als Schweißkonstruktion.

Am 8. Oktober 1991 fand der erste erfolgreiche Probelauf des Dieselmotors am neuen Standort – im Lokschuppen des einstigen Wiker Gaswerks und heutigen Maschinenmuseums – statt. In der Folge komplettierten die Museumsmacher systematisch die Generatoranlage. Die originalen Schaltkästen wurden installiert, ebenso die Lastwiderstände sowie eine Zweikreis-Kühlanlage mit Kühlteich im Außenbereich. Mit der Fertigstellung der Kühlwasser-Vorwärmeinrichtung war das Projekt U-Bootdiesel zur Jahrtausendwende abgeschlossen.

Längst ist die historische Diesel-Generatoranlage zum Markenzeichen und Publikumsmagneten des Kieler Maschinenmuseums geworden. Vor allem, wenn sie in Aktion präsentiert wird, bringt sie Motorenfreaks ebenso zum Staunen wie technische Laien.

Einen solchen Junkers-Marineverdichter gab es an Bord aller U-Boote zur Erzeugung von Druckluft.

Maschinenmuseum Kiel-Wik

Hinter den Türen der drei historischen Industriegebäude des früheren Kieler Gaswerks in direkter Nachbarschaft zur Holtenauer Schleuse des Nord-Ostsee-Kanals ist den engagierten ehrenamtlichen Museumsmachern der schwierige Spagat gelungen, das Nischenthema „Historische Wärmekraftmaschinen" mit einem überzeugenden pädagogischen und kulturhistorischen Konzept zu verknüpfen.
Der Besucher findet ein lebendiges Museum für die ganze Familie vor, das Technik Laien anschaulich vermittelt und sich nicht zuletzt an Kinder und Jugendliche richtet. Und auch der anspruchsvolle Experte findet hier eine Ansammlung von Exponaten, die weltweit ihresgleichen sucht.

www.maschinenmuseum-kiel-wik.de
Maschinenmuseum Kiel-Wik, Am Kiel-Kanal 44, 24106 Kiel

Die zwei Leben der STUBNITZ

Vom Saßnitzer Fabrikschiff zum Hamburger Kulturschiff

▷ Ingo Heidbrink / Frank-Roland Fließ / Urs Blaser

Über 380 Schiffseinheiten besaß die Hochseefischereiflotte der volkseigenen Kombinate in Saßnitz und Rostock in ihrer 40-jährigen Geschichte. Mit dem Ende der DDR 1990 kam auch das Aus für den VEB Fischfang. Seit 1992 hat der heutige Eigner die STUBNITZ durch alle Schwierigkeiten manövriert. Im zweiten Leben dient das Schiff nunmehr als mobile Plattform für unterschiedliche Kulturprojekte an seinem Liegeplatz in Hamburg oder bei seinen Besuchen europäischer Häfen.

Die STUBNITZ an ihrem Liegeplatz in Hamburg. (Tobias Gerken)

STUBNITZ
ROS-701

Mit der 1965 in Dienst gestellten STUBNITZ (SAS 501, ab 1984 ROS 701) und der GERA (ROS 223), einem Seitentrawler des TYP III von 1961, der in Bremerhaven als konventionelles, ortsfestes Museumsschiff zu besichtigen ist (mehr dazu auf Seite 290), sind immerhin zwei Schiffe der Großen Hochseefischerei der ehemaligen volkseigenen Flotte der DDR erhalten geblieben und stehen zugleich für die gesamte Nachkriegsgeschichte der deutschen Hochseefischerei. Aus dieser Epoche hat nicht ein einziges Schiff einer bundesdeutschen Reederei den Weg in ein Museum gefunden.

25 Jahre in der Hochseefischerei

Die Lebenszeit der STUBNITZ als Produktionsschiff umfasst 25 Jahre aktive Hochseefischerei von 1965 bis 1990. Zuerst konzipiert und eingesetzt für die Saßnitzer Kutterflotte als Mutterschiff einer Flottille, fischte sie später auch autonom als Fabrikschiff selbst. Sie war beim Fischkauf vor Schottland und Irland eingesetzt und fungierte schließlich für die Flotte im Indischen Ozean als Versorger.

Auch nach dem Umbau zu ihrer jetzigen Verwendung im zweiten Leben als Kulturschiff sind ganze Schiffsabteilungen nahezu im Urzustand erhalten. Während die GERA theoretisch sofort wieder im Rahmen ihrer ursprünglichen Bestimmung als autonomer Frischfischfänger einsatzbereit wäre, ist die STUBNITZ nur im Umfeld ihrer damaligen, jetzt nicht mehr vorhandenen Einsatzbedingungen in der Flottillenfischerei zu verstehen.

Etwas Geschichte

Die wohl früheste deutschsprachige Definition für den „Hochseefischer" findet sich in der Übersetzung eines Buches aus dem Französischen durch Daniel Gottfried Schreber aus dem Jahre 1773 auf Seite 4:

„ ... Man muß bey großen Fischereyen, wie z.E. der Herings- der Stockfisch- der Walfischfang, und andere sind, lange und beschwerliche Schiffahrten unternehmen; ... und bey Nachtzeit wie am Tage auf dem Meere bleiben."

Das bedeutet nicht, der Hochseefischer würde seiner Tätigkeit immer küstenfern nachgehen, sondern lediglich, dass seine Fangplätze fern des Heimathafens liegen und er im Gegensatz zum Küstenfischer Tag und Nacht an Bord verbringt.

Der Einmaligkeit der Arbeits- und Lebensräume „Hochseefischerei" kann die bloße Darbietung des Museumsschiffs nur unzureichend Rechnung tragen. Im Unterschied zum Handelsschiff oder zur Marine oder auch einer Ölplattform ist der Hochseefischer auf Jagd. Seine Beute ist nicht an festen Orten zu finden. Sie verändert ihren Standort, die Bestandsgröße und Verfügbarkeit sowohl zu Tages- als auch zu Jahreszeiten. Auf den Fangplätzen gibt es Konkurrenten aus anderen Ländern, aber auch Kooperation. Schließlich hängen Fangmöglichkeiten von geopolitischen Faktoren und internationalen und nationalen Reglementierungen der Anrainer ab. Alle diese Faktoren haben sich zudem über die Jahrzehnte grundlegend verändert.

Die Entwicklung der deutschen Hochseefischerei nach dem Zweiten Weltkrieg an Ost- und Nordsee verlief nach ihrer Wiederaufnahme insofern ähnlich, als dass an erster Stelle die Versorgung der Bevölkerung in den Besatzungszonen mit Nahrungsmitteln stand. Eine große Zahl von vor allem moderneren Schiffen war durch Kriegsverluste verlorengegangen. Von den etwa 400 Fischdampfern der Großen Hochseefischerei an der Nordsee verblieben lediglich 58 Schiffe. Ferner waren von den Alliierten Beschränkungen zur Größe von Schiffsneubauten auferlegt.

Bedeutende Unterschiede bestanden jedoch in den landseitigen Voraussetzungen in West und Ost. Bis zum Ende des Zweiten Weltkriegs hatte sich in Deutschland eine wirtschaftliche Teilung in der Fischwirtschaft entwickelt – im Westen die Produktionsstandorte im Osten die Absatzmärkte. Das für beide Seiten wichtige Bindeglied in den ersten Nachkriegsjahren war der Innerdeutsche Handel (Interzonenhandel).

Von der Wiederaufnahme bzw. vom Neuaufbau der Hochseefischerei in den Nord- und Ostseestandorten bis 1990 vollzog sich ein Strukturwandel von der traditionellen Hochseefischerei hin zur industriellen Produktion auf See. Die unterschiedlichen gesellschaftlichen Bedingungen, einerseits die Marktwirtschaft und andererseits der Versorgungsauftrag, brachten differente Lösungen in West und Ost hervor.

Die beiden „Zeitzeugen", das Museumsschiff ROS 223 GERA und das Traditionsschiff MS STUBNITZ, repräsentieren als Objekte die technologischen Etappen der Veränderungen auf See. Andererseits vollzogen sich auch mit der „Nationalisierung" fast aller Fanggebiete weltweit und nach Anlandung der Produkte der Hochseefischer bis hin zum Verbraucher ebensolche gravierenden Veränderungen, die sich

Bereits während des Einsatzes als Fischereifahrzeug diente das Fangdeck gelegentlich als Veranstaltungsort. (Slg. MS STUBNITZ, Motorschiff STUBNITZ e.V.)

nicht allein mit dem Objekt Museumsschiffen erklären lassen.
Der OCEANUM-Verlag eröffnet die Möglichkeit mit seiner Publikationsplattform in Wort und Bild mit dem historischen Abstand Rückblicke in diese faszinierende Vergangenheit zu dokumentieren, unabhängig von einem konkreten Standort.

Von der Küsten- zur Hochseefischerei

Entstehung und Strukturwandel der beiden volkseigenen ostdeutschen Hochseefischereibetriebe in Saßnitz und Rostock 1949/1950 stehen im engen Zusammenhang mit den Gegebenheiten ihrer Standorte in der Ostsee, zwei Tagesreisen weiter von den traditionellen Fanggebieten der Kleinen und Großen Hochseefischerei in der Nordsee entfernt. Mit den in den ersten fünf Nachkriegsjahren entwickelten privaten und genossenschaftlichen Strukturen war der erforderliche Bedarf an Fischwaren nicht zu decken.
Dazu kam die Notwendigkeit der Reduzierung des Aufwandes für Importe aus dem westlichen Ausland. Die Fischlieferungen hauptsächlich aus Norwegen, Schweden und im Interzonenhandel betrugen 1952 ca. 100.000 t, die Küstenfischerei steuerte ca. 15.000 t und der neu entstandene volkseigene Sektor 33.000 t zum Gesamtwarenfonds von 145.000 t bei. 1955, im Jahre mit dem höchsten Importaufkommen von über 150.000 t war der Anteil beider Kombinate erst auf 50.000 t gestiegen. Alleine für 42.500 t Fisch aus dem Interzonenhandel in dem Jahr mussten 7,6 Mio US$ aufgewendet werden. Der Schiffsneubau eines Loggers schlug mit rund 800.000 DDR-Mark zu Buche. So wie der Anteil des Eigenfangs in den 1950er-Jahren stieg, konnten die Importe zurückgefahren werden.
Mit Ertragssteigerungen der Küstenfischerei konnten die wachsenden Importe Anfang der 1950er-Jahren nicht kompensiert werden. Sie lagen im Durchschnitt des Jahrzehnts bei 15.000 t und wurden mit unterschiedlichstem Fanggerät erzielt. Es blieb also nur der Aufbau einer Hochseefischereiflotte übrig, die in den Fanggebieten tätig wurde, in denen die traditionellen Hochseefischereistandorte der Nordseeküste ihre Fänge tätigten. Es war jedoch nicht damit getan, die Fischereiflotte aufzubauen, sondern es mussten auch die nachgelagerten Verarbeitungsstufen und Hafenanlagen errichtet, ausgerüstet und betrieben werden.
Mit der Gründung des ersten volkseigenen Betriebes der Hochseefischerei – anfangs mit zwölf 17-m-Kuttern, vom genossenschaftlichen Fischwirtschaftsverbandes übernommen und elf auf der Kremer-Weft Elmshorn gebauten 21-m-Kuttern – begann in Saßnitz der Aufbau eines Fischereigroßbetriebes. Mit Neubauten aus DDR-Werften besaß das Kombinat 1952 bereits 124 Kutter. Der Standort Saßnitz verfügte zwar über viele Vorteile mit der Nähe zu den Fangplätzen, war aber sehr schnell an die Grenzen seiner Ausbaufähigkeit gelangt.
Die Ausrüstung der ersten Kutter erlaubte eher nur eine Küstenfischerei, jedoch erfolgte im Gegensatz zu den dort üblichen unterschied-

lichen Fangmethoden früh eine Orientierung auf die Schleppnetzfischerei. Mit der Zuführung neuer und größerer Kutter (24-m- und 26,5-m-Kutter) als Neubauten von DDR-Werften wurden die Voraussetzungen geschaffen, die weiter entfernteren Fangplätze in der Ostsee zu befischen, aber auch die Gebiete der traditionellen Kleinen Hochseefischerei in der Nordsee aufzusuchen.

Die Erfahrungen in der Nordsee mit den effektiven 26,5-m-Kuttern hohe Fangerträge zu erzielen, die dann sogar zum vorzeitigen Verlassen der Fangplätze wegen „Vollschiff" führten, legten den Grundstein für die Flottillenfischerei der Saßnitzer. Gecharterte Kümos der DSR übernahmen am Fangplatz Fassware von den Kuttern und versorgten sie für die längere Einsatzzeit.

DIese Situation führte dazu, einen Fahrzeugtyp für den ganzjährigen Heringsfang in der Nordsee zu planen und zu entwickeln. Ausgerüstet sollten die Schiffe im autonomen Einsatz mit Frostanlagen und einer Heckslip werden. Die Indienststellung der 16 Schiffe des Typs Frosttrawler ab 1963 entsprach zwar diesen Vorstellungen, kam aber Jahre zu spät.

Mutterschiff und Heckfänger

Ein alternatives Konzept bestand in der Zuführung der beiden KTS STUBNITZ und GRANITZ, einer Modifikation der für die Sowjetunion in Großserie von 89 Schiffen auf der Volkswerft Stralsund gebauten TROPIKs. Sie standen der Kutterflotte bei ihren heimathafenfernen Ein-

Aufnehmen eines Übergabesteertes an Bord. (Slg. MS STUBNITZ, Motorschiff STUBNITZ e.V.)

sätzen als Mutterschiff in der Flottillenfischerei zur Verfügung.

In dieser Konstellation entfiel die Verarbeitung zu Salzfisch auf den Kuttern, sie übergaben ihren Fang direkt an die KTS. Hier erfolgte die Verarbeitung zu Frostware unter Deck. Bis zu 60 Tonnen Fertigware konnten täglich produziert und bei -25°C in die 1000 Tonnen fassenden Kühlladeräume eingelagert werden. Überdies waren sie als Heckfänger auch autonom in allen Klimazonen einsetzbar. Erstmals als Fischereischiff mit Aktivruder, gekühlten Fischbunkern und Heckfangtechnologie universell ausgerüstet repräsentierten diese Vollfroster den

Mannschaftsquartier an Bord des MS STUBNITZ. (Ingo Heidbrink)

Weltstand. Über mehr als zwei Jahrzehnte von 1960 bis 1983 leistete das Saßnitzer Fischkombinat seinen Beitrag zur Fischversorgung in einer Größenordnung von durchschnittlich 50.000 Tonnen jährlich. Mit der Orientierung des Saßnitzer Betriebes auf den Nahbereich ab 1984 wurde der gesamte Bestand der Saßnitzer Großschiffflotte (KTS und Frosttrawler), speziell auch SAS 501 STUBNITZ als ROS 701 nach Rostock abgegeben.

Die Basis für die Hochseefischerei im großen Stil wurde 1950 mit der Gründung des VEB Fischkombinat Rostock, zuerst in der Nachbarschaft (Rostock-Bramow), später auf dem Gelände der ehemaligen Heinkel-Flugzeugwerke (Rostock-Marienehe) geschaffen. Der Ausbaufähigkeit der Hafenanlagen waren hier kaum Grenzen gesetzt. Die Anbindung zum Hinterland bot bessere Voraussetzungen als in Saßnitz.

In den ersten Nachkriegsjahren wurde der überwiegende Teil des Fanges mit Seitenfängern (Loggern und Trawlern) und Schleppnetzen im Nordostatlantik getätigt. Verarbeitung an Deck, Reisezyklen von 21 Tagen, sehr schwere Arbeits- und Lebensbedingungen – das Zeitalter der GERA. Unterschieden wurde in Große und Kleine Hochseefischerei, je nach Einsatzgebiet und Sortiment. Die Kleine Hochseefischerei fand in Nord- und Ostsee statt, zur Großen Hochseefischerei verließen die Schiffe die Nordsee. In den 1950er-Jahren vollzog sich ein entscheidender Wandel in der Hochseefischerei vom Seitenfänger zum Heckfänger. Die Sowjetunion forcierte den Fischfang aufgrund ernährungswirtschaftlicher Erfordernisse mit den Ausbau ihrer Fangflotten durch den Import großer Stückzahlen von Schiffen und deren weltweitem Einsatz. Einen entscheidenden Anteil daran hatten die Fabrikschiffe. Bereits ab 1955 wurde eine Serie von 24 Hecktrawlern der PUSCHKIN-Klasse angelehnt an das englische Vorbild des Fairtry-Typs von den Kieler Howaldtswerken AG geliefert. Es folgten weitere Großaufträge an eigene Werften, an Polen, Dänemark, Japan und den DDR-Schiffbau, der im VEB Volkswerft Stralsund die TROPIK-Serie auflegte.

Neu war die Technik, den Fang über eine Heckslip an Bord zu nehmen, verbunden mit erheb-

MS STUBNITZ in der Schleuse Kiel-Holtenau, im März 2011. (Ingo Heidbrink)

licher Arbeitserleichterung und Verringerung der Unfallgefahren für die Decksmannschaft. Durch die Trennung von Fang und Verarbeitung, deren Verlagerung unter Deck, entstanden neue Berufsgruppen. Die Verarbeitungsabfälle konnten zur Produktion von Fischmehl verwertet werden. Ein weiterer wesentlicher Vorteil ergab sich hinsichtlich der bedeutenden Ausweitung des Aktionsradius, einer geschlossenen Kühlkette von See und damit einer weltweiten Erschließung neuer Fangebiete einschließlich subtropischer und tropischer Gewässer. Durch die konsequente Fortführung des Schiffbauprogramms für Hecktrawler im 7-Jahres-Plan 1959 bis 1965 der Sowjetunion mit ihren Bauaufträgen an die eigenen sowie an dänische, polnische und DDR-Schiffswerften befanden sich bereits 24 Fabrikschiffe in Dienst, bevor 1957 der erste deutsche Heckfänger HEINRICH MEINS für die Gemeinwirtschaftliche Hochseefischerei GmbH in Bremerhaven noch als Teilfroster, in Fahrt ging.

Als Modifikation aus dem Programm der auf der Volkswerft Stralsund gebauten TROPIK-Klasse erhielt das Saßnitzer Kombinat die beiden Kühl- und Transportschiffe STUBNITZ und GRANITZ.

Die Folge der Einführung von Hecktrawlern in den Fangflotten der bundesrepublikanischen Reedereien ab 1957 war eine Umstrukturierung vom Frischfischfänger (Seitentrawler) über Teilfroster (Heckfänger) zu den Fabrikschiffen.

In der DDR wurde das Neubauprogramm direkt vom Seitentrawler auf Vollfroster mit den Fang- und Verarbeitungsschiffen (FVS) umgestellt. Parallel dazu wurde mit der NEXÖ-Flotte (ROS 315 MARTIN ANDERSEN NEXÖ als erstes Transport- und Verarbeitungsschiff der DDR-Flotte, TVS) eine neue Form der Flottilenfischerei zur weiteren Nutzung der erst fünf und sechs Jahre alten Seitentrawlerflotte für die Fernfischerei im Nordwest-Atlantik entwickelt. Dieses Vorbild wurde zu den beiden Mitte der 1960er-Jahre in Dienst gestellten TVS-Flottillen mit ihren Spezialzubringertrawlern weiterentwickelt.

Auf der Brücke der STUBNITZ im Nordostseekanal 2011. (Ingo Heidbrink)

Eingeläutet durch die 1973 einberufene Dritte Seerechtskonferenz (Beginn 3. Dezember 1974 in Caracas) entwickelte sich die Ausschließliche Wirtschaftszone (AWZ) von 200 sm als Abgrenzung der Uferstaaten zur Hohen See hin bis 1977 zur Realität. Auch die Hochseefischerei der DDR hatte damit die freie Zugänglichkeit für fast alle ihrer traditionell genutzten Ressourcen verloren. Nur durch neue, teilweise für die Wirtschaft der DDR einmalige Lösungen, konnte der Ausfall von Versorgungsleistungen aus Eigenfang der Flotte einigermaßen abgefedert werden. Zur Kompensation sinkender Fangergebnisse trugen viele Entwicklungen,

Panoramafotografie eines Konzerts in den frueheren Laderaeumen des MS STUBNITZ. (Phalque)

Einzelmaßnahmen, Verbesserungen und Modifizierungen bei, z.B. Besatzungsaustausch, Tiefen- und Lichtfischerei, Indienststellung neuer Fabrikschiffe wie Super- und Gefriertrawler und einer eigenen Kühlschiffflotte, Umbau von Z-Trawlern zu Garnelenfängern, Einkauf von Lizenzen oder Bildung von Gemischten Gesellschaften mit Anrainerstaaten sowie die Erschließung neuer Fanggebiete wie die Antarktis oder den mittelatlantischen Rücken, neue Sortimente wie Eisfisch oder Notothenia bis hin zum Krill und der Intensivierung der Ostseefischerei.

Nach dem Einbruch des Eigenfangs 1977 war die bedeutendste Neuerung jedoch die „Quasi"-Ermächtigung zur eigenständigen Devisenwirtschaft für die Hochseefischerei durch eigenständige Außenwirtschaftsbeziehungen, die 1980 in der Gründung des Außenhandelsbetriebes (AHB) Fischimpex Rostock mündete. Ein für die DDR-Wirtschaft einmaliger Vorgang, da der Staat ein grundsätzliches Außenhandelsmonopol beanspruchte.

Der Verkauf von Fertigware, die beispielsweise auf den weit entfernten Fangplätzen im Südatlantik in fanggebietsnahen Häfen produziert wurde, brachte Devisenerlöse in den AHB-Topf. Dabei handelte es sich zum Beispiel bei der Schildmakrele, die vor Namibia gefangen wurde, um nur bedingt auf dem DDR-Binnenmarkt verwertbare Ware. Mit anderen hochwertigen Sortimenten wie Garnelen aus Mosambik und Kalmaren aus Patagonien, die weltmarkt-, d.h. exportgerecht produziert wurden, konnte der AHB beachtliche Deviseneinnahmen erzielen.

Im Gegenzug dienten die erwirtschafteten Devisen zum Fischkauf vor Ort („Kauf über die Seite" oder „Klondiking" genannt) von Fischern, die nun nur noch selbst in ihren 200-sm-Zonen fischen durften. Vor und in den betreffenden Häfen NW-Schottlands, Nordirlands, Großbritanniens, Kanadas, den USA und anderen wurden vorzugsweise Schiffe mit hoher Frostkapazität, eingesetzt, zu denen auch die nun in Rostock beheimatete ROS 701 STUBNITZ ge-

MS STUBNITZ im dänischen Hafen Ålborg 2009. (Phalque)

hörte. Ab 1978 entwickelte sich der „Kauf über die Seite" bis 1989 zu einem wesentlichen Bestandteil (rund 80 Prozent der Größenordnung der Anlandungen aus Eigenfang) des Warenfonds für die Versorgung.

Effektive Verarbeitung an Bord

Auch die STUBNITZ gehörte zu den Schiffen, die in schottischen Häfen Fisch übernahmen, und dank ihrer hohen Frostkapazität effektiv verarbeiten konnte. Schließlich führte ihre letzte Reise nach Mocambique zur Versorgung der dort stationierten Saßnitzer und Rostocker Kutter, Garnelen- und Frosttrawler. Die heutige M/S STUBNITZ befindet sich in wesentlichen Teilen noch nahe am Zustand ihrer Zeit als Produktionsschiff. Die Dimensionen eines Fabriktrawlers, von denen es hunderte weltweit gab, in seiner Gesamtheit, aber auch im Detail auf der Brücke, im Funkraum den Kammern der Besatzung, Kombüse und Messen, das Arbeitsdeck mit Masten und Winden, leider ohne Netzwinden und der Maschinenraum sind nahezu original erhalten und funktionsfähig. Nicht mehr zu sehen ist die Fischverarbeitung mit den Frostern sowie die Staueinrichtungen und -räume.

Kühl- und Transportschiff (KTS) ex SAS 501 ex ROS 701 STUBNITZ

Bauwerft: VEB Volkswerft Stralsund
Bestimmung und Einsatz:
Übernahme, Tiefgefrieren und Verpacken
Eigenfang, Tiefgefrieren und Verpacken
Baunummer: 351
Baubeginn: 15.12.1963

Soeben wird ein Beutel auf das Arbeitsdeck des Seitentrawlers Typ II ROS 218 OELSNITZ/V. aus dem außenbords schwimmenden Netz entleert. (Frank-Roland Fließ)

MEHR ZUM THEMA

Rund 380 Schiffe von 17 Meter-Kuttern bis zu über 140 Meter langen Transport- und Verarbeitungsschiffen (TVS) oder Kühlschiffen von gut 10.000 BRT standen im Dienst der beiden volkseigenen Fischkombinate in Saßnitz und Rostock. Einige tausend Hochseefischer fingen in den 40 Jahren des Bestehens der beiden Betriebe auf allen Weltmeeren Fisch und andere Meerestiere für die Versorgung der Bevölkerung. Wissenschaftler der Institute erkundeten mit ihren Forschungsschiffen – zuerst in Saßnitz, später von Rostock aus – und auch auf Produktionsschiffen für die Flotten neue ferne Fanggebiete. Die Faszination des Besonderen ihres Berufslebens führt die Fischer noch immer an Stammtischen zusammen. Erinnerungen aus der nicht mehr bestehenden Welt werden in Wort, Fotos und Filmen ausgetauscht. Wenngleich diese Aufnahmen oft mit Amateurtechnik geschossen wurden, beeindrucken sie auch heute noch den, der damals nicht dabei war. Auch die authentischen Geschichten der Hochseefischer „Zwischen Wellen und Wolken" faszinieren.

Zwischen Wellen und Wolken
Hochseefischer erzählen Abenteuer
aus ihrer Fahrenszeit
Zusammengestellt von Landolf Scherzer
307 Seiten, Oceanum Verlag,
Euro 19,90, ISBN 978-3-86927-428-7

Frank-Roland Fließ, Reinhard Kramer
Die Hochseefischereiflotte von Saßnitz und Rostock
Fotografien von den Anfängen nach dem Zweiten Weltkrieg bis 1990
96 Seiten, gebunden, Oceanum Verlag,
Euro 19,90, ISBN 978-3-86927-089-0

Im Februar richtete eine Feuer auf der SEUTE DEERN weitere Schäden an. (Helmut Seger)

Segler in Seenot

Die SEUTE DEERN – Geschichte, Probleme und Zukunft des hölzernen Frachtschiffs

„Die SEUTE DEERN gehört zum Weltkulturerbe", sagt Prof. Dr. Detlev Ellmers, der ehemalige Geschäftsführende Direktor des Deutschen Schifffahrtsmuseums in Bremerhaven. Schließlich sei sie der letzte große in Europa erhaltene hölzerne Frachtsegler.

Sie ist seit Jahrzehnten das herausragende Objekt des Museumshafens des Deutschen Schifffahrtsmuseums, ein maritimes Denkmal und ein Wahrzeichen Bremerhavens. Die spannende Geschichte der SEUTEN DEERN, ihren aktuellen Zustand und die Rettungspläne kennt niemand besser als Dr. Dirk J. Peters, langjähriger Industriearchäologe und Technikhistoriker am Deutschen Schifffahrtsmuseum.

Er zweifelt nicht daran, dass es sich lohnt, die SEUTE DEERN zu erhalten. „Seine Idee, ihre Geschichte, ihre Probleme und Perspektiven zu dokumentieren, haben wir gern aufgegriffen und daraus mit Unterstützung der Schiffahrtsgeschichtlichen Gesellschaft Bremerhaven ein OCEANUM Kompakt gemacht", sagt Oceanum-Verleger Tobias Gerken.

Die SEUTE DEERN kam 1966 nach Bremerhaven. Seit 1975 hatte sie als Museum und Restaurant ihren Liegeplatz im Alten Hafen. Wegen schwe-

Die SEUTE DEERN beim Umbau in der Schlichting-Werft in Travemünde, 1946/47. (Slg. Heidorn/ Archiv SGG)

rer Schäden musste sie 2001 restauriert werden. Seitdem hat es keine großen Reparaturen mehr gegeben. Wenn das vernachlässigte und Anfang 2019 durch einen Brand zusätzlich schwer beeinträchtigte Schiff überleben soll, ist eine umfassende Sanierung dringend.

AKTUELL

Die SEUTE DEERN ist in der Nacht des 31. August 2019 gesunken und liegt mit Schlagseite auf dem Grund des Museumshafens. Bei Redaktionsschluss war unklar, ob eine Bergung möglich ist oder der Segler aufgegeben werden muss. Als Ursache vermutet die Feuerwehr defekte Pumpen, die bisher rund um die Uhr das Wasser aus dem undichten Rumpf herausdrücken mussten, damit die SEUTE DEERN nicht absackte.

NEUES BUCH ZUM THEMA

OCEANUM.
Das maritime Magazin Kompakt.
Die SEUTE DEERN.
Von Dirk J. Peters, 96 S., Euro 9,90, ISBN 978-3-86927-702-8, www.oceanum.de

Die SEUTE DEERN im September 2019 nach dem Wassereinbruch. (Helmut Seger)

Eine kleine Königin der Meere

Die REGINA MARIS der Lübeck Linie von 1966

▷ Frank Scherer

Die Konstruktion der Lübecker Flender Werke war der erste Neubau eines westdeutschen Passagierschiffs für weltweite Fahrt nach dem Zweiten Weltkrieg. Sie überzeugte durch moderne Technik und soliden Komfort.

Dienstag, der 14. Dezember 1965, war für Lübeck ein besonderer Tag. Bei den Flender Werken lief ein Passagierschiff vom Stapel. Das hatte es seit über 25 Jahren nicht mehr gegeben. Die „Lübecker Nachrichten" sprachen stolz von „Lübecks großem Musikdampfer-Neubau". Ursula Evers, die Frau des Aufsichtsratsvorsitzenden der Lübeck Linie, taufte ihn REGINA MARIS und wünschte ihm und seiner Besatzung „Allzeit gute Fahrt". Das Deutschlandlied erklang und ein dreifaches „Hurra" der vielen Gäste und der Werftarbeiter, als das weiße Schiff vom Stapel lief.

Der Name REGINA MARIS – lateinisch für Königin der Meere – war das Ergebnis eines Preisausschreibens. Unter den 15.000 Teilnehmern wurde eine Kreuzfahrt verlost, natürlich auf der

Die REGINA MARIS auf Kreuzfahrt mit Zielflagge Spanien. (Prospekt der Lübeck Linie, Slg. Frank Scherer)

Die Taufgäste werden vor dem Stapellauf musikalisch eingestimmt. (Archiv der Hansestadt Lübeck)

Ein gelungener Stapellauf! (Archiv der Hansestadt Lübeck)

REGINA MARIS. Vor der Taufe hatte sich der seit 1959 amtierende Direktor der Flender Werft Hans S. Kannt für den Auftrag bedankt und die gute Zusammenarbeit aller am Bau Beteiligten hervorgehoben. Das neue Schiff biete den Fahrgästen ein Höchstmaß an Sicherheit und Bequemlichkeit.

Die Lübeck Linie wollte mit dem neuen Schiff für 276 Passagiere eine persönliche Atmosphäre schaffen. Für die Fahrgäste standen auf dem A- und B-Deck Ein-, Zwei- und Dreibettkabinen zur Verfügung, davon 75 Prozent Außenkabinen, die alle mit einem Waschraum und WC ausgestattet waren. Etwa die Hälfte der Kabinen hatte zusätzlich eine Dusche.

Enge Kabinen, große Gesellschaftsräume

Im Gegensatz zu dem eher knapp bemessenen Platz in den Kabinen waren die Gesellschaftsräume auf dem Salon- und Bootsdeck großzügig konzipiert, so dass man sich auf einem größeren Schiff wähnen konnte, als es die REGINA MARIS mit ihren 5813 BRT tatsächlich war. Größter Raum war das elegant ausgestattete Restaurant mit 220 Plätzen, das auch für Tanzveranstaltungen genutzt werden konnte. Für die Passagiere gab es bei den Mahlzeiten unter Einbeziehung des ein Deck höher gelegenen Grillraums mit 56 Plätzen nur eine Sitzung. Große Fenster boten freien Blick auf die See und die Passagiere hatten von beiden Räumen direkten Zugang zu den achterlichen Sonnendecks mit einem kleinen Schwimmbad. Ein gemütlicher Rauchsalon mit Bar, eine separate Lounge, ruhige Veranden, Friseursalon, Kiosk, Sauna mit Turn- und Massageraum, Lift, Hospital, Vollklimatisierung und Stabilisatoren vervollständigten den Komfort. Mit diesem Angebot war REGINA MARIS gut gerüstet für den nach heutigen Maßstäben noch kleinen, aber schon damals wachsenden Kreuzfahrtmarkt Mitte der 1960er-Jahre.

Zwei MAN-Dieselmotoren mit zusammen 8100 PS sorgten über zwei Schrauben für eine Dienstgeschwindigkeit von 20 Knoten. Ein Bugstrahlruder und eine Trinkwasser-Aufbereitungsanlage ergänzten die Bordtechnik zur Sicherheit von Passagieren und Besatzung. Die REGINA MARIS erhielt das Schiffssicherheitszeugnis für weltweite Fahrt und war nach Einhaltung der Feuerschutzmethode 1 (unbrennbar) gebaut worden.

Im Grillrestaurant mit einem offenen Schaugrill wurden nach den Vorschriften allein sieben Feuerlöscher installiert. Damit waren auch die strengen amerikanischen Auflagen erfüllt, so dass ein Einsatz in der Karibik möglich war.

Baukosten 17 Millionen DM

Angesichts des stattlichen Baupreises von etwa 17 Millionen DM hatte sich die Lübeck Linie – die zu einem der größten Handelshäuser Deutschlands, der Lübecker Possehl-Gruppe, gehörte – die Entscheidung zum Bau des Schiffes nicht leicht gemacht. Eine Subvention aus Steuergeld hatte die Bundesregierung erst nach intensiven Bemühungen gewährt. REGINA MARIS wurde etwa jeweils zur Hälfte einerseits aus Eigenmitteln der Reederei und dem Schiffbauzuschuss finanziert, andererseits durch Darlehen der Landesbank Schleswig-Holstein und aus der Privatwirtschaft.

Schon als Buchungsagent für die DANIA von 1954 bis 1958 und ab 1957 mit einem eigenen Schiff, der aus Norwegen angekauften und damals schon 25 Jahre alten NORDLAND für 200 Passagiere hatte sich die Lübeck Linie im Liniendienst von Travemünde nach Kopenhagen und auf Kreuzfahrten im Ostseeraum und nach Norwegen einen guten Namen gemacht. Die große Beliebtheit der NORDLAND für diese meist acht bis zehntägigen Nordlandreisen war das Verdienst der langjährigen Stammbesatzung mit ihren Leistungen in Küche und Service, aber auch der überschaubaren Größe und Gemütlichkeit des Schiffes geschuldet.

MEHR ZUM THEMA NORDLAND

Frank Scherer: **Erste Kreuzfahrt nach dem Krieg**
Die NORDLAND der Lübeck Linie fuhr nicht nur im Liniendienst.
Erschienen in OCEANUM. Das maritime Magazin.
Ausgabe 03, Euro 15,90, ISBN 978-3-86927-503-1

KREUZFAHRT
KREUZFAHRT
Erste Kreuzfahrt nach dem Krieg

Nachfolgerin der NORDLAND

Die Lübeck Linie hatte sich seit 1964 Gedanken gemacht, ob sie diesen Geschäftszweig neben ihren Frachtdiensten nach Skandinavien und den größeren Trampfrachtern von zusammen rund 40.000 BRT (1966) weiter betreiben wollte, denn man rechnete nur noch mit einer verbleibenden Betriebsdauer der NORDLAND bis Saisonende 1966.

Ihr Komfort und Einsatzradius waren beschränkt. In den Wintermonaten war sie immer in Lübeck aufgelegt worden. Tatsächlich konnte der Oldtimer nur noch bis Herbst 1969 eingesetzt werden.

So wurde ein neues Schiff für eine verlängerte Saison bis ins Mittelmeer und zu den Atlanti-

MS „REGINA MARIS“

GL + 100 A 4 E „Fahrgastschiff“ + MC

Länge	118,00 m	Fahrgäste	276
Breite	16,00 m	Besatzung	120
Tiefgang	5,00 m	Pkw-Stellplätze	40

5400 Bruttoregistertonnen

2 Hauptmaschinen MAN, Typ G 10V 52/74 A, Leistung 8100 PSe

Geschwindigkeit 20 Knoten

Einladung zur Possehl-Gästefahrt im Mai 1966. (Archiv der Hansestadt Lübeck)

schen Inseln konzipiert. Anfangs war sogar noch in der Hochsaison im Juli und August abwechselnd ein Einsatz von Travemünde nach Kopenhagen und Bornholm erwogen worden ähnlich dem der NORDLAND. Dafür gab es auf der REGINA MARIS eine Garage für etwa 40 Autos, die über eine Klapprampe am Heck auf das obere Kabinendeck und von dort in die darunterliegende Garage fahren konnten.

Erst nach der Auftragsvergabe an die Flenderwerft hatte sich die Reederei entschlossen, die REGINA MARIS nur für Kreuzfahrten einzusetzen. Das eröffnete den Passagieren jetzt die Möglichkeit, ihren Wagen auf die Reise mitzunehmen, was besonders bei unterschiedlichen Abfahrts- und Endhäfen vorteilhaft war.

Guter Start

Nach erfolgreicher Probefahrt wurde die REGINA MARIS am 12. Mai 1966 offiziell von der Werft an die Lübeck Linie übergeben. Teilnehmer und Ehrengäste der ersten Reise am 20./21. Mai äußerten sich lobend über den Neubau. Von den geplanten zwölf Kreuzfahrten waren acht Reisen auf Anhieb schon fast ausgebucht. Das Schiff hatte hohe Erwartungen geweckt, auch bei vielen Stammgästen der NORDLAND. Nächste Station war am 22. Mai Hamburg, wo sich der Newcomer an den Landungsbrücken bei einer Tagesfahrt Mitarbeitern von Reisebüros vorstellte. Einen Tag später legte die REGINA MARIS zum ersten Mal

Das Restaurant für 220 Passagiere war der größte Raum an Bord. (Prospekt der Lübeck Linie, Slg. Frank Scherer)

Die Bar und der Rauchsalon schufen Behaglichkeit. (Prospekt der Lübeck Linie, Slg. Frank Scherer)

in Cuxhaven am Lentzkai an, wo sie die HANSEATIC traf. Beim Auslaufen zu einer Klubreise nach Schottland und Norwegen wurde sie von ihr lautstark verabschiedet.

Über einen Felsen geschliddert

Termingerecht startete REGINA MARIS am 1. Juni unter dem Kommando des ehemaligen NORDLAND-Kapitäns Karl-Max Janssen von Cuxhaven aus zur ausgebuchten Jungfernreise nach La Coruna, Funchal, Cadiz und Lissabon. Als weitere Reiseziele waren für 1966 das Nordkap, Großbritannien, Irland und Island, die Ostsee, die Kanarischen Inseln sowie Madeira, das Mittelmeer und das Schwarze Meer geplant. Die Vermarktung teilten sich der Reiseveranstalter Scharnow und die Nord und Ost-Verkehrsgesellschaft, eine Tochter der Lübeck Linie.

Aber schon in der Nacht des 18. August waren alle Pläne nur noch Makulatur. Durch ein zu spät eingeleitetes Manöver des Lotsen war das nagelneue Schiff 70 Seemeilen nördlich von Bergen über einen Felsen geschliddert, wie es später im Spruch des Seeamtes hieß. Kapitän Janssen traf danach keine Schuld.

Das Schiff kehrte mit seinen Passagieren vorzeitig nach Cuxhaven zurück. Bei der Lloydwerft in Bremerhaven wurden die Schäden untersucht und die REGINA MARIS dann zurück in die Bauwerft beordert. Mehrere Reisen mussten wegen der langwierigen Reparatur abgesagt werden.

Eine der Zweibett-Kabinen auf dem A-Deck. (Prospekt der Lübeck Linie, Slg. Frank Scherer)

Die REGINA MARIS in Venedig. (Archiv der Hansestadt Lübeck)

Die ausgefallenen Einnahmen schlugen sich für 1966 in roten Zahlen nieder. Erst mit der Silvesterreise ab Hamburg wurde am 26. Dezember 1966 das reguläre Programm wieder aufgenommen. Ihre besten Jahre hatte die REGINA MARIS zwischen 1967 bis 1972. In dieser Zeit hatte sich der saisonale Nord-Süd-Einsatz des Kreuzfahrers bewährt und eingespielt. Von den Passagieren war die REGINA MARIS gut angenommen worden und die Zahl der Wiederholer stieg Jahr für Jahr. Die weiteste und längste Kreuzfahrt führte vom 3. Februar 1968 an sechs Wochen lang von Hamburg nach Brasilien zum Karneval nach Rio, Santos, Bahia und den Amazonas hinauf. Zurück ging es über die Kapverden und Casablanca nach Genua.

REGINA MARIS in Venedig

Mitte September 1968 sprach die Lübeck Linie erstmals von Plänen für ein vergrößertes Schwesterschiff für rund 300 Passagiere mit Einrichtungen für Kongressreisen und einem größeren Schwimmbad mit Ablieferung 1970.
Von Dezember 1968 bis März 1969 etablierte die REGINA MARIS im Wochenturnus Kreuzfahrten von den Kanarischen Inseln nach Westafrika in Kombination mit einer Woche Hotelaufenthalt vor oder am Ende der Kreuzfahrt. Dadurch verringerte sich die bisherige Aufliegezeit in den Wintermonaten bis auf den jährlichen Werftaufenthalt und stabilisierte so die Ergebnisrechnung. Mit diesen Reisen wurde stärker

Ihre überschaubare Größe ermöglichte es der REGINA MARIS, auch attraktive kleinere Häfen anzulaufen. Nur wo dies nicht möglich war, ankerte sie auf Reede und brachte ihre Passagiere mit zwei dafür vorgesehenen Motorbooten an Land. Ein relativ kurzes Fallreep aus Leichtmetall mit festen Stufen erleichterte den meist älteren Fahrgästen das Ausbooten. (Archiv der Hansestadt Lübeck)

als bisher ein internationales Publikum angesprochen. Die REGINA MARIS fand auch zunehmend Anklang bei Charterfahrten für Klubs und Verbände.

Schwierige Zeiten und ein schwerer Entschluss

In der zweiten Jahreshälfte 1973 beeinträchtigten die Nahost- und Ölpreiskrise das Programm. Drei Winterreisen mussten abgesagt werden, das Schiff wurde in Las Palmas aufgelegt. Ferner gingen die stark gestiegenen Ölpreise voll zu Lasten der Reederei. Dennoch konnte der Vorstand der Lübeck Linie für 1973 mit 95 Prozent auf die bisher höchste Auslastung verweisen. Er sprach erneut von fertigen Plänen für einen um 20 Prozent größeren Neubau, dessen Bestellung

Prospekttitel für die Brasilienreise der REGINA MARIS 1968. (Archiv der Hansestadt Lübeck)

angesichts des auf 12 Prozent gestiegenen Zinsniveaus aber noch warten müsse. Anfang 1974 mussten zwei Westafrikareisen wegen Brennstoffmangels abgesagt werden. Im August 1974 hatte die REGINA MARIS erneut eine Grundberührung mit Bodenschaden, dieses Mal in Spitzbergen, was zum Ausfall einer großen Nordlandkreuzfahrt führte.

Vorher war noch an Bord im Lübecker Hafen das 50jährige Bestehen der Lübeck Linie gefeiert worden. Zum Saisonende im November ver-

Die REGINA MARIS an der Eismeergrenze. (Prospekt Lübeck Linie, Slg. Frank Scherer)

holte der Kreuzfahrer zur Jahresüberholung in die Mützelfeldtwerft in Cuxhaven. Etwa zur gleichen Zeit beschloss die Lübeck Linie, die REGINA MARIS zu verkaufen. Die seit ihrer Indienststellung aufgelaufenen Verluste hatten sich zu einem höheren einstelligen Millionenbetrag summiert und es bestand angesichts weiterer Heuererhöhungen sowie der immer stärker werdenden Konkurrenz wenig Aussicht auf eine Ergebniswende. Auf 328 Kreuzfahrten waren rund 56.000 Passagiere mit der REGINA MARIS gefahren, dennoch hatten gerade die Winterreisen im Gegensatz zu den häufig ausgebuchten Nordlandreisen unter einer zu geringen Auslastung gelitten. In den 1970er-Jahren machten sich aber Ölpreiskrise und starke Kostensteigerungen der deutschen Flagge sowie die verstärkte Konkurrenz der ehemaligen Liner zunehmend negativ bemerkbar.

Verkauf nach Kanada

Für 1975 meldete die Lübeck Linie eine Auslastung von 75 Prozent. Von November 1975 bis Februar 1976 wurde das Schiff in Lübeck aufgelegt. Zwischen März und Oktober 1976 absolvierte die REGINA MARIS ihr letztes Jahresprogramm. Erst jetzt wurde die überraschte Öffentlichkeit einschließlich der Besatzung informiert, dass das Schiff zu einem guten Preis von angeblich 14 Millionen DM nach Kanada verkauft worden sei. Es sollte künftig als MERCATOR ONE mit Heimathafen Hamilton Bermuda Karibikreisen für Amerikaner machen. Das Schiff wurde im März 1976 überführt; solange lag es unter neuem Namen und neuer Flagge in Lübeck auf. Die Lübeck Linie konnte durch den Verkauf einen hohen Buchgewinn erzielen.

Rückkauf durch Reeder Deilmann

Die neuen kanadischen Eigner der MERCATOR ONE hatten mit ihrem Erwerb kein Glück. Schon im Mai 1977 wurde das Schiff zunächst in Nassau und nach mehreren Besitzerwechseln dann in Halifax aufgelegt. Von dort holte es der Neustädter Reeder Peter Deilmann im Oktober 1979 zurück nach Deutschland und ließ das in FRANKFURT umbenannte Schiff in der Nobiskrugwerft in Rendsburg modernisieren. Zur Müllverbrennung und Abwasseraufbereitung wurde neueste Technik eingebaut. Einige Kabinen wurden vergrößert für nun 210 Passagiere anstatt bisher 271. Auch in der Innenausstattung wurden neue Akzente gesetzt mit Far-

ALEXANDER ex REGINA MARIS 2008 in Barcelona. (Carlos Poveda, visualships)

ben und Bildern nach Geschmack des Reeders. Ab Frühjahr 1980 setzte Deilmann das Schiff unter Singapur-Flagge wieder als REGINA MARIS für Ostseereisen ein, bevor sie im Herbst eine dreijährige Charter bei Neckermann mit Ostasienreisen antrat.

Schon ein Jahr später trennte man sich und Reeder Deilmann versuchte, einen gewinnbringenderen Chartereinsatz in der Karibik, wo die REGINA MARIS mit einem Brandschaden im August 1982 auf den Bermudas aufgelegt wurde. Nach Auseinandersetzungen mit der US Coast Guard über den Brandschutz kehrte das Schiff nach Deutschland für Norwegenreisen ab Bremerhaven im Sommer 1983 zurück. Dann kam es im Oktober erneut zu einem Verkauf, dieses Mal an den griechischen Reeder Latsis. Umbauten 1985 bei der Lloydwerft und 1997 bei der Hellenic Shipyard verwandelten den ehemaligen Kreuzfahrer in die Luxusyacht ALEXANDER für 80 Passagiere und einen exklusiven Chartereinsatz meist im Mittelmeer.

Während das Schiff im Inneren mit neuen Lounges, Suiten und Kabinen für nur noch 80 Passagiere radikal umgebaut wurde, blieben die Linien bis auf einige Modernisierungen wie die Verlängerung des Brückendecks achtern als Landeplatz für Hubschrauber, einer Rumpfverbreiterung aus Stabilitätsgründen sowie neuer Masten und Rettungsboote im Wesentlichen unverändert. Sie lassen das stolze Alter des Schiffes von 53 Jahren nicht auf den ersten Blick erkennen – ein schönes Zeugnis für die Schiffbauer aus Lübeck.

Die *ST. BRIDGET* hat den Hafen von Dún Laoghaire verlassen und nimmt Kurs auf die Halbinsel Howth. (Harald Focke)

Durch die Dublin Bay

Mit der ST. BRIDGET nach Dún Laoghaire und Howth

▷ Harald Focke (Text und Fotos)

Hoch Ulla lässt die Deutschen schmoren, doch in Dublin kommt das Thermometer in diesen Tagen Ende Juni nicht über angenehme 18 Grad hinaus. Der Himmel ist heute morgen zwar durchgehend grau, aber es regnet nicht. Und das ist in Irland doch schon mal was. Also auf zur Bootstour durch die Dublin Bay nach Dún Laoghaire im Süden und nach Howth im Norden!

Das Expeditionskreuzfahrtschiff CORINTHIAN auf der Liffey am stadtnahen North Quay.

Kurz nach 11 Uhr startet die trotz ihrer 43 Jahre gepflegt wirkende ST. BRIDGET am citynahen Sir John Rogerson's Quay an der markanten weißen Samuel Beckett Bridge über den River Liffey. Neben uns hat flussabwärts gegenüber den früheren Docklands die CORINTHIAN festgemacht, ein Expeditionskreuzfahrtschiff für Reisen in die Arktis und Antarktis. Es wirkt wie ausgestorben und könnte hier und da frische Farbe vertragen.

Das britische Kreuzfahrtschiff MAGELLAN.

Das 1999 gebaute, 153,4 Meter lange RoRo-Cargoschiff MISTRAL fährt unter finnischer Flagge.

Die moderne East Link-Klappbrücke öffnet sich in nur drei Minuten, wenn sich ein Schiff nähert. Wir fahren durch Irlands wichtigsten Hafen. Am Kreuzfahrtpier 33 liegt die 220 Meter lange MAGELLAN (Baujahr 1985) der britischen Reederei Cruise and Maritime Voyages. Das RoRo-Cargoschiff MISTRAL verlässt gerade den Hafen. Am Fährterminal sehen wir die EPSILON, eine Economy-Fähre, daneben die W.B. YEATS, bei der Flensburger Schiffbau Ge-

Die Economy-Fähre EPSILON.

Die W.B. YEATS ist das neueste Fährschiff im Dienst zwischen Dublin und Wales.

sellschaft gebaut und 2019 in Dienst gestellt. Beide verbinden Dublin für Irish Ferries mit Holyhead in Wales oder Cherbourg.

Am Kai gegenüber entlädt ein Kran unentwegt Kohle aus einem Küstenfrachter. Wir fahren vorbei am stillgelegten Kraftwerk Poolbeg, dank seiner beiden Riesenschornsteine in ganz Dublin sichtbar. Sie sollen als Wahrzeichen der Stadt erhalten bleiben.

Am Ende einer extrem langen Hafenmole (Great South Wall) steht der knallrote, etwas stämmig wirkende 20 Meter hohe Poolbeg Leuchtturm seit 1820 weit draußen. Von hier hat man einen tollen Blick auf die Dublin Bay.

An der Ostseite des Hafens machen die kleinen Frachter fest, die Kohle und Schrott transportieren. Die weiß-roten Schornsteine des früheren Kraftwerks sieht man in der gesamten Dublin Bay.

Der Poolbeg-Leuchtturm.

Von einer Minute auf die andere wird der Wind stärker und merklich kühler. Er trifft die gerade mal 20 Meter lange und nur 6,4 Meter breite ST. BRIDGET direkt von vorn. Sie stampft und rollt immer stärker. Uns begegnet die große Fähre STENA SUPERFAST X, gebaut bei HDW in Kiel. Sie kommt aus Holyhead und liegt natürlich ruhig wie ein Brett. Am Horizont zeigt sich

Die STENA SUPERFAST X in der Dublin Bay.

Der Käpt'n auf der Brücke der ST. BRIDGET.

die bullige Form einer Schnellfähre. Ian, der grauhaarige Käpt'n, steuert die ST. BRIDGET mit einem winzigen Stick, der in einer kleinen Box auf seinen Knien steckt. Das alte Holzruder ist noch da, es wird nicht mehr gebraucht. In einem großen Bogen bringt er die schlingernde ST. BRIDGET nach einer Stunde durch die Bucht nach Dún Laoghaire Harbour. Hier ist es ruhig, zwei ausladende Molen schützen ihn. An deren Ende erheben sich markante Leuchtfeuer. Bis 2015 war Dún Laoghaire Fährhafen mit einer Verbindung der STENA EXPLORER nach Holyhead. Die flachen Hallen des Terminals stehen noch. Der große Hafen ist fast verwaist. Scharen von Segelschülern in ihren winzigen Booten nutzen ihn täglich als ihr Übungsrevier.

Die ST. BRIDGET geht in Dún Laoghaire an die Ostpier. Es ist Ebbe, die Gangway führt vom Oberdeck extrem steil hinauf auf den Kai. Mehr

Anlegen in Dún Laoghaire.

als drei Meter liegen zwischen Hoch- und Niedrigwasser.

20 Minuten liegt das Schiff hier, bevor es weiter fährt nach Howth. Als es mit leichter Verspätung gerade wieder abgelegt hat, kommt noch ein älterer Herr, stellt sich an den Kai und fordert, er müsse noch mit. Der Käpt'n reagiert sofort, setzt tatsächlich zurück. Die Besatzung wuchtet die schwere Gangway erneut mit Schwung vom Oberdeck auf die Pier. Keiner mault, der gelassen wirkende Späti kann an Bord. Die anderen Passagiere staunen nur.

Draußen wird es jetzt richtig ungemütlich. Dagegen war die Schaukelei auf der Fahrt nach Dún Laoghaire noch gar nichts. Nun geht es nach Norden gegen den aufbrisenden Wind. Schaumkronen tanzen auf den Wellen. Die ST. BRIDGET wirft sich heftig hin und her, taucht tief ein. Das Wasser spritzt an beiden Seiten bis aufs Oberdeck. Die Passagiere neben dem Ruderhaus räumen rasch ihren Platz, ihre Hosen

Die Passagiere verlassen die ST. BRIDGET in Dún Laoghaire bei Niedrigwasser über die steile Gangway.

East Pier Lighthouse in Dún Laoghaire.

Die ST. BRIDGET in der Hafenausfahrt vor dem West Pier Lighthouse.

und Jacken sind schon durchnässt. Der Kapitän stellt die Scheibenwischer an, um freie Sicht nach vorn zu haben, so hoch sprüht die Gischt. Alle Fahrgäste haben sich nun hingesetzt. Jetzt

Obwohl die ST. BRIDGET stark rollt, wird keiner seekrank.

fotografiert keiner mehr, die Gespräche verstummen. Zwar zweifelt keiner, dass wir heil ankommen, aber ein kleines Abenteuer ist es doch für uns alle. Jeder hält sich irgendwo fest, alle suchen Schutz im Windschatten des Ruderhauses oder gehen unter Deck in den Salon. Diese Fahrt wird wohl keiner von uns so schnell vergessen. Für die Besatzung ist alles wie immer.

Nach einer knappen Stunde der aufregenden Fahrt in einem großen Bogen erreichen wir den Baily Leuchtturm von 1667 an der Südostspitze der Halbinsel Howth Head etwa 15 Kilometer östlich von Dublin. Wir fahren dicht unter der schroffen Felsenküste. Nun bricht die Sonne durch die Wolken, die schon bald ganz verschwinden.

Das Baily Lighthouse steht am das südöstlichen Ende der Halbinsel Howth und begrenzt die Dublin Bay nach Norden.

Die ST. BRIDGET fährt nahe an den Klippen vorbei zurück nach Dún Laoghaire.

Im Hafen von Howth macht die ST. BRIDGET wenig später an der West-Pier kurz fest, ehe sie nach einer halben Stunde zu einer Tour um die Insel Ireland's Eye startet. Die Reichen genießen hier im Norden der Dublin Bay das Leben in ihren Villen direkt am Wasser und gleich nebenan auf dem Golfplatz; für die anderen Dubliner ist Howth die bevorzugte Sommerfrische – nur eine halbe Bahnstunde vor der Stadt.

In den vielen Lokalen am Hafen gibt es Austern, Muscheln und Hummer, angeblich alles aus der irischen See. Bei strahlendem Sonnenschein raffe ich mich auf zur Wanderung auf dem schmalen Pfad unmittelbar am Rand der Steilküste der Balscadden Bay. Gleich neben mir geht es fast senkrecht in die Tiefe, ein Geländer gibt es nicht. Konzentration ist gefragt, Begegnungen sind kaum möglich. Wer hier läuft, muss trittsicher und schwindelfrei sein. Sandalen sind tabu, der Untergrund ist extrem uneben und voll mit Geröll. Bei starkem Wind wäre es mir hier zu gefährlich. Doch der mühsame Aufstieg lohnt sich schon auf halbem Wege: Der absolut freie Blick auf die Irische See ist grandios. Fischerboote kehren vom Fang zurück, Frachter und Fähren durchqueren die Bucht.

Und dann sehe ich oben vom Klippenpfad ein letztes Mal die ST. BRIDGET. Sie ist auf dem Rückweg nach Dún Laoghaire, wo eine Abendtour um Dalkey Island im Süden den üblichen Arbeitstag zwischen April und Oktober beschließt, wie sie ihn absolviert. Das Schiff und seine Besatzung haben mich überzeugt. Mit der gepflegten S-Bahn fahre ich zurück nach Dublin. Es war ein toller Tag, erst so grau und dann mit einem blauen Himmel ganz ohne Wolken bis zum Abend. Morgen wird es noch schöner bei nicht mal 20 Grad. Hoch Ulla vermisst hier niemand.

Maritime Notizen aus Dublin

▷ Harald Focke (Text und Fotos)

SEGLER OHNE TOTE

Nur ein paar Schritte vom Auswandererzentrum EPIC entfernt auf dem River Liffey liegt die JEANIE JOHNSTON, der Nachbau einer Dreimastbark von 1848. Das Original brachte bis 1855 auf 16 mindestens siebenwöchigen Reisen mehr als 2500 irische Auswanderer von Tralee an der Westküste in die USA. Eine Führung veranschaulicht Armut und Hunger in Irland und die beschwerliche Überfahrt. Auf der JEANIE JOHNSTON starb anders als auf vielen Seglern kein einziger Auswanderer. Das gilt als Verdienst des Kapitäns und des Schiffsarztes. 1858 sank der Segler mit einer Holzladung, die Besatzung wurde gerettet. 2002 wurde der lange geplante Nachbau fertig. 2003 segelte die neue JEANIE JOHNSTON nach Kanada und in die USA. Seit 2012 ist sie Museumsschiff.

AUSWANDERUNG IM TABAKSPEICHER

Im letzten noch erhaltenen Speicher in den Dubliner Docklands direkt am Liffey aus dem Jahre 1820, wo früher Tabak gelagert wurde, liegt seit 2016 das EPIC, das mehrfach ausgezeichnete irische Auswanderermuseum. Es verzichtet fast ganz auf Exponate, sondern zeigt in bunten digitalen Themen-Installationen mit vielen Filmschnipseln meist im Halbdunkeln, was tüchtige Iren und ihre Nachfahren in aller Welt geleistet haben, nachdem sie ihr Land meist aus wirtschaftlichen Gründen verlassen hatten. Die Besucher treffen viele Prominente, meistens Amerikaner.

SEEFAHRT IN DER KIRCHE

Die Seefahrerkirche (Mariner's Church) von 1836 in Dún Laoghaire in der Dubliner Bucht hat es in sich: Seit 1978 beherbergt sie das National Maritime Museum of Ireland. Bis Ostern 1972 war sie die wichtigste irisch-anglikanische Kirche der Stadt. Das Museum wirft vielfältige Schlaglichter auf die irische Schifffahrtsgeschichte, doch die deutlich angestaubte Ausstellung braucht trotz einiger modern gestalteten Schautafeln eine Auffrischung, um mehr Besucher anzuziehen. Aus den Exponaten ragt im Altarraum das originale Linsensystem des Baily Lighthouse von Howth Head von 1902 heraus, das 70 Jahre später ausgebaut wurde.

AMPHIBIENTOUR MIT WIKINGERHELM

Schnelle offene Landungsboote setzten alliierte Soldaten und ihre Ausrüstung 1944 bei der Invasion in der Normandie an der Küste ab. Zu ihnen gehörten die DUKW, von den GIs „Duck" genannt. Es waren sechsrädrige Amphibienfahrzeuge gebaut von General Motors und entworfen vom bekannten Yachtdesignbüro Sparkmen & Stephens. 22.000 Stück wurden hergestellt; einige hundert haben überlebt. Einige davon sind in Dublin für Stadtrundfahrten zu Land und zu Wasser im Einsatz. Viking Splash Tour heißt das gut einstündige Abenteuer-Angebot der knallgelben Veteranen – auf Wunsch mit Wikingerhelm. Mehr als 20 Jahre knatterten sie unter den Namen THOR, FREYA oder ODIN durch Dublins Zentrum und durchquerten dabei auch das Grand Canal Dock. Spektakulär sind die Momente, wenn die „Enten" das Terrain wechseln und das Auto zum Boot wird und umgekehrt. Klar, dass die Uralt-Motoren kräftige Abgaswolken in die Luft blasen und die EU modernen Ersatz fordert.

Als historische Fahrzeuge dürfen die auffälligen Vehikel weiterfahren, doch Vikings Splash muss für die Zukunft planen. Denn die Fahrten sind gefragt: Mehr als 115.000 Passagiere pro Jahr buchen eine Viking Splash Tour, Tendenz steigend. Wenn die Technik der Veteranen einmal nicht mehr mitmacht, sind neue EU-konforme Fahrzeuge fällig, Stückpreis 300.000 Euro. Salamander Amphibious Vehicles in Belfast hat seit 2012 das Nachfolgemodell der alten Landungsboote gebaut. Hier sehen wir es auf dem Grand Canal.

Qualmende Dampfer, schnittige Segler

Der Stettiner Schiffsfotograf Max Dreblow

▷ Henry Albrecht

Stettin war bis 1945 Deutschlands größte Hafenstadt an der Ostsee, Standort weltbekannter Werften wie dem Vulcan, der Oderwerke und von Nüscke & Co. sowie Ausgangspunkt der Passagierdampfer zu den Seebädern auf den Inseln Rügen, Usedom und Wollin. In den Häfen und auf der Oder herrschte bis 1939 reger Schiffsverkehr mit einem bunten Bild von Dampfern, Seglern und Booten. Diese Szenerie regte viele Maler und Fotografen zu mannigfaltigen Arbeiten an. Dabei ragte ein Fotograf heraus: Max Dreblow.

Der Bäderdampfer HERTHA der Stettiner Reederei J.F. Braeunlich, und das Rotorschiff BUCKAU 1924 an der Stettiner Hakenterrasse.

Der Frachtdampfer HENNY der Stettiner Reederei R.C. Gribel in seinem Heimathafen vor dem Bleichholm. Aus dieser Perspektive fotografierte Max Dreblow aus dem Fenster seiner Wohnung am Bollwerk 2 viele ein- und ausgehende Schiffe.

Dreblow wurde 1869 etwa 30 Kilometer südlich von Stettin in Greifenhagen an der Oder geboren. Er lernte Kaufmann und eröffnete 1898 in Stettin ein Kolonialwarengeschäft mit Ausschank. Dreblow war ledig und wohnte dort mit seiner verwitweten Schwägerin, die ihm den Haushalt führte und ihn im Geschäft unterstützte. Dadurch blieb ihm Zeit, seinen Neigungen aus Kindertagen nachzugehen: Schifffahrt und Fotografie. Mit einer Plattenkamera unternahm er Ausflüge am Stettiner Hafen und fotografierte die ein- und auslaufenden Schiffe. An Sonntagen verkaufte er die Fotos in den Ausflugslokalen rund um Stettin. Das Geschäft ließ sich gut an und machte Dreblow bekannt, sodass er 1900 seine Kolonialwarenhandlung verkaufte und eine Wohnung am Bollwerk Nr. 11, direkt am Hafen nahm. Sein Geschäft nannte er „Handlung mit photographischen Bedarfsartikeln". Im Stettiner Branchenverzeichnis wurde er erst einige Jahre später als Fotograf geführt.

1909 zog Dreblow zum Bollwerk Nr. 2 um, wo sich ihm ein noch besserer Blick auf den Hafen und die Anlegestelle der Bäderdampfer bot. Von seinem Fenster aus konnte er den Schiffsverkehr auf der Oder vor der Hakenterasse bis zur Nüscke-Werft einsehen. So machte Dreblow viele

Ebenfalls vom Fenster seiner Wohnung bot sich Dreblow dieser Blick oderabwärts. Im Vordergrund der Passagierdampfer SWINEMÜNDE der Swinemünder D.G., dahinter auslaufend der Frachter HISPANIA der Stettiner Reederei Wilhelm Kunstmann. Im Hintergrund rechts die beiden Bäderdampfer HERTHA und FREIA im Winterlager.

Der Große Kreuzer FRIEDRICH CARL passiert auslaufend Swinemünde die Leuchtbake auf der Ostmole. Das Schiff wurde 1903 bei Blohm & Voss in Hamburg mit der Baunummer 155 abgeliefert und war zu Beginn des Ersten Weltkriegs zum Küstenschutz in der Ostsee eingesetzt. Am 17. November 1914 sank der Kreuzer nach einem Minentreffer bei Memel.

wunderbare Fotos, ohne das Haus verlassen zu müssen.

Er war aber auch mobil und fuhr per Schiff nach Swinemünde, wo er sich mit der Kamera am Kopf der Ostmole postierte. Dort gelangen ihm viele stimmungsvolle Fotos der von See einlaufenden qualmenden Dampfer und schnittiger Segler, die er auf seinen Fotokarten mit „Auf See" oder „In voller Fahrt" betextete.

Mit der Tagesausbeute fuhr er nach Stettin zurück und zog die Fotos ab, die er nach kurzer Zeit den Besatzungen der Schiffe zum Kauf anbot. Die Fotokarten kosteten vor dem Ersten Weltkrieg 30 Pfennig, 1924 nach der Inflation dann 50 Pfennig. Die sehr gute Qualität der

Der kleine Passagierdampfer IMPERATOR der Reederei J.F. Braeunlich vor der Hakenterrasse. Das Schiff war von 1897 bis 1909 auf der Postdampfer-Linie Saßnitz-Trelleborg eingesetzt und fuhr danach bis zum Ersten Weltkrieg von Stettin zu den Ostseebädern auf Usedom und Rügen.

Passagierdampfer PEER GYNT der Reederei Victor Schuppe, Stettin/Berlin, einlaufend Swinemünde. Das Schiff, 1912 beim Bremer Vulkan als SIERRA SALVADA für den Norddeutschen Lloyd erbaut, war 46 Jahre im Dienst und fuhr unter sieben Namen für fünf Nationen, ehe es 1958 als SIBIR in der UdSSR abgebrochen wurde.

Der Passagierdampfer NORDLAND der Reederei R.C. Gribel auf der Oder am Bleichholm. Die 1902 BRT große NORDLAND war auf der Linie Stettin-Tallin-Helsinki im Einsatz und mit einem Eisbrecher-Vorschiff ausgerüstet, um die Route auch im Winter befahren zu können.

Passagierdampfer RÜGEN auslaufend Stettin. Der 2170 BRT große Dampfer war zweifellos eines der schönsten Stettiner Passagierschiffe. Er war für 2500 Passagiere zugelassen und wie die NORDLAND auf der Route Stettin-Tallinn-Helsinki für die Reederei R.C. Gribel im Dienst.

Aufnahmen lohnte den für damalige Verhältnisse hohen Preis. Dreblow machte verkleinerte Handabzüge im Format 9 x 14 cm von seinen Glasplatten (Format 13 x 18 cm). Das verlieh den Fotos eine enorme Schärfe, die selbst kleinste Details erkennen ließ.

Durch eine Chemikalie gab Dreblow seinen Fotos die charakteristische Sepiafärbung. Er beschriftete sie auf der Vorderseite häufig mit Texten in Versalien. Nebenbei war er als Pressefotograf und Lokalreporter bei der Stettiner Ostsee-Zeitung beschäftigt, für die er die lokalen Ereignisse in Stettin und Umfeld festhielt.

In der Nacht vom 5. auf den 6. Februar 1927 wurde Dreblow auf dem Heimweg beim Überqueren einer Straße von einem Auto angefah-

Der Dampfer ST. PETERSBURG der Neuen Dampfer Compagnie Stettin auf dem Oderhaff, assistiert vom Dampfer HOHENZOLLERN der Stettiner Reederei Carl Feuerloh, der wechselweise als Schlepp- und Passagierdampfer zum Einsatz kam.

Im Hafen von Saßnitz liegt der Dampfer HERTHA der Reederei Braeunlich. Das 1257 BRT große Schiff wurde 1905 bei den Stettiner Oderwerken erbaut und war auf der Seebäderlinie Stettin-Usedom-Rügen im Einsatz. Die HERTHA diente in beiden Weltkriegen bei der Marine.

ren. Er starb an den Folgen des Unfalls auf dem Transport ins Krankenhaus. Max Dreblow wurde nur 58 Jahre alt.

Nach seinem Tod übernahm der ebenfalls in Stettin ansässige Fotograf Ernst Klett den Firmentitel und das Archiv. Er machte unter dem Copyright „Max Dreblow Nachf." Abzüge der Dreblow-Fotos, die sich durch ihre rötliche Farbgebung von denen seines Vorgängers unterschieden.

Seit dem Ende des Zweiten Weltkriegs ist das umfangreiche Glasplattenarchiv Dreblows verschollen, doch die Abzüge sind noch im Umlauf und erfreuen so bis heute Sammler und Schifffahrtsfreunde.

Das Seemannsheim Fischereihafen auf einer kolorierten Postkarte um 1920. (Stadtarchiv Bremerhaven)

Schlafende Schönheit

Das Seemannsheim im Fischereihafen Bremerhaven

▷ Hartmut Bickelmann

Besuchern des Bremerhavener Fischereihafens wird in der Nähe des Fischereihafenrestaurants ein großer, eigenwillig gestalteter Backsteinbau auffallen, dessen gegenwärtiger Zustand jahrelange Vernachlässigung erkennen lässt und leer steht. Zur Zeit seiner Erbauung 1913 war es ein Schmuckstück im Herzen des betriebsamen Hafengeländes und erfüllte eine wichtige soziale Funktion als Seemannsheim.

Dessen Geschichte hatte allerdings schon mehr als 15 Jahre früher begonnen. Bremerhaven mit seinen Überseehäfen und Geestemünde mit seinem 1896 eröffneten Fischereihafen waren damals eigenständige Gemeinden innerhalb eines zusammenhängenden Städtekomplexes an der Wesermündung. Doch gab es seit 1896 den ersten Seemannspastor in Bremerhaven und ab 1897 die übergreifende karitative Initiative der Seemannsmission, die Seemannsheime in Bremerhaven und Geestemünde eröffnete. Einrichtungen dieser Art waren Teil der Inneren Mission der evangelischen Kirche. Ihre Aufgabe bestand darin, Seeleuten während ihres Aufenthaltes in fremden Häfen eine Anlaufstation zu bieten, wo sie Unterstützung, Orientierung und Unterkunft sowie auch seelsorgerische Betreuung finden konnten. Dies war besonders dann wichtig, wenn sie abgemustert hatten und auf einen neuen Bordeinsatz warteten. Hinter diesem fürsorgerischen Konzept stand die von christlicher Ethik getragene Hoffnung, die Seeleute von den zahlreichen Verlockungen fernhalten zu können, die Hafenstädte üblicherweise zu bieten hatten.

Das Seemannsheim Geestemünde logierte zunächst in einem Seitenflügel des damaligen Fischereihafenrestaurants „Hollmeyer", dem Zentrum des Hafengeschehens, von wo aus eine Fährverbindung, später auch eine Straßenbahnlinie zur Stadt führte. Dort unterhielt die Seemannsmission eine Heuerstelle, mit der sie unseriöse private Stellenvermittler zu umgehen suchte. Zum Betreuungsangebot gehörte zudem eine Art Sparkasse, die den Geldtransfer an die Familien der Seeleute übernahm.

Mit fortschreitender Betriebsamkeit des Fischereihafens – 1913 waren 93 Fischdampfer in Geestemünde beheimatet – erwiesen sich die Räume bald als zu eng, sodass sich die See-

Das Seemannsheim heute. Der Eingang ist versperrt. (Harald Focke)

Das Zentrum des Geestemünder Fischereihafens mit dem Fischereihafen-Restaurant „Hollmeyer" (rechts) und dem Seemannsheim (Mitte), davor der Fähranleger. Kolorierte Postkarte um 1920. (Stadtarchiv Bremerhaven)

mannsmission für einen Zweckbau auf einem Nachbargrundstück entschied. Das neue Seemannsheim war ein Werk des Geestemünder Architekten Gustav Claas. Es wurde am 28. Oktober 1913 eröffnet. Zur Finanzierung der Baukosten von 200.000 Mark hatten vor allem Spenden der Fischwirtschaft und von privater Seite sowie Kirchenkollekten und ein Kredit der Seekasse beigetragen.

Das viergeschossige, für 80 Gäste ausgelegte Gebäude wies eine großzügige funktionale Aufteilung auf. Das Erdgeschoss verfügte neben Heuerbüro und Konferenzraum über ein Lesezimmer mit Bibliothek, einen Speisesaal und eine Kapelle. Während der 1. Stock die Küche sowie die Wohnungen für den Hausvater und den Heuerbaas beherbergte, waren im 2. und 3. Stock und später auch im Dachgeschoss die Fremdenzimmer untergebracht. Im Keller befanden sich Bäder und ein Gymnastikraum.

Der Zerstreuung der Heimbewohner diente ferner eine Kegelbahn und im Sommer ein großer Garten. Alles war nach modernen Standards konzipiert. Als vorbildlich galt, dass es sogar Familienzimmer gab, wo Seeleute mit ihren Ehefrauen logieren konnten.

Insgesamt besticht das Gebäude durch seine schlichte Form in Verbindung mit der von Bock-

Die Eingangstür führt direkt in die Halle des Seemannheims. Postkarte um 1925 (Stadtarchiv Bremerhaven)

Das Lese- und Schreibzimmer des Seemannheims. Postkarte um 1925 (Stadtarchiv Bremerhaven)

horner Klinkern veredelten Fassade, wobei seine ursprüngliche innere Aufteilung noch heute an der Gestaltung der Fenster ablesbar ist.

Dem erfolgreichen Start folgte schon 1915 ein wechselvolles Schicksal. In beiden Weltkriegen wurde das Haus als Hilfslazarett genutzt, was anschließend jeweils umfangreiche Renovierungen erforderlich machte. In der Zwischenkriegszeit, als die Fischereiflotte expandierte, konnte es in alter Funktion wieder glänzen, musste aber im Nationalsozialismus Behinderungen der seelsorgerischen Arbeit hinnehmen. Im Fischereiboom der Nachkriegsjahre erfuhr die Einrichtung erneut eine starke Nachfrage, die bis in die 1970er-Jahre anhielt. Der dann einsetzende technische und wirtschaftliche Wandel, der zum rapiden Rückgang der Fangflotte führte, entzogen dem Seemannsheim Fischereihafen nun die Grundlage, sodass es zum Jahresende 1979 endgültig geschlossen wurde. Die Seemannsmission Bremerhaven verband dies mit einer zeitgemäßen Umstrukturierung, bei der sie ihre Dienste auf das Heim in der Stadtmitte konzentrierte. Für das ehemalige Heim im Fischereihafen folgten Jahrzehnte, in denen sich Leerstand und provisorische Nutzungen abwechselten.

Die Fischereihafen-Betriebsgesellschaft (FBG), die das Grundstück für das Land Bremen verwaltet, versuchte vergeblich, Investoren eine dauerhafte Lösung schmackhaft zu machen: etwa als Unterkunft für Asylbewerber, als Jugendherberge, als Senioreneinrichtung oder als Studentenwohnheim. Auch ein Familiengästehaus und ein Betriebskindergarten für die Beschäftigten des Fischereihafens waren im Gespräch. Mehrfache Investorenwechsel und zeitweise obskure Eigentumsverhältnisse erschwerten die Vermarktung. Nachdem auch mehrere Zwangsversteigerungen nicht zum Erfolg geführt hatten, nahm die FBG die Angelegenheit 2016 vorübergehend selbst in die Hand. Mittlerweile hat ein neuer Investor das Gebäude erworben.

An ihm liegt es nun, in welche Richtung die künftige Nutzung gehen wird. Die bisher unterbreiteten Vorschläge wären im Prinzip allesamt geeignet. Hierfür hatte die FBG schon einmal eine vage Formulierung gefunden, die vieles umfassen könnte: „Wohnen auf Zeit". Vielleicht ließe sich auch ein Museum zur Geschichte des Fischereihafens oder der Seemannsmission integrieren.

Das ehemalige Seemannsheim, das Höhen und Tiefen der Hochseefischerei begleitet hat, ist von der Denkmalpflege des Landes Bremen inzwischen als erhaltenswertes Kulturdenkmal eingestuft. Umso dringlicher ist es, sein weiterer Verfall gestoppt und ein Schmuckstück aus dem Dornröschenschlaf erweckt wird.

Das Seemannsheim von hinten, auch das Umfeld ist vom Verfall gezeichnet. (Tobias Gerken)

Auf der Haffseite kann man nur noch wenige Reste des ehemaligen Hafens entdecken. (Tobias Gerken)

Verschwundene Häfen

Spurensuche auf der Halbinsel Wustrow

▷ Harald Focke

Das Ostseebad Rerik zwischen Wismar und Rostock bietet Urlaubern im Norden die Ostsee mit Strand und Steilküste, im Süden das Salzhaff und im Westen die Halbinsel Wustrow. Die allerdings ist nach jahrzehntelanger militärischer Nutzung heute verwahrlostes Sperrgebiet voller Ruinen und vergrabener Munition. Die beiden früheren Häfen sind kaum noch erkennbar.

In den 1930er-Jahren entstand hier die größte Flakartillerieschule des Deutschen Reiches. Nach dem Krieg zogen erst Flüchtlinge aus dem Osten in die Kasernen und Offiziershäuser, dann kam die Rote Armee. Sie nutzte Wustrow bis 1993 als Marinestützpunkt und Spionageposten. Ein Investor hat die Halbinsel bereits vor längerer Zeit gekauft, bis jetzt herrscht dort aber Stillstand und die Bauten verfallen. Pläne zum Bau einer großen Ferienanlage scheiterten bislang an dem Veto aus Rerik, wo man den Durchgangsverkehr der potenziellen Wustrow-Urlauber als enorme Belastung des Ortes fürchtet.

Vor dem Krieg waren auch Schiffe auf Wustrow stationiert. Die Aufgabe der hochseetauglichen Flugsicherungsboote war es, die Seeziele auf die Ostsee hinauszuschleppen und während der Schießübungen die Ostsee vor der Halbinsel weiträumig zu sichern.

Zwei von ihnen patrouillierten an den Rändern des durch Bojen begrenzten Zielgebietes, damit keine zivilen Schiffe dort hineinfuhren und von Flaksplittern getroffen wurden. Bei solchen Übungen war die Ostsee bis zu 15 Kilometer für den zivilen Schiffsverkehr gesperrt. Die Bäderdampfer mussten im Sommer entweder ihren Fahrplan ändern oder andere Routen wählen, um das Sperrgebiet zu umfahren. Und auch die Fischer waren in ihrer Arbeit beeinträchtigt, falls sie vom Salzhaff in die Ostsee wechseln wollten.

Am Rand des Schießgebietes patrouillierten Flugsicherungsboote. Sie waren aus Hafen von Wustrow ausgelaufen, um andere Schiffe fernzuhalten, damit sie nicht von Flaksplittern getroffen wurden. Links oben ein Luftsack, nachdem ihn ein Flugzeug als Zielobjekt in eine bestimmte Höhe geschleppt und dann ausgeklinkt hat.

Die Flugsicherungsboote gehörten nicht zur Kriegsmarine, sondern zur Luftwaffe. Ihre Liegeplätze lagen an der Ostsee in einem nicht nur für sie angelegten Hafen westlich des so-

Im Ostseehafen liegen ein Flugsicherungsboot (links) und die Segelboote der auf Wustrow stationierten Wehrmachtsoffiziere, in der Bildmitte hinten die Reriker Kirche.

Heute sind von den Hafenanlagen nur noch Ruinen übriggeblieben. (Tobias Gerken)

genannten Wustrower Halses, einer schmalen Nehrung zwischen der Halbinsel und Rerik. Der Hafen wurde auch für die Versorgung des Luftwaffenstützpunktes genutzt.

Die beiden Molen aus Stahlspundwänden waren an den Ecken im Osten und Westen sowie zwischen Ostsee und Land mit riesigen Natursteinen gesichert. Sie sollten die Molen bei Sturm gegen Unterspülungen schützen. Nach dem Krieg wurde der Hafen an der Ostsee

Die beiden Molen des Wustrower Hafens an der Ostseeseite am westlichen Ende des Wustrower Halses, der schmalen Landzunge zwischen der Halbinsel (links) und Rerik (rechts).

Die beiden Molen des Wustrower Hafens an der Ostseeseite am westlichen Ende des Wustrower Halses, der schmalen Landzunge zwischen der Halbinsel (links) und Rerik (rechts).

kaum noch genutzt. Die Reste der Molenköpfe, zwei schwarze Blöcke, ragten noch lange Zeit ungenutzt aus der Ostsee wurden erst 1997 entfernt, als dort Sand aufgespült werden sollte. Die Baltische Rotbannerflotte legte am Salzhaff einen neuen Hafen an, dessen Überreste noch zu finden sind. Eine mit einer Eisenkonstruktion kombinierte Betonmauer am Bollwerk ragt am Inselrand zwischen vielem Wildwuchs heraus. Der Hafen beherbergte Seelandeeinheiten und deren Landungsschiffe, die hier regelmäßig übten. Andere Boote sicherten das Seegebiet bei Schießübungen wie vor dem Krieg. Nach dem Abzug der Sowjets lagen am Anleger Bollwerk im heutigen Naturschutzgebiet am Salzhaff lange Zeit die Reste eines Schiffes, das jahrzehntelang die Zielscheiben für die Flak auf die Ostsee schleppte.

Die historischen Fotos verdanken wir Edelgard und Klaus Feiler (Rerik), den Autoren des Buches „Die verbotene Halbinsel Wustrow. Flakschule-Militärbasis-Spionagevorposten", 7., aktualisierte Auflage, Berlin 2018.

Dieses Boot schleppte in Sowjet-Zeiten die Zielscheiben für das Flakschießen auf die Ostsee hinaus. Hier liegen die Überreste an der Anlegestelle „Bollwerk" auf Wustrow.

Der COLUMBUS kam nicht mehr zurück

Bremer Luxusliner endete im Dezember 1939 durch Selbstversenkung

▷ Harald Focke

Die Nachricht kam kurz vor Weihnachten und war ein Schock vor allem für Bremen und Bremerhaven: Der Luxusdampfer COLUMBUS des Norddeutschen Lloyd würde nie mehr zurückkehren. Er hatte sich am 19. Dezember 1939 selbst versenkt. Damit erhielt die Freude über die geglückte Heimkehr der BREMEN aus Murmansk nur sechs Tage zuvor einen schweren Dämpfer. Warum schaffte der COLUMBUS nicht, was der BREMEN gelang?

Der Lloyd-Dampfer COLUMBUS 1929 beim Anlegen an der Columbuskaje in Bremerhaven (Stadtarchiv Bremerhaven)

Unter dem Kommando von Kapitän Wilhelm Daehne hatte der COLUMBUS des Norddeutschen Lloyd Bremerhaven am 20. Juni ein letztes Mal mit dem Ziel New York verlassen, um anschließend von dort aus in der Karibik zu kreuzen. Seine letzte Reise begann der COLUMBUS am 19. August 1939. Kurz vor Kriegsbeginn am 1. September befahl das Oberkommando der Kriegsmarine in der Nacht vom 24. Auf den 25. August dem Kapitän, umgehend von Bridgetown auf Barbados nach Norwegen zu fahren, zuvor aber seine überwiegend amerikanischen Passagiere in einem neutralen Hafen zu landen, nicht jedoch in den mit den Briten sympathisierenden USA. Ein passender Hafen war schwer zu finden; schließlich klappte es am 31. August in Havanna auf Kuba.

Noch in der Nacht stach der COLUMBUS abgeblendet wieder in See. Für eine Atlantiküberquerung hatte er zu wenig Öl in den Bunkern. Daehnes Ziel war zunächst Veracruz im neutralen Mexiko. Doch dort war Brennstoff schwer zu beschaffen. Die Mexikaner zogen die Verhandlungen mit dem deutschen Konsul in die Länge. Erst am 14. Dezember 1939 verließ der inzwischen grau getarnte und durch ein deutsches Schiff betankte COLUMBUS im Schutz der Dunkelheit seinen Ankerplatz. Mehrere US-Kriegsschiffe folgten ihm in den Atlantik.

Der COLUMBUS lief in der 300-Meilen-Zone vor der amerikanischen Küste nach Norden, in der kein Schiff aufgebracht werden durfte. Vor Norfolk in Virginia schwenkte der Lloyd-Liner nachts hinaus auf den Nordatlantik. Doch amerikanische Zerstörer spürten ihn schon bald auf. Der Navy-Kreuzer TUSCALOOSA kam hinzu und informierte von nun an zwei nicht allzu ferne britische Zerstörer regelmäßig per Funk absichtlich offen über die Position des COLUMBUS, obwohl die USA offiziell weiterhin neutral waren. Am Nachmittag des 19. Dezembers stoppte HMS HYPERION den COLUMBUS mit zwei Warnschüssen vor den Bug, um ihn aufzubringen. Der Durchbruchsversuch nach Norwegen war gescheitert.

Kapitän Daehne schickte die Besatzung daraufhin in die Boote, ließ den COLUMBUS in Brand setzen und die Seeventile öffnen, um das wertvolle Schiff nicht in die Hände der Briten fallen zu lassen. Als letzter verließ Daehne sein von Rauch eingehülltes und auf ebenem Kiel langsam sinkendes Schiff. Mit seiner Barkasse umrundete er den COLUMBUS, den er als jüngster Kapitän des NDL zwei Jahre geführt hatte. Die TUSCALOOSA rettete die 610 Mann der Besatzung – bis auf drei Heizer. Sie hatten das Signal zum Verlassen des Schiffes nicht gehört.

Der COLUMBUS war eines der wenigen Schiffe mit männlichem Artikel und der erste große Bremer Luxusliner nach 1918 – ganz anders als geplant. Noch vor Beginn des Ersten Weltkriegs ließ der Norddeutsche Lloyd zwei 230 Meter lange Transatlantikliner bei Schichau in Danzig auf Kiel legen, die COLUMBUS und HINDENBURG heißen sollten. Die weit gediehene Fertigstellung der beiden größten je mit Kolbendampfmaschinen gebauten Schiffe verhinderte der Krieg. Der Ausbau des 1914 schon weit gediehenen COLUMBUS kam nach 1919 nur langsam voran, denn alle wussten, dass er als Repa-

Der COLUMBUS 1924 in schneller Fahrt auf dem Nordatlantik. (Deutsches Schifffahrtsmuseum)

rationsleistung an Großbritannien abgeliefert werden sollte.

Voran ging es erst nach dem COLUMBUS-Abkommen zwischen Deutschen und Engländern vom August 1921. Der NDL durfte das zweite Schiff behalten und weiterbauen, das er aber nicht mehr als HINDENBURG, sondern als COLUMBUS in Fahrt brachte. Außerdem konnten die Bremer sechs Schiffe aus der Vorkriegszeit aus Südamerika zurückholen und wieder nutzen.

Der ursprüngliche COLUMBUS traf am 21. Januar 1922 als HOMERIC in Southampton ein und ging am 15. Februar für die White Star Line auf Jungfernreise nach New York. Der künftige COLUMBUS des NDL sollte am 17. Juni 1922 vom Stapel laufen. Die Flasche zerschellte am Bug, der Sekt spritzte, doch der Liner rührte sich nicht. Ein üppiges Bankett tröstete die Taufgäste.

Fast zwei Monate lang brauchten die Werftarbeiter, um das Schiff am 12. August 1922 endlich ins Wasser zu bringen. Erst Ende November 1923 kam der COLUMBUS nach Bremerhaven in den Technischen Betrieb des NDL. Im Trockendock folgte der Unterwasseranstrich, vor allem aber wurden hier die Passagiereinrichtungen eingebaut. Ihre Fertigstellung verzögerte sich durch Streiks erheblich, da die Werftarbeiter nach der Hyperinflation 1923 und der Einführung der Rentenmark im November deutlich höhere Löhne forderten. Von Ende Februar bis Anfang Juni ließen sie die Arbeit weitgehend ruhen. Dennoch konnte dank des Einsatzes von Meistern, Vorarbeitern und Lehrlingen der COLUMBUS unter Kapitän Nicolaus Johnsen am 22. April 1924 zu seiner Jungfernfahrt von Bremerhaven nach New York auslaufen.

Mit 236 Metern Länge und 25,3 Metern Breite war der COLUMBUS das größte und mit 21,5 Knoten auch das schnellste Schiff der deutschen Handelsflotte. Lloyd-Generaldirektor Carl Joachim Stimming sprach von einem „Meilenstein". Tatsächlich schloss der Lloyd sechs Jahre nach dem Ende des Ersten Weltkriegs in Ausstattung und Service wieder zur internationalen Spitze auf, nicht jedoch in der Geschwindigkeit. Bereits vor dem Krieg entworfen, wirkte der COLUMBUS bei der Indienststellung mehr als zehn Jahre später nicht gerade modern und er war es auch nicht: Seine beiden Schornsteine waren schmal und hoch; der Steven war gerade und der Antrieb veraltet. Statt moderner Turbinen hatte der COLUMBUS noch seine Dampfmaschinen, immerhin aber mit Öl- statt Kohlefeuerung. Ihre 32.000 PS wirkten auf zwei Schrauben und reichten für 19 Knoten – 35 Kilometer pro Stunde. Dann war vor allem das Achterschiff nicht frei von Vibrationen.

Ein Schnelldampfer aber war der COLUMBUS damit nicht. Die Passagierunterkünfte hatten Lloyd-Standard. Schlafsäle für Auswanderer im Zwischendeck gab es nicht mehr. Für sie bot die Reederei in der Dritten Klasse Mehrbettkabinen mit Waschbecken an. Die Erste Klasse hatte Platz für 408 Passagiere, die Zweite Klasse für 629 und die Dritte Klasse für 642.

Der COLUMBUS 1926 noch mit den langen Schornsteinen in Bremerhaven vor der Ausreise nach New York. (Deutsches Schifffahrtsmuseum)

1927 erhielt der COLUMBUS in Bremerhaven endlich einen Liegeplatz am offenen Wasser – die Columbuskaje. Im selben Jahr brach am 2. August nachts mitten auf dem Atlantik mehr als tausend Seemeilen vor New York eine Schraubenwelle. Die Maschine überdrehte und wurde unbrauchbar beschädigt. Propeller und Nabe sanken in die Tiefe. Beim Bremer Vulkan in Bremen-Vegesack wurde vorläufig eine kleinere Dampfmaschine aus dem Frachtdampfer SCHWABEN eingebaut, damit der COLUMBUS

Der COLUMBUS nach dem Umbau mit neuer Optik. Hier auf hoher See bei einer Begegnung mit dem Lloyd-Dampfer STUTTGART. (Wilhelm Kaune)

möglichst bald in den Liniendienst zurückkehren konnte, wenn auch noch etwas langsamer als bisher schon. Eine der beiden Schrauben dreht schnell, die andere langsamer. Das Ruder musste leicht backbord liegen, um geradeaus zu fahren. So waren 17 Knoten möglich.

Blohm & Voss montierte zwei neue Getriebeturbinen mit 49.000 PS und baute sie 1929 mit einigen neuen Kesseln ein. In der Werft wurden die Kabinen aufgearbeitet und die dünnen Schornsteine durch dickere ersetzt. Damit sollte der COLUMBUS optisch näher an die BREMEN und die EUROPA heranrücken.

Auch mit gut 22 Knoten war er noch kein Schnelldampfer wie die gerade in Dienst gestellte BREMEN und die bald folgende EUROPA, er fuhr aber deutlich ruhiger als zuvor. Das Aussehen des COLUMBUS wurde allerdings durch breitere und niedrigere Schornsteine den beiden Superlinern angepasst. Ab 1930 konnte der NDL mit seinen drei Spitzenschiffen einen wöchentlichen Schnelldienst zwischen Deutschland und den USA anbieten. Aufgrund seiner gediegenen Ausstattung fand der besonders bei Deutsch-Amerikanern beliebte COLUMBUS weiter sein Publikum. Bis 1939 fuhr er meist gut ausgelastet im Liniendienst wie auf Kreuzfahrten – bis zur letzten Reise im Herbst 1939.

Die SASSNITZ erreicht 2017 den Hafen Mukran auf Rügen. (Tobias Gerken)

Der letzte Auftrag

Kompasskompensierung auf der SASSNITZ

▷ Peer Schmidt-Walther

Moderne Magnetkompasse zeigen nie ganz genau an. Wie kann das sein? Und was kann man dagegen tun? Ein erfahrener Lotse berichtet aus der Praxis.

Der Seewetterbericht verheißt nichts Gutes: Regen und einen steifen Südwest mit Böen bis zur Stärke sieben. „Immer wieder das Gleiche, wenn ich zum Kompensieren rausfahren soll", schüttelt Dr. Christian Subklew den Kopf, während die Scheibenwischer vor seiner Nase hin und her flitzen. Hinter dem Koloss von Prora, dem unvollendet gebliebenen Seebad der NS-Urlauberorganisation „Kraft durch Freude" bei Binz auf Rügen, schiebt sich sein letzter Job seitlich durch das Februar-Grau ins getrübte Blickfeld: auch ein Gigant, aber ein ganz anderer, die 171 Meter lange 21.154 BRZ-Fähre SASSNITZ. Sie kommt gerade aus Trelleborg und steuert Mukran an.

Auf der weitläufigen Brücke empfängt Kapitän Eckhard Gotte, gebürtiger Sachse mit unverkennbar Berliner Tonfall den Greifswalder per Handschlag. Man kennt sich an der Küste.

Erdmagnetische Kräfte ausgleichen

Besatzungswechsel ist angesagt. Nach einer Woche an Bord geht die Crew an Land, während ihre Ablöser aufsteigen. Bis zur Abfahrt um 17.30 ist noch genügend Zeit. Auch für den Auftrag von Christian Subklew. Den verdankt er der Verwendung von Werkstoffen im modernen Schiffbau wie Eisen und Stahl. „Frühere Seefahrer wie Columbus fuhren mit Holzschiffen zur See, auf denen Messing und Bronze verbaut wurden", erklärt der an der Seefahrtsschule Warnemünde-Wustrow 1981 promovierte Nautiker. „Deshalb zeigte ihr Stabmagnet immer genau nach Norden. Durch Induktion des Erdmagnetismus wird jedes Stahlschiff selbst zu einer Art Magnet und erzeugt ein Störfeld, das den Kompass ablenkt. Daher zeigt ein Magnetkompass nie richtig an".

Subklews Aufgabe ist es, die eigenmagnetischen Kräfte eines Schiffes auszugleichen. „Ich war mal auf einem Schiff", erzählt er bei Kaffee und Kuchen, den er zum Abschied mitgebracht hat, „das hatte vorher Panzer geladen. Da betrug die Kompassabweichung 120 Grad". Normalerweise zeigen Satellitendaten und die elektrisch betriebenen Kreiselkompasse die genaue Position

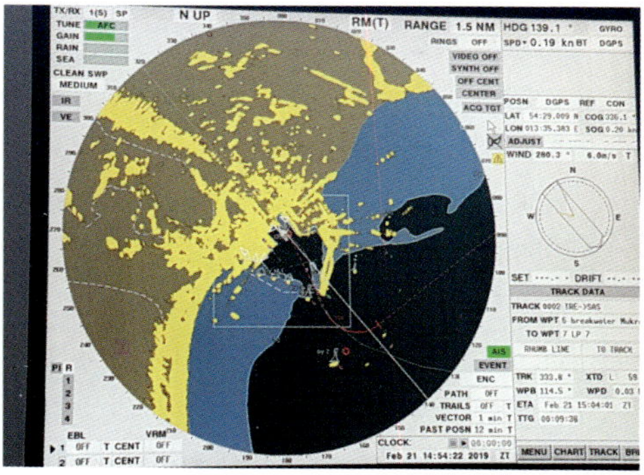

Der Fährhafen Mukran auf der elektronischen Seekarte. (Alle Fotos Peer Schmidt-Walther)

Die SASSNITZ manövriert ins Fährhafen-Bett von Mukran.

Dr. Christian Subklew überprüft den Magnetkompass auf der Brücke.

an, „aber bei Stromausfall bleibt nur der Magnetkompass", gibt Subklew zu bedenken. Außer ihm gibt es bundesweit nur noch eine Handvoll Kompensierer, die sonst als Lotsen tätig sind.

Durchgehende Kurszahlen

Um 13.30 Uhr gibt Kapitän Gotte den Befehl zum Ablegen. „Steuerbord zehn!" gibt er dem Rudergänger die Anweisung, und der echot: „Ruder liegt Steuerbord zehn!"

Zitternd schiebt sich das weiße Schiff, das noch zu DDR-Zeiten 1989 von der Deutschen Reichsbahn in Auftrag gegeben wurde, aus dem schmalen Fährbett hinaus auf die mit Schaumköpfen gesprenkelte Ostsee. Die Küste verschwindet achteraus hinter Regenschleiern. Christian Subklew zieht sich seine Wetterjacke über, auf dessen Rücken das Wort PILOT prangt, die internationale Bezeichnung für „Lotse".

Über eine schmale Eisenleiter turnt er aufs Peildeck, das über der Brücke liegt, und nimmt die Schutzhaube des Kompasses ab. Dann legt sich die SASSNITZ auf die Seite und setzt wie mit dem Kapitän verabredet zu einem Vollkreis an. Subklew hat jetzt das Sprechfunkgerät eingeschaltet. Nässe und Wind machen ihm zu schaffen, die Papiere flattern in seiner linken Hand über der

Dr. Christian Subklew ist mit der Brücke in Rufkontakt.

Das Prüfsiegel wird an den Kompass geklebt.

Kompass, der noch aus der Produktion des VEB Schiffselektronik stammt und als Nordzeichen das Stralsunder Wappen trägt. Alle zehn Grad gibt Gotte die jeweils durchgehende Kurszahl an – „Achtung Null!" – während Subklew die von ihm beobachteten Abweichungen in einer Tabelle notiert. „Nicht mehr als zwei Grad", stellt er zufrieden fest. Er klebt das neue Siegel auf, ähnlich einem TÜV-Stempel. Per Schraubenzieher werden dann von ihm – „das ist keine Hexerei" – Querschiffs- und Längsschiffsmagneten wieder in ihre Normalstellung einreguliert. Die gleiche Prozedur muss über dem achteren Fahrstand absolviert werden, denn eine Eisenbahnfähre wie die SASSNITZ hat zwei Fahrstände. Fahrzeuge und Züge werden über das Heck entladen, von dem aus ins Fährbett gesteuert wird.

Aufentern zum achteren Tochterkompass über dem Heckfahrstand.

Dr. Christian Subklew bei der Arbeit im Heckfahrstand mit Kapitän Eckhard Gotte.

Der Tochterkompass mit Stralsunder Wappen.

Auch der Tochterkompass bekommt sein Prüfsiegel.

Unterm Strich 40 Seefahrtsjahre

„Alle zwei Jahre machen wir das, oder wenn nötig auch öfter", erklärt der Ex-Lotsen-Ältermann, der auf 40 Regulierungen pro Jahr kam. Nun ist er im Rentenalter. Nach 18 Jahren im Amt, das er im Alter von 46 Jahren übernommen hat, muss er nach insgesamt 22 Lotsenjahren den Dienst quittieren.

Mehrere tausend Schiffe hat er sicher beraten, auf dem Nord-Ostsee-Kanal und im Wismar-Rostock-Stralsunder Revier. Unterm Strich 40 Seefahrtsjahre. „Ist schon ein komisches Gefühl, diese letzte Reise", blickt er wehmütig zurück. „Mein erster Job nach dem Abitur in Greifswald war Brückenwärter in Wieck, bevor mich die Volksmarine auf ein Landungsschiff verpflichtete". Einige Jahre diente er noch als Reserveoffizier in der Deutschen Marine, zuletzt als Kapitän zur See, als der er an der Marineschule Flensburg-Mürwik unterrichtete.

Nach zwei Stunden in luftig-nasser Höhe ist alles gelaufen. Kostenpunkt 150 Euro, „mit Rabatt, weil´s zwei Anlagen waren", grinst Subklew und wird von Kapitän Gotte auf seinem letzten Dienstgang bis zur riesigen Heckklappe begleitet. Dort verabschiedet er den Kompensierer wieder freundschaftlich per Handschlag.

Kapitän Gotte verabschiedet den Lotsen Subklew am Fährheck.

Vom Modell zum Mythos

Meine ungewöhnlichen Begegnungen mit der ADMIRAL GRAF SPEE

▷ Stephan-Thomas Klose

Am 17. Dezember 2019 jährt sich die Selbstversenkung des „Panzerschiffs" ADMIRAL GRAF SPEE vor Montevideo zum 80. Mal. Noch heute umgibt ein Mythos das Schiff und seinen Kommandanten. Beim Bau eines SPEE-Modells kann er lebendig werden, wie unser Autor erlebte. Vor allem aber im Gespräch mit Besatzungsangehörigen.

Das „Panzerschiff" GRAF SPEE läuft am 14. Dezember 1939 begleitet von einem Küstenwachboot der uruguayischen Marine in den Vorhafen von Montevideo ein. Die Spuren des Gefechts vor der La Plata-Mündung sind deutlich zu erkennen. (Ivan Berryman/Slg. Klose)

Das GRAF SPEE-Modell von Graupner im Maßstab 1:128 in Fahrt. (Slg. Klose)

Ich muss etwa zehn Jahre alt gewesen sein, als ich mir das erste Modell der GRAF SPEE von meinem Taschengeld gekauft habe: einen Revell-Bausatz im Maßstab 1:720. Gerade mal 26 Zentimeter lang war das Modell.

Die GRAF SPEE auf Sturmfahrt auf einer Postkarte des Jahres 1938. (Slg. Klose)

Ich war fasziniert von diesem schlanken, grauen Schiff mit seiner eleganten Linienführung, dem steilen Steven und dem flach abfallenden Achterdeck.

Eindrucksvoll fand ich vor allem die beiden Drillingstürme vorn und achtern, die selbst bei diesem winzigen Maßstab noch mächtig wirkten. Sie ließen sich auch beim Modell drehen; die Geschützrohre dabei heben und senken. Das Unterwasserschiff war detailliert mit Schlingerkiel, Ruder und den beiden Dreiblattschrauben. Beim Original wurden sie von acht MAN-Dieselmotoren mit einer Gesamtleistung von 56.000 PS angetrieben. Damit erreichte die GRAF SPEE eine Höchstgeschwindigkeit von 28 Knoten (52 km/h).

Die GRAF SPEE in vier Maßstäben: als Atlas-Metallgussmodell (1:1250), von Revell (1:720), von Trumpeter (1:350) und aus der Graupner-Premium-Line (1:128). (Slg. Klose)

Ein neuer Typ: „Pocket Battleship"

Nicht nur für mich als jugendlichen Modellbauer war die ADMIRAL GRAF SPEE ein eindrucksvolles und wohlproportioniertes Kriegsschiff. In den späten 1920er-Jahren unter den strengen Auflagen des Versailler Vertrages mit der damaligen Tonnagebeschränkung von 10.000 Tonnen als völlig neuer Schiffstyp entwickelt, hatte das „Panzerschiff" SPEE mit 186 Metern Länge und 21 Metern Breite die Abmessungen eines leichten Kreuzers, aber die Bewaffnung eines Schlachtkreuzers, nämlich 6 x 28 cm, 8 x 15 cm und 26 Flak unterschiedlicher Kaliber. Britische Journalisten hatten ihr und ihren beiden Schwestern DEUTSCHLAND (später LÜTZOW) und ADMIRAL SCHEER daher den Spitznamen „Pocket Battleships" gegeben.

Die Geburt des Mythos

Wie bei vielen anderen Modellbauern ging mein Interesse rasch über die Miniaturen hinaus. Ich wollte alles wissen über das Schicksal der SPEE und ihrer Besatzung im Zweiten Weltkrieg: Wie kam es im Dezember 1939 zu jener Seeschlacht vor Uruguay, die als letztes klassisches Gefecht der Seekriegsgeschichte gilt, also ohne die Beteiligung von Kampfflugzeugen? Ich las „Kampf, Sieg und Untergang", Friedrich

SPEE-Kommandant Hans Wilhelm Langsdorff nach seiner Beförderung zum Kapitän zur See 1937. (Dr. Inge Nedden-Langsdorff)

Wilhelm Rasenacks Standardwerk von 1954, und Heinrich Wilds „Die Spee war mein Schicksal", noch während des Krieges in Argentinien niedergeschrieben und veröffentlicht.
Beide Autoren waren an Bord gewesen: Rasenack als artillerietechnischer Offizier (ATO), Wild als Maat (Unteroffizier) der schiffstechnischen Division. Ich folgte dem Kurs der SPEE vom unauffälligen Auslaufen mit Geheimauftrag am 21. August 1939 in Wilhelmshaven bis zur spektakulären Selbstversenkung nur vier Monate später am 17. Dezember 1939 in der Mündung des Rio de la Plata. Diese vier Monate reichten aus, einen Mythos entstehen zu lassen. Denn in ihnen erwarb sich das deutsche Kriegsschiff im Südatlantik und im Indischen Ozean einen legendären Ruf als Handelsstörer: Neun feindliche Dampfer mit einer Tonnage von zusammen 50.000 BRT wurden versenkt, ohne dass ein einziges Besatzungsmitglied der aufgebrachten Schiffe ums Leben kam. Die Gefangenen wurden zuvorkommend behandelt.

Die SPEE eröffnet das Feuer

Doch mir wurde bei der Lektüre auch bewusst: Der Jäger war längst zum Gejagten geworden. „Ich rechne im nächsten Monat mit größeren Kampfhandlungen", zitiert Rasenack den Kommandanten der SPEE, Kapitän z.S. Hans Langsdorff. Ich zählte zusammen: Neun britische und französische Jagdgruppen mit drei Flugzeugträgern, drei Schlachtschiffen und zehn Kreuzern waren der SPEE auf der Spur – eine gewaltige Übermacht. Am 13. Dezember begegnete sie vor der La Plata-Mündung den britischen Kreuzer, EXETER, AJAX und ACHILLES, die sie zunächst für Handelsschiffe eines Geleitzuges hielt. „Als wir erkannten, dass unsere Gegner drei Kriegsfahrzeuge waren, ist es zu spät zum Abdrehen", lese ich bei Rasenack. Die SPEE eröffnete das Feuer. Nach eineinhalbstündigem Gefecht drehten die Briten mit erheblich beschädigten Schiffen ab. Aber auch die SPEE hatte 22 Treffer einstecken müssen. 36 Besatzungsmitglieder waren tot, auf britischer Seite 72. Vor allem die Seetüchtigkeit der SPEE war stark beeinträchtigt: Frischwassererzeuger, Ölreinigungsanlage sowie Bordküche und -bäckerei waren zerstört.

In der Falle Montevideo

Und so nahm das Verhängnis seinen Lauf: Zur Reparatur des Schiffes und zur Versorgung der Verwundeten steuerte die SPEE Montevideo an, die Hauptstadt von Uruguay. Doch der vermeintlich neutrale Hafen entpuppte sich als Falle.

Auf Druck der Briten gewährten die Behörden der SPEE nur 72 Stunden Liegezeit – viel zu wenig, um auch nur die schwersten Schäden zu beheben und das Schiff gefechtsbereit zu machen. Draußen auf See versammelten sich derweil britische Kreuzer. Weitere Kriegsschiffe waren im Anmarsch, behauptete zumindest die britische Propaganda. Schicksalshaft für die angeschlagene SPEE und ihren verwundeten Kommandanten war, dass nach dem Ausfall des Bordflugzeugs keine genaue Aufklärung möglich war: Wie war die Lage wirklich?

Veteranen berichten

Es begann ein zermürbender, dreitägiger Nervenkrieg für die Besatzung mit den Behörden in Montevideo. Diese dramatischen Stunden an Bord der SPEE waren der nächste Gegenstand meiner Recherchen. Ich nahm Verbindung mit der Bordgemeinschaft der GRAF SPEE in Borken/Hessen auf. Schon 1950 hatten sich Besatzungsangehörige in Argentinien zusammengeschlossen. Seit 1971 trafen sie sich auch in Deutschland. Ich durfte am „37. Deutschlandtreffen" im Juni 2009 in Bad Emstal teilnehmen. Endlich kam ich mit GRAF SPEE-Veteranen ins Gespräch: Karl Hecht und Gerhard Lasch, beide mittlerweile verstorben. „Uns war schnell klar, dass wir in einer tödlichen Falle saßen", sagte mir Karl Hecht, damals 92, seit 1938 Maschinist auf der SPEE. „Jedoch wussten wir nicht, wie sich der Kommandant entscheiden würde. Von ihm wurde erwartet, dass

Das Mittelschiff der GRAF SPEE mit Bordflugzeug: Auf dem Katapult steht 1938 ein Heinkel-Doppeldecker. (Slg. Klose)

„SPEE-Männer": (v.l.) Hans Eubel (†) aus Argentinien, Gerhard Lasch (†), Karl Kappler (†) und Karl Hecht (†) erinnern sich bei einem Treffen am SPEE-Modell des Autors an Ihre Zeit auf dem Panzerschiff. (Slg. Klose)

Die Tochter des Kommandanten Dr. Inge Neidden-Langsdorff vor dem bekanntesten Foto ihres Vaters. Es zeigt Kapitän Langsdorff nach der Ankunft in Buenos Aires. (Slg. Klose)

er mit seinem Schiff untergeht. Aber was würde aus uns werden? Es lastete eine große Spannung auf uns in diesen Tagen." Gerhard Lasch, damals 89, seit 1937 Kuttergast der SPEE, ergänzte: „Eine Abordnung von uns fuhr mit Bussen zum Begräbnis der toten Kameraden durch Montevideo. Tausende säumten die Straßen und staunten, wie jung wir alle noch waren. Ich war ratlos, wie es weitergehen würde."

Der höchste Preis

Im Morgengrauen des 17. Dezember 1939 habe der Kommandant befohlen, die GRAF SPEE zur Selbstversenkung vorzubereiten, berichteten mir die Veteranen. Langsdorffs Begründung: „Ich werde uns nicht von einer Übermacht in Stücke schießen lassen. Mir sind tausend junge Männer lebend mehr wert als tausend tote Helden." Für die Besatzung war das eine bittere, aber zugleich glückhafte Entscheidung. „Uns war klar, dass wir überleben würden", sagte mir Gerhard Lasch. „Der Kommandant rettete mit dem Untergang des Schiffes unser Leben." Das heimliche Ausbooten der Besatzung sei „eine Meisterleistung des Kommandanten" gewesen. Durch das Übersetzen nach Argentinien sei man zudem vielen Jahren in englischer Gefangenschaft entgangen. Doch für die Rettung seiner Besatzung zahlte der Kommandant den höchsten Preis: Um sich selbst und seine Besatzung nicht den unvermeidlichen Vorwürfen der „Feigheit vor dem Feinde" oder des Hochverrates auszusetzen, obgleich er sein Vorgehen in Depeschen nach Berlin begründet hatte, wählte Hans Langsdorff am 20. Dezember in Buenos Aires den Freitod. Seine Offiziere fanden ihn in seinem Zimmer im „Hotel de Inmigrantes". Er lag auf der am Boden ausgebreiteten Kriegsflagge seines Schiffes, die Pistole in der rechten Hand.

Für alle ehemaligen Besatzungsangehörigen,

mit denen ich sprach, war und ist das Selbstopfer des Kommandanten der zweite zentrale Aspekt des „SPEE-Mythos". Langsdorff habe sich mit seiner Entscheidung zur Selbstversenkung einer klaren Erwartung seiner Vorgesetzten bis hinauf zu Hitler widersetzt. 2000 Seeleute auf beiden Seiten verdankten ihm ihr Leben. An Langsdorffs Beisetzung auf dem Soldatenfriedhof in Buenos Aires am 21. Dezember 1939 sollen Hunderttausende teilgenommen haben – Deutsche, Argentinier und Engländer. Noch heute gedenken die Nachfahren der GRAF SPEE-Besatzung am 20. Dezember jeden Jahres ihres „Comandante Langsdorff" und legen Blumen auf sein Grab.

Verehrung in Südamerika

So wurde Hans Langsdorff zwangsläufig zum letzten Schwerpunkt meiner SPEE-Forschungen. Gewiss, ich kannte den britischen Spielfilm „The Battle of the River Plate" von Michael Powell aus dem Jahr 1955, in dem Oscar-Preisträger Peter Finch einen nachdenklichen, stets ritterlichen, aber auch sehr britischen Hans Langsdorff gibt. Es war eben die englische Sicht, ganz abgesehen davon, dass der schwere US-Kreuzer SALEM die SPEE wenig überzeugend darstellte.
2016 traf ich die Tochter Hans Langsdorffs, Dr. Inge Nedden-Langsdorf (79), um mehr über ihren Vater und dessen tiefe Verehrung in Südamerika zu erfahren. Sie sagte mir: „Es ist in der Tat so, dass Argentinien und Uruguay die Geschehnisse um die GRAF SPEE zu ihrer Geschichte gemacht haben und mein Vater wohl auch dem spanischen Bild des Charakterhelden entspricht." Die Geschichte lebe fort in der Erinnerung der Kinder und Kindeskinder. Die erste umfassende Biografie Langsdorffs sei in Vorbereitung. Das Werk des Marineoffiziers a.D. Hans-Jürgen Kaack werde voraussichtlich 2019 vom „Zentrum für Militärgeschichte und Sozialwissenschaften der Bundeswehr" herausgegeben.

Die „SPEE-Kinder"

Während in der deutschen Öffentlichkeit die Geschichte der GRAF SPEE und die Tat ihres Kommandanten weitgehend vergessen sind, rüsten sich Argentinien und Uruguay für den 80. Jahrestag der „Schlacht am Rio de la Plata" Mitte Dezember 2019. Allein 50 Mitglieder britischer Veteranenverbände haben sich angekündigt, darunter vier Hundertjährige, zwei ehemalige Besatzungsmitglieder der AJAX und zwei der EXETER. Auf den britischen und deutschen Soldatenfriedhöfen wird man der Toten auf beiden Seiten gedenken und Kränze niederlegen.
Von der GRAF SPEE wird niemand mehr dabei sein. Die Bordgemeinschaft weiß nur noch von einem einzigen lebenden Veteranen in Deutschland, der aber schon seit vielen Jahren an keinem Treffen mehr teilnimmt. Doch die SPEE-Kinder, -Enkel und -Urenkel" werden da sein. In ihrer Erinnerung lebt der Mythos um die GRAF SPEE und ihren Kommandanten fort, dem sie alle ihr Leben verdanken.

Die FREYA auf dem Nord-Ostsee-Kanal. (Jürgen Höltje)

Der Seitenraddampfer FREYA

Ein sehr persönliches Treffen mit einem Schiffsveteranen

▷ Detlef Spangenberg

Unser Autor, früher Kapitän in der Handelsschifffahrt, wollte schon lange einmal eine Fahrt mit der FREYA machen und sich zugleich an Bord gründlich umsehen. Beim Hamburger Hafengeburtstag hat beides endlich geklappt.

829. Hafengeburtstag Hamburg 2018, Übertragung der Einlaufparade im NDR-Fernsehen. Meine Partnerin liegt mit eingegipstem Bein auf dem Sofa, ist traurig, dass sie nicht in Hamburg dabei sein kann und schwärmt vor allem von den großen modernen Kreuzfahrtschiffen. „Im nächsten Jahr müssen wir dabei sein, versprich mir das bitte!" Doch Kreuzfahrtschiffe sind nicht meine Welt. Für mich, der ich den größten Teil meines Lebens beruflich auf „richtigen" Schiffen verbracht habe, sind sie im Bereich Operette einzuordnen. Ein Versprechen, das erst in einem Jahr einzulösen ist, ist schnell gegeben und wenn es dann tatsächlich so weit kommen sollte, dass ich zuvor noch mal erinnert werde, dann sind ja auch alte Schiffe dort, wie die CAP SAN DIEGO und die BLEICHEN, die ich noch aus deren aktiven Zeit kenne.

Eine Anzeige in einer Wochenzeitung erinnerte mich erneut an den Hafengeburtstag 2019. Ein Reiseveranstalter warb mit der Teilnahme an der Einlaufparade zum 830. Hafengeburtstag an Bord eines historischen Raddampfers. Mein Interesse war geweckt. Es war die FREYA. So buchte ich die Teilnahme, erfüllte damit das lange zuvor gegebene Versprechen und mir selbst die Aussicht, endlich mal wieder ein historisches Schiff in Fahrt zu erleben.

Ich war schon beim Anbordgehen vom Äußeren des Schiffes begeistert. Nichts außer dem kleinen Radarmast, den orangefarbenen Rettungsringen und den modernen Rettungsinseln ließ erkennen, dass es sich um ein Schiff handelt, das den heutigen Vorschriften entsprechend ausgerüstet ist. Wie aus einer anderen Zeit strahlend weiß mit der goldfarbenen Bugzier und den glanzlackierten hölzernen Aufbauten lag die FREYA da, um ihre Passagiere zu empfangen.

Gleich hinter der Gangway betrete ich den großen Salon auf dem Hauptdeck. Mit Ausnahme je einer kleinen offenen Deckfläche vorn und ach-

Das Büfett, das aus der Tiefe kommt. Im Vordergrund die Nixe mit dem Delfin. (Silvia Fallier)

Im Steuerhaus meldet Kapitän Engel die FREYA klar zum Auslaufen. (Silvia Fallier)

tern erstreckt er sich großzügig verglast über die gesamte Rumpflänge. Hochglanzlackiertes Holz, elfenbeinfarbige Wand- und Deckenflächen, poliertes Messing und die mit edlem dunkelrotem Stoff bezogenen Sitzbänke sind genau das, was ich nach dem Erscheinungsbild der FREYA erwarte. Ich tauche in eine andere Zeit ein, fühle mich sofort wohl. Im vorderen und achteren Bereich nutzt der Salon die Rumpfbreite von 6,65 Metern, wobei er mittschiffs mit den Radkästen die volle Schiffsbreite von 11,4 Metern einnimmt. In diesem verbreiterten Bereich befinden sich eine Tanzfläche, eine Bar, ein Podium, ein Büffet und Sanitärräume. In der Schiffsmitte in Höhe der Radkästen gibt ein Skylight den Blick frei auf den ein Deck tieferliegenden Maschinenraum mit der zweizylindrigen Dampfmaschine. An der Backbord- und Steuerbordseite kann ich durch große Fenster in die Radkästen hineinschauen und die roten Schaufelräder bei der Arbeit betrachten.

Die größte Besonderheit auf dem Hauptdeck aber, mit der sicher kein anderer historischer Raddampfer trumpfen kann, ist zunächst nicht sichtbar. Erst dann, wenn die Glocke zum Mittagessen, Kuchenbüffet oder Dinner läutet, hebt sich mittig im vorderen Teil des Salons ein etwa 2 x 3 Meter großer Bereich des Decks und ein U-förmiges Büffet, in dessen Mitte sogar schon das Bedienungspersonal zum Servieren bereit steht, kommt lautlos aus der darunter liegenden Kombüse hochgefahren. Eine in Messing glänzende Nixe, die einen Delfin im Arm hält, gibt dem Ganzen eine dekorative Note. Mit staunender Begeisterung und stürmischem Applaus reagieren die Fahrgäste. Aber auch auf das, was auf dem Büfett angerichtet ist. Es sind nicht zu übertreffende kulinarische Meisterleistungen. Das Kombüsenpersonal verdient höchste Anerkennung. Reeder Sven Paulsen lag sicher richtig, als er in einem 2015 veröffentlichten Interview erwähnte, daß jährlich

Das Maschinenskylight im Salon auf dem Hauptdeck mit dem alten Werftschild. Oben Lichtschacht zum Salon auf dem Bootsdeck. Rechts Fenster zum Backbord-Radkasten. (Detlef Spangenberg)

Der Maschinist fährt die Dampfmaschine an. (Detlef Spangenberg)

über 35.000 Menschen mit der FREYA fahren und behauptete „ohne unser gutes Essen hätten wir nur die Hälfte der Fahrgäste!"

Eine breite Treppe vom Hauptdeck führt in den Salon auf dem Bootsdeck, der rundum großzügig verglast mit edlem Holz, glänzendem Messing und einer Bar an der Frontseite genauso beeindruckt wie der darunterliegende Salon. Zwar ist er nur etwa halb so groß, aber dafür gibt es auf dem Bootsdeck mehr freie Decksflächen mit Tischen und Bänken. Für die maritim interessierten Fahrgäste ist das Bootsdeck die erste Wahl. Von hier aus, ob innen durch die großen Fenster des Salons, oder außen vom offenen Deck, lassen sich im Hauptfahrtgebiet der FREYA Nord-Ostsee-Kanal, Kieler Förde, Hamburger Hafen und Unterelbe, die vorbeifahrenden Seeschiffe besonders nahe erleben.

Man mag meinen, dass es sich bei der FREYA um einen bis ins Detail liebevoll und aufwendig restaurierten Oldtimer handelt, doch das ist nicht so. In ihrer nun über 100-jährigen Existenz hat es viele Veränderungen und Umbauten gegeben. Lediglich der Rumpf ist übrig von dem, was die Werft damals an die Reederei geliefert hat. Nur der Einsatz- und Investitionsbereitschaft einiger Dampfschiffs-Enthusiasten ist es zu verdanken, dass der Raddampfer vor dem Verschrotten gerettet wurde und uns heute wie ein Original begeistert.

Inzwischen hat die FREYA schon fast 19 Kieler Jahre hinter sich. Es bleibt zu hoffen, dass das älteste und ganz sicher schönste Schiff der Adler-Flotte alle anderen überlebt. Davon ist sein Reeder übrigens überzeugt. Er will das Schiff in der Vor- und Nachsaison künftig auch in anderen nationalen Revieren, wie auf Ems oder Rhein einsetzen. Zur Hanse-Sail 2019 war die FREYA Gast in Rostock.

Die Geschichte der FREYA

J. & K. SMIT's
MACHINEFABRIEKEN
KINDERDIJK - HOLLAND
B.Nr. 514 Ao 1905

Das alte rote Werftschild am hinteren Ende des Maschinen-Skylights auf dem Hauptdeck der FREYA gibt Aufschluss über Herkunft und Baujahr des Schiffes. Von den „Provinciale-Stoomboot-Diensten" (PSD) in Vlissingen für den Fährdienst auf der Westerschelde in Auftrag gegeben lief sie als WESTERSCHELDE am 12. April 1905 bei der Werft J. & K. Smit in Kinderdijk am Lek vom Stapel: 51 Meter lang, 6,60 Meter breit und einem Tiefgang mit Betriebsstoffen wie Kohle und Wasser von maximal 1,95 Meter. Die Innenausstattung ist gediegen, im Komfort abgestuft in mehrere Salons der Ersten und Zweiten Klasse. Auch einige Einzelkabinen waren vorhanden. Damals durchaus noch nicht Standard gab es elektrisches Licht und Toiletten mit Wasserspülung.

Nach den Probefahrten kam das Schiff am 18. Dezember 1905 nach Vlissingen, dem Heimathafen und Sitz der Reederei. Kleinere Mängel waren am 22. Dezember behoben, das Schiff wurde an die Eigner übergeben. Es nahm am 2. Januar 1906 offiziell den Fährdienst zunächst zwischen Vlissingen, Terneuzen und Breskens auf, in späteren Jahren auch im Bereich der Osterschelde. Die WESTERSCHELDE, deren Bau mehr als 134.000 Gulden kostete, war der vorletzte Raddampferneubau der Reederei. Nach 1908 stellte sie für den Fährbetrieb nur noch Schiffe mit Schraubenantrieb in Dienst. Befördert wurden Personen, Post, Fracht, Fahrzeuge und sogar Vieh.

Zwei Ereignisse aus dem Jahre 1907 verdienen Erwähnung. So lief am 2. März des Jahres der Dampfer im dichten Nebel auf einer Sandbank auf und lag bei Niedrigwasser „hoch und trocken". Mehrere Versuche, mit eigener Kraft frei zu kommen, waren erfolglos. Auch zwei zur Hilfe geeilte Schiffe vermochten zunächst nicht, den Raddampfer von der Sandbank freizuschleppen. Erst nachdem die Besatzung begonnen hatte, eine Rinne zum tieferen Wasser zu schaufeln, gelang es zur Morgentide des 6. März mit eigener Kraft und Schlepphilfe des 1891 gebauten Fährschiffes ZEEUWSCH-VLANDEREN das Schiff wieder in freies Wasser zu bringen.

Besondere Ehren wurden dem Raddampfer zuteil, als am 12. September 1907 Königin Wilhemina und Prinz Hendrik die Provinz Zeeland besuchten. Da sie das modernste und eleganteste Schiff der PSD war und weil die einzelnen Inseln im Mündungsbereich der Schelde nur per Fährschiff zu erreichen waren, wurde die WESTERSCHELDE ausgewählt, dem royalen Paar für drei Tage als königliche Yacht zu dienen.

Aufregende Zeiten folgten im Ersten Weltkrieg. Soldaten und Flüchtlinge waren nun meist an Bord. Da Belgien von deutschen Truppen besetzt war versuchten viele Belgier, teils unter lebensgefährlichen Umständen, über die Westerschelde in die neutralen Niederlande zu flüchten. Am 1. August 1914 wurde der Fährverkehr kurzzeitig eingestellt und die Schiffe der PSD beschlagnahmt. Ab dem 5. August fuhr die WESTERSCHELDE wieder, nachdem der Fährbetrieb eingeschränkt wieder aufgenommen werden durfte. Probleme in der Kohlebeschaffung führten ab 1916 dazu, dass die Abfahrten vermindert und Schiffe aufgelegt wurden.

Erst 1924 normalisierte sich die Situation. Doch kurz nach Kriegsende tauchte ein anderes Problem auf: Da immer mehr Autos mit den Fähren der PSD zu transportieren waren, zeigte sich, dass die alten Raddampfer dafür ungeeignet waren. Die WESTERSCHELDE musste durch moderne Fährschiffe ersetzt werden. Im November 1933 wurde sie zum Abwracken verkauft.

Doch 1935 kaufte der Ölhändler Petrus Josephus Zwaans das Schiff. Er wollte es als stationäres Versorgungs- und Bunkerboot auf dem Juliana-Kanal einsetzen. Die Werft in Hendrik Ido Ambacht baute das Schiff um, wobei Maschine, Schaufelräder und Radkästen entfernt und Tanks für 15.000 Liter eingebaut wurden. Von nun an hieß das Schiff DE ZWAAN. Es wurde an seinem Liegeplatz im Hafen von Born am Julianakanal für die Binnenschiffer nicht nur zur Bunker- und Poststation und Verkaufsstelle für Ausrüstung, sondern auch zum beliebten Treffpunkt.

1940, mit dem Einmarsch der deutschen Truppen in die Niederlande, änderte sich die Situation radikal. Kees Zwaans, Sohn von Petrus Josephus, war ein mutiger Widerständler und half vielen von den Besatzern Verfolgten unterzutauchen. So machte er mit seiner Familie DE ZWAAN zur geheimen Zufluchtstätte. In der Vorpiek gab es ein Versteck, das durch einen Zugang unter einer schwenkbaren Toilette erreichbar war. Im Frühjahr 1944 waren 24 Juden gleichzeitig an Bord. Lieske Zwaans versorgte die Untergetauchten mehr schlecht als recht, ein paar Hühner und zwei Ziegen halfen dabei ein.

Mitte Juni 1944 nahmen die Zwaans einen vom Widerstand gesuchten Spitzel auf, der für zwei Tage unter falscher Identität als „Doktor de Jong" an Bord „Zuflucht" suchte. Kurz nachdem er das Schiff verlassen hatte, fand eine Razzia statt. Doch die Versteckten kamen davon, sie konnten sich rechtzeitig in die Bilge retten und blieben unentdeckt.

Nach dem Krieg liefen die Geschäfte wieder an und DE ZWAAN wurde zur Bunkerstation, Laden und Treffpunkt für Binnenschiffer.

1964 wurde sie zunächst anteilig, später ganz an Lambert Schless verkauft, nachdem ein neues Bunkerschiff NIEUWE ZWAAN übernommen worden war. 1972 ließ Schless das Schiff überholen und verlegte es nach Zaltbommel, wo es noch viele Jahre weiterhin als Bunkerstation

Die WESTERSCHELDE am Fähranleger Terneuzen. (PSD)

Die Königin und Prinz Hendrik kommen am 13. September 1907 an Bord. (PSD)

Die Königin und der Prinz gehen in Terneuzen an Land. (PSD)

und Laden für Schiffsausrüstung diente. Erst 1986 wurde es zum Abbruch nach Zaltbommel verkauft.

Aber dazu kam es nicht. Klemens und Wijnand Kay, zwei mit dem Dampfvirus infizierte Brüder aus Weesp bei Amsterdam, retteten das Schiff, indem sie es für 35.000 Gulden kauften. Von 1988 an bauten sie es selbst mit Hilfe weniger Handwerker auf einer Werft in Zaandam bei Amsterdam zu einem Raddampfer zurück. Dabei mussten sie viel improvisieren, eine passende Dampfmaschine und einen Kessel finden

DE ZWAAN mit Beiboot ZWAANTJE in den 1940er-Jahren, Gemälde von A.J. Becker. (PSD)

sowie neue Antriebsräder herstellen. Die über 90 Jahre alte Zweifach-Expansionsmaschine stammte aus einem Schwimmbagger, der Kessel aus einer Brauerei. Der Hilfsdiesel zur Stromerzeugung hatte zuvor als Notstromaggregat in einem Krankenhaus gedient.

Eine Neukonstruktion verstellbarer Schaufelräder wäre zu kostenintensiv und aufwendig gewesen, Deshalb entschloss man sich für eine starre Konstruktion nach dem Vorbild des englischen Raddampfers KINGSWEAR CASTLE. Da die Kurbelwelle bei der liegenden Kreuzkopf-Dampfmaschine anders als bei Antrieben mit stehenden oszillierenden Zylindern nicht höhengleich mit der Schaufelradwelle ist und so eine direkte Übertragung nicht möglich war, musste für die Kraftübertragung eine ungewöhnliche Lösung gefunden werden: Beidseitig an der Kurbelwelle installierte man Zahnriemenübertragungen auf die getrennten höher gelegenen Radwellen.

Die nur 140 PS bei 90 Umdrehungen leistende Dampfmaschine erwies sich in Verbindung mit den starren Schaufeln des Radantriebes als nicht zufriedenstellend für den Fahrbetrieb. So wurde zusätzlich ein Dieselmotor eingebaut, der über Getriebe eine Heckschraube antreibt.

Der noch vorhandene Decksaufbau wurde abgebrochen. Um mehr Raum für Fahrgäste zu schaffen und das Schiff gewinnbringend einsetzen zu können, entstand ein höherer Aufbau mit zwei übereinander liegende Salons. Damit glich die äußere Erscheinung des Schiffes den Raddampfern der früheren Nederlandsche Stoomboot Maatschappij. Der neue traditionsreiche Name DE NEDERLANDER war genau der, unter dem das erste Schiff der Reederei ab 1823 zwischen Rotterdam, Nijmegen und Köln gefahren war.

Im April 1990 kam der Raddampfer in Rotterdam wieder für Charterfahrten und als Restaurant zum Einsatz. Schnell erfreute er sich wachsender Beliebtheit. Nur wenig wurde nach 1990 noch verändert. 1992 kam ein zweiter Stromgenerator hinzu und 1996 wurde der Schraubenantrieb durch einen 350 PS starken Deutz/MWM-Diesel ersetzt. Nachdem Klemens Key 1993 einen zweiten, größeren, Raddampfer erworben hatte, betrieb er zwar eine Zeitlang beide Schiffe, aber es gab einen Interessenten mit Herz für Dampf und alte Technik, den Sylter Reeder Sven Paulsen. Er wollte das Schiff für seine Adler Reederei kaufen. Beide Reeder einigten sich und so wechselte das Schiff 1999 die Eigner. Im Februar 2000 sollte die Überführung in die Husumer Werft stattfinden, doch musste das nicht „hochseetaugliche" Schiff wegen Schlechtwetter zunächst in Harlingen bleiben. Es kam erst Anfang März im Dock der Husumer Werft an, wo notwendige Umbauten und Auffrischungsarbeiten vorgenommen wurden, auch um den Vorschriften des Germanischen Lloyd zu genügen. Mitte April lief das Schiff im neuen Heimathafen List ein. Die feierliche Indienststellung erfolgte dort am 20. April. Danach nahm die „alte Dame" unter dem neuen Namen FREYA ihren Dienst mit Tagesfahrten auf der Nordsee auf.

Auch der Name FREYA hat einen traditionellen Hintergrund. Reeder Paulsen erinnert damit

WESTERSCHELDE und FREYA einst und jetzt. (PSD)

an den 1904 in Hamburg gebauten Raddampfer FREYA, der bis 1927 für die damalige Sylter Dampfschiffahrts-Gesellschaft im Fährverkehr zwischen Munkmarsch auf Sylt und Hoyerschleuse auf dem Festland eingesetzt war.

Der Zuspruch auf Sylt entsprach nicht den Erwartungen der Reederei. Im September und Oktober 2000 mussten wiederholt wetterbedingt einige Fahrten ausfallen. Am 30. Oktober hätte es fast das Ende des Unternehmens bedeutet, als bei einem Orkan die Leinen der FREYA brachen, sie von ihrem Liegeplatz in List abtrieb und auf die Mole gedrückt wurde. Der Seenotkreuzer MINDEN eilte zur Hilfe und schleppte sie frei. Das Schiff wurde Ende November 2000 nach Kiel verlegt, von wo aus es seither vor allem zu Fahrten in den Nord-Ostsee-Kanal und zur Elbe ausläuft.

Am 21. April 2005, fand bei Kaiserwetter ein großer Empfang mit festlicher Ausfahrt in die Kieler Förde statt, um den 100. Geburtstag des Schiffes zu feiern. An diesem Tag erfolgte auch die offizielle Verlegung des Heimathafens von List/Sylt nach Kiel.

Ein bewegendes Wiedersehen gab es, als im Juli 2013 erstmals wieder Mitglieder der ehemaligen Besitzerfamilie Zwaans als Gäste des Reeders Sven Paulsen an Bord „ihres" Schiffes kamen und an einer Fahrt durch den Nord-Ostsee-Kanal teilnahmen.
Am 12. April 2014 kam die FREYA wieder in die Niederlande. Von Groningen aus fand eine Rundfahrt über die Kanäle statt. 70 Jahre nach der deutschen Besetzung der Niederlande wurden für die 86 vom Reeder geladenen Gäste bewegende Erinnerungen an die DE ZWAAN wach. Neben zahlreichen Nachkommen der Famile Zwaans war auch der damals 80-jährige Hermann Silbernberg an Bord, für den das Schiff 1944 Zuflucht und Rettung bedeutet hatte. Ältester Teilnehmer waren der 95-jährige Jan Zwaans, der damals selbst auf der Flucht vor der Gestapo war, und seine Frau Almy. Auch der ehemalige Reeder Klemens Kay war an Bord.

Technische Daten und Besonderheiten

Länge	51,60 Meter
Größte Breite über Schaufelkästen	11,40 Meter
Breite auf Spanten	6,65 Meter
Seitenhöhe	3,62 Meter
Tiefgang	2,30 Meter
Geschwindigkeit bei Radantrieb	5 Knoten
Gemeinsam Räder und Propeller	10 Knoten

Der Dieselmotor für den Propeller wird vom Ruderhaus aus elektrisch gefahren, die Dampfmaschine über den Maschinentelegrafen.
Die Kombination von Schaufelrad- und Schraubenantrieb ermöglicht es, das Schiff ohne Bugstrahlruder bei Hartruderlage, vorausdrehendem Propeller und rückwärts drehenden Schaufelrädern fast auf der Stelle zu drehen.
Für Brückenpassagen sind Mast und Schornstein klappbar, dadurch wird eine Durchfahrtshöhe von 9,5 Metern ermöglicht.

Die FREYA auf dem Nord-Ostsee-Kanal. (Jürgen Höltje)

Die GNEISENAU meines Vaters

Erinnerungen an ein ganz besonderes Schiffsmodell

▷ Burghard Hattendorff

Mein Vater Hans-Günther Hattendorff war ein guter Schüler, aber in einigen Fächern wie in Französisch waren seine Leistungen wohl nicht so rühmenswert. Seine Begabung lag entschieden im Mathematischen, Technischen und Praktischen, und sein Interesse galt vorzugsweise Schiffen und der Seefahrt. So ist es nicht verwunderlich, dass sein Hobby das Basteln und Bauen von Schiffsmodellen war, und da wir über ein frühes Jugendalter und zudem von den 1930er-Jahren reden, ist es auch nicht verwunderlich, dass es sich um Modelle von modernen deutschen Kriegsschiffen handelte, die für kleine Jungs allemal faszinierender schienen als Frachtschiffe, Krabbenkutter oder Kanonenschaluppen.

Ich selbst erinnere mich an Nachbildungen des 1929 in Dienst gestellten Kleinen Kreuzers KÖNIGSBERG und des Panzerschiffes DEUTSCHLAND von 1933, ungefähr 70 cm lange Modelle, mit denen später wir Kinder im Bastelkeller und in der Sandkiste spielen durften. Bei einem Preisausschreiben des Oberkommandos der Kriegsmarine „für Schüler der höheren Lehranstalten" bekam mein Vater 1937 als 13-Jähriger einen 4. Preis für das Modell eines Torpedobootes. Darüber, dass er, wie alle teilnehmenden Schüler, auch eine Erklärung über seine

Das Modell eines Torpedobootes der Kriegsmarine. (Hattendorff)

Das Vorbild: Schlachtschiff GNEISENAU der Kriegsmarine. (Bundesarchiv)

Die Kriegsmarine stellte das bei den Deutschen Werken in Kiel gebaute Schlachtschiff GNEISENAU am 21. Mai 1938 in Dienst und damit mehr als ein halbes Jahr früher als ihr Schwesterschiff SCHARNHORST. Sie war fast 235 Meter lang und 30 Meter breit. Ihre Getriebeturbinen leisteten über 160.000 PS und ermöglichten mehr als 31 Knoten. Im Juli 1938 machte die GNEISENAU ihre erste Reise. Danach wurde sie in teilweise umgebaut. Von März 1939 bis März 1941 war sie das Flottenflaggschiff. Im Krieg wurde sie bei ihren Einsätzen mehrfach durch Beschuss, Torpedos, Bomben und Minen schwer beschädigt und für lange Zeit zur Reparaturen in die Werft gezwungen.

Die GNEISENAU verlegte im Februar 1942 mit SCHARNHORST und PRINZ EUGEN auf Hitlers Befehl von Brest zurück nach Deutschland. Bei diesem (Unternehmen Cerberus) passierte der Verband zur Verblüffung der Briten den Englischen Kanal bei Tage anstatt wie von ihnen erwartet in der Nacht. Noch im selben Monat wurde die GNEISENAU in Kiel erneut bombardiert und anschließend zu weiteren Reparaturen und der Umrüstung ihrer neun Geschütze von bisher 28 cm auf das Kaliber 38 cm nach Gotenhafen geschickt. Der Umbau blieb unvollendet, da Hitler im Februar 1943 befahl, alle Großkampfschiffe außer Dienst zu stellen. Bei dem Rückzug der Deutschen aus Gotenhafen Ende März 1945 wurde die GNEISENAU in der Hafeneinfahrt versenkt. Ab 1947 wurde sie gehoben und verschrottet.

arische Abstammung hatte abgeben müssen, werden seine Eltern ihre eigenen Kommentare gehabt haben: „Wat för´n Unfug ..." Aber ihr Sohn hatte sicherlich kaum etwas anderes im Kopf als Schiffe, tolle Technik und seine Werkstatt.

Bald nach dem Erfolg mit dem Torpedoboot machte sich mein Vater an den Bau eines knapp 2,35 Meter langen Modells des Schlachtschiffes GNEISENAU. Da er nur wenig Geld zur Verfügung hatte, musste er das benötigte Material wie Holz, Metalle und Kabel irgendwie und irgendwo zusammensuchen, auf dem Dachboden, im Schuppen und sonst wo. Viel Brauchbares fand er sicherlich in der Dorfschmiede seines Onkel Fiete. Wahrscheinlich ist er auch einige Male von seinem Heimatstädtchen Heide mit dem Fahrrad zur Büsumer Werft gefahren, um zu bitten und zu betteln. Von zwölf Zaunlatten waren eines Tages vielleicht nur noch elf – neu verteilt – vorhanden und im Haus mochte irgendwann eine Gardinenstange ein kleines Stück kürzer sein als zuvor.

Seine Mutter, die uns Enkeln später davon erzählte, beklagte sich einst bei einem Lehrer, den sie auf dem Markt getroffen hatte, dar-

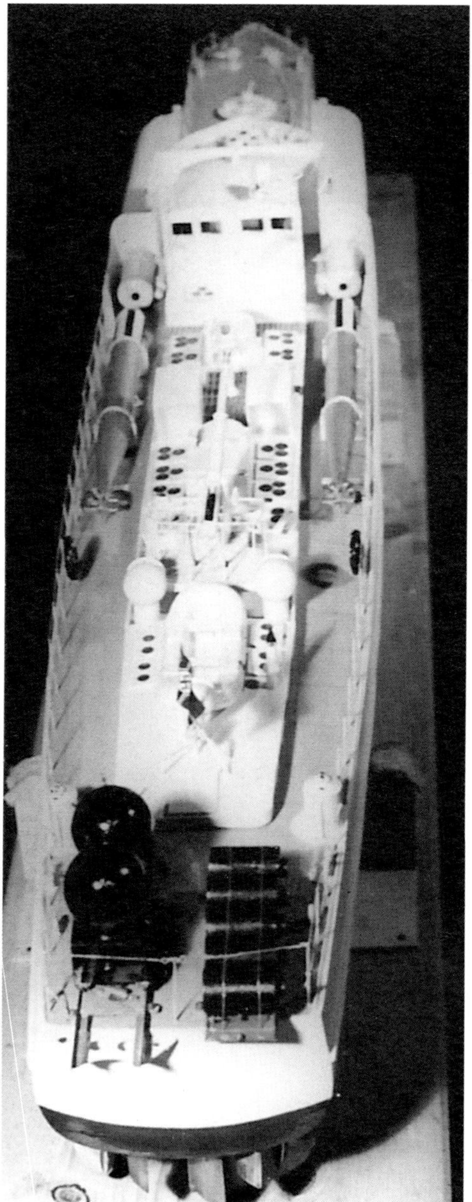

Das Modell eines deutschen Schnellbootes. (Hattendorff)

über, dass die Schüler schon wieder ein paar Groschen oder Pfennige für irgendetwas hatten mitbringen sollen, wovon der Lehrer allerdings nichts wusste. Manchmal konnte mein Vater eben ein wichtiges Bauteil partout nicht anders organisieren als mit etwas Geld. Immerhin stellte ihm seine Schule für die Metallverarbeitung leihweise eine Drehbank zur Verfügung. Zum Französischlernen blieb allerdings nicht viel Zeit.

Im August 1940, zum 16. Geburtstag meines Vaters, war sein eindrucksvolles Modell der GNEISENAU fertig. Im Garten hatte er einen kleinen Graben gegraben, von ihm selbst „Hafen" genannt. Er hatte Bleigewichte gegossen, „um bei Schlagseite das Schiff in die richtige

Lage bringen zu können." Aber auch ohne ein einziges Reservegewicht schwamm das Modell „genau so, wie es sollte, ohne Schlagseite. Es machte gute Fahrt".

Über eine selbst gebaute Fernsteuerung fuhr das Schiff mit drei Elektromotoren für die drei Propeller schnell und langsam, vorwärts und rückwärts; ein weiterer Elektromotor bediente die Steueranlage. Mit einer ebenfalls ferngesteuerten Blinkanlage – „ein besonders mühseliges Stück Arbeit" – konnten acht Blinksprüche gegeben werden. Alle Zitate meines Vaters stammen übrigens aus seinen Artikeln „So baute ich meine GNEISENAU" und „So baute ich mein Schnellboot" in den Marinekalendern 1942 und 1943.

Zur Krönung des Ganzen sollte die den neun Geschützen des Vorbildes entsprechende Hauptartillerie richtig schießen können. „Aus Durazink, einem Ersatzstoff für Messing, drehte ich die schweren Rohre. Auch die Panzertürme richtete ich so ein, daß ich die Rohre laden konnte. Die Kartuschen zum Schießen habe ich mir natürlich auch selber hergestellt. Als Pulver nahm ich Sinoxyd, das ich vorsichtig aus 6-mm-Platzpatronen herausholte. Als Granaten verwendete ich aus Messing gedrehte Vollgeschosse. Damit meine GNEISENAU auch schießen kann, wenn sie ‚auf See' ist (und der Käpt'n am Ufer steht!), habe ich einen alten Wecker in den Rumpf eingebaut. Er ist mit den Geschützen durch Schaltungen und Drähte verbunden und feuert, je nachdem ich die Zeiger des Weckers eingestellt habe." Geschossen wurde aber nicht nur „auf See": Das Modell hat „mit seinen schweren Schiffsgranaten viele Löcher in die Wände meiner Arbeitsbude gehauen".

Noch bedenklicher war, dass Abgeordnete einer Küstenfunkstelle bei meinen Großeltern mit der dringenden Bitte auftauchten, auf den Sohn besser aufzupassen: Von der Fernsteuerung gingen Störsignale aus, die geeignet seien, die Wehrbereitschaft des Deutschen Reiches zu beeinträchtigen.

Bis zum vorgezogenen Notabitur und dem Ausbildungsbeginn bei der Marine baute mein Vater noch ein meiner Erinnerung nach mindestens zwei Meter langes Modell des Schnellbootes M.T.B.40. Auch dieses Modell mit einem 1,2 PS starken Benzinmotor für eine Geschwindigkeit von über 5 m/s (über 18 km/h) war selbstverständlich für eine Fernlenkung eingerichtet, nicht nur für die Maschinen- und Steuerungsanlage, sondern auch für den Abschuss der mit einem Karbid-Gasmotor für den Eigenantrieb sowie einer etwa 8 cm^3 großen Sprengladung ausgerüsteten Torpedos. Ferngesteuert waren außerdem die Abwurfgeräte für Minen und Wasserbomben, die in einer Wassertiefe von 0,5 bis 1,5 Metern explodieren sollten, sowie die Einnebelungsanlage.

„Mein Schnellboot soll später aber auch ohne Funk selbständige Manöver fahren. Darum kann ich den Fernlenkapparat auch mit einem Selbststeuer- und Manövrierapparat auswechseln. Dieser Apparat ist eigentlich nur eine auf besondere Art gebaute ‚Seekarte', die durch einen kleinen Elektromotor gedreht wird. Auf dieser ‚Drehseekarte' kann ich den Kurs abstecken und genau einstellen, wann das Boot seine Torpedos abschießen, seine Wasserbomben oder Minen werfen oder sich einnebeln soll. Wie ich den Apparat gebaut habe? Das möchtet ihr wohl gerne wissen! Tiftelt einmal selber daran herum ..."

Scharf schießen konnten wir aber nicht mehr, als wir Kinder viele Jahre später das mit vereinten Kräften herangeschleppte Boot im Pool eines Nachbargartens schwimmen ließen.

Noch während des Krieges entstand auch ein schönes Modell ganz anderer Art: nun nicht mehr von einem modernen deutschen Kriegsschiff, sondern von der GOLDEN HIND, dem Flaggschiff des englischen Kaperers und Weltumseglers Francis Drake. Aber die Anforderungen des Alltags ließen keinen Raum mehr für den Modellbau.

Erst nach einem langen Berufsleben als Ingenieur bei der Hamburgischen Schiffbau-Versuchsanstalt nahm mein Vater das geliebte Hobby wieder auf. Zu den späten Schätzen aus seiner inzwischen etwas besser eingerichteten Werkstatt gehörten, um nur zwei Beispiele zu nennen, ein etwa 90 cm langes, allerfeinstes Modell des Konvoischiffes WAP(P)EN VON HAMBURG von 1669 und – auf meinen Wunsch nach einem kleinen Erinnerungsstück an meine Seefahrtszeit – ein etwa 60 cm langes Modell des 1968 gebauten Kühlschiffes POLAR COLOMBIA der Hamburg Süd.

Alles war natürlich selbst gemacht: von dem auf einer eigens dafür gebauten Reeperbahn geschlagenen Tauwerk über die Kanonenrohre mit eingeätztem Wappen bis hin zum Verholspill, den Ankern und Laternen. Und die Latten im Zaun waren anders als früher auch noch alle da.

Reichswettbewerb „Seefahrt ist not!"

„Es war im Oktober 1940", so die „Kölnische Zeitung/Stadtanzeiger" vom 16. August 1941, „als in einem Aufruf die gesamte deutsche Schuljugend aufgefordert wurde, in einem Schülerwettbewerb unter dem Titel ‚Seefahrt ist not!' den Gedanken der deutschen Seefahrt in irgendeiner Form plastisch darzustellen." Aufgerufen hatten der NS-Lehrerbund und das Oberkommando der Kriegsmarine; Zweck des Wettbewerbs war es unter anderem, „für die Schönheit und Größe des Seemannsberufs, für die Notwendigkeit Deutscher Seemacht und Seegeltung den Sinn zu wecken", so Vizeadmiral Walter Warzecha.

Etwa eine Million Schüler und Schülerinnen „lieferten brauchbare Arbeiten ab. Unter den Vorbildern für die unzähligen Schiffsmodelle fand sich alles, was schwimmen konnte: vom großen Kriegs- und Handelsschiff bis zum Küstensegler und Binnenschiff, vom Einbaum über römische Galeere, Wikingerboot und Hansekogge bis hin zum Orlogschiff der Kurbrandenburgischen Flotte des Großen Kurfürsten und zum vier- und fünfmastigen Frachtsegler aus neuerer Zeit.

Für 40 Ausstellungen im Reich wurden 65.000 Arbeiten ausgewählt. Vizeadmiral Warzecha: „Zwischen Lehrerschaft und Kriegsmarine ist in allen deutschen Gauen, in Stadt und Land,

Das preisgekrönte Modell der GNEISENAU. (Hattendorff)

eine herzliche und innige Verbindung geschaffen worden, die die beste Gewähr dafür ist, dass der Seegeltungsgedanke in der deutschen Schuljugend, und damit auf weite Sicht im deutschen Volke, fest verankert wird."
Schließlich wurden 2000 „Reichssieger" gekürt. Der erste Preis wurde meinem Vater für sein Modell des Schlachtschiffes GNEISENAU zuerkannt. Dafür bekam er 100 Reichsmark, ein Buch „Seemacht Deutschland" und die Einladung zu einer mehrtägigen Mitfahrt auf einem Schiff der Kriegsmarine „nach den gegebenen Möglichkeiten im Laufe der nächsten Monate", wie es in einem Brief des NS-Lehrerbundes vom 9. Juli 1941 hieß.
Unter der Schirmherrschaft des Oberbefehlshabers der Kriegsmarine, Großadmiral Erich Raeder, und im Beisein hoher Prominenz wurde am 16. August 1941 in Köln die „Reichsausstellung ‚Seefahrt ist not!'" mit etwa 20.000 Schülerarbeiten eröffnet. In der umfangreichen Berichterstattung der „Kölnischen Zeitung" nahmen die hochtrabenden, aus heutiger Sicht stellenweise kaum erträglichen Festansprachen, aus denen hier zitiert wurde, einen breiten Raum ein. Nicht erwähnt wurde, dass der Anspruch auf „Deutsche Seemacht und Seegeltung" durch den keine drei Monate zuvor erfolgten Untergang des Schlachtschiffes BISMARCK einen schwerwiegenden Dämpfer erhalten hatte.

Dass die Kriegsmarine sich im Rahmen der Ausstellung in eigenen Räumen präsentierte, ist verständlich; bemerkenswert aber (oder damals selbstverständlich?) scheint, dass auch der Reichskolonialbund trotz nicht mehr vorhandener deutscher Kolonien mit von der Partie war, um „die innige Verbindung von Seegeltung und Seefahrt mit überseeischem Kolonialbesitz" zu zeigen.

Im September 1941 wurden 200 ausgewählte Preisträger nach Berlin eingeladen. „Ein Taschengeld von 3 RM täglich erhaltet ihr für persönliche kleinere Ausgaben. Für die Verpflegung müsst ihr Lebensmittelmarken mitbringen, und zwar Fleisch-, Fett- und Brotmarken in ausreichender Menge für 4 Tage." (Brief des NS-Lehrerbundes vom 9. August 1941). Auch ein „Handtuch mit Seife" sollte nicht vergessen werden.

Eingeladen war auch die vierzehnjährige Erika aus Celle. Das junge Mädchen, brav und pflichtgemäß mitgerissen vom Propagandarausch der Wehrmachtsberichte und im Schulunterricht, hatte ein klassisches Jungmädchenthema bearbeitet und in druckreifer kalligrafischer Frakturschrift über Operationen der Marine geschrieben, mit Karten, Zeichnungen und Schiffssilhouetten, und daraus ein Buch gemacht, gebunden in altem, handgewebtem Leinen. Für ihr kunsthandwerkliches Meisterwerk erhielt sie den 10. Reichspreis. Während des Berlin-Besuches war sie nicht nur von Großadmiral Erich Raeder beeindruckt, der die Gäste auf einer Bootsfahrt begleitete, sondern auch von dem netten jungen Mann, der den ersten Preis gewonnen und es sogar mehrfach fertiggebracht hatte, für sie ein zusätzliches Stück Kuchen zu organisieren.

Das Ende der GNEISENAU

Das Schlachtschiff GNEISENAU hat den Krieg nicht überstanden. Nach nur siebenjähriger mehr oder weniger aktiver Dienstzeit wurde es am 27. März 1945 als Blockschiff in der Hafeneinfahrt von Gotenhafen, dem früheren und späteren Gdingen, auf Grund gesetzt.

Dem Modell meines Vaters waren ein paar Jahre mehr vergönnt, wenn es auch auf dem Dachboden seines Elternhauses ein nur noch wenig beachtetes Dasein fristete. Der Zahn der Zeit nagte an ihm, vielleicht auch der einer Maus. Man muss wohl leider sagen: Das einst so stolze Stück gammelte vor sich hin.

Über die Maßen fasziniert von dem großen Schiff versuchte ich als Kind, meinen Vater nochmals und nochmals zu überreden, das Modell wieder instandzusetzen. Aber alles Betteln blieb vergeblich. Mein Vater wollte nicht mehr. Als der Platz auf dem Dachboden anderweitig gebraucht wurde, landete das Modell auf einem Regal im Geräteschuppen und irgendwann haben wir Kinder es auf Wunsch meines Vaters im Garten verbrannt.

Der Reiz, das Abenteuer, das Eigentliche, so ähnlich erklärte er damals, sei die Herausforderung des Bauens, sei das Entstehenlassen, das Zur-Vollendung-Bringen; die Freude am Fertigen sei demgegenüber von geringerer Bedeutung. Eine schwache Ahnung dessen, was er meinte, mag mich angeflogen haben; ganz gewiss aber glaubte der kleine Knirps, der ich war, der Freude am Fertigen einen entschieden höheren Stellenwert einräumen zu müssen.

Kam Anderes hinzu? War sein mangelndes Interesse an einer Reparatur nur in der Einmaligkeit und Einzigartigkeit des Schaffensprozesses begründet? War vielleicht das Ausmaß des Zerfalls doch größer, als ich wahrhaben wollte? Sicherlich hätte mein Vater, neben Beruf, Familie und Hausbau für eine gründliche Aufarbeitung kaum Zeit und Muße gehabt. Und wo und wie hätte man das gegebenenfalls renovierte Riesenmodell denn aufstellen sollen? Ein so großes Schlachtschiff im Wohnzimmer, gar im Kinderzimmer? Man hat ja auch nicht gleich die passsende Vitrine zur Hand. Aber auch das war's wohl nicht, jedenfalls nicht allein. Wollte man wirklich wieder aufleben lassen, was durchaus repräsentativ war für eine Zeit, die Großes propagiert hatte? Repräsentativ für ein Vaterland, das nicht hielt und nicht halten durfte, was es versprach? Waren Enttäuschung und Scham mit im Spiel, dass man als junger Mensch neben dem nächstliegenden und zweifellos dominierenden Interesse am Modellbau in gutem Glauben an vermeintlich hohe Ideale falschen Göttern geopfert hatte?

Sie waren damals ja auch noch ein bisschen grün hinter den Ohren – mein Vater, der das GNEISENAU-Modell baute, und meine Mutter, die das Marinebuch schrieb.

Bremen und Bremerhaven

Was bieten die großen Museen ihren Besuchern zu Schifffahrt und Häfen?

▷ Harald Focke

Das Deutsche Auswandererhaus in Bremerhaven

Sein markantes Gebäude liegt seit 2005 direkt am Neuen Hafen. 2012 wurde es durch eine umfangreiche Dauerausstellung zur Geschichte der Einwanderung nach Deutschland erweitert. Hat sich der Schwerpunkt dadurch verlagert? Lohnt sich da noch der Besuch, wenn man sich für die Amerikaauswanderung und die damit verbundene Geschichte der Passagierschifffahrt auf dem Nordatlantik interessiert? Wir fragten die Geschäftsführende Direktorin Dr. Simone Eick.

„Ja, ein Besuch im Deutschen Auswandererhaus lohnt sich definitiv für all diejenigen, die sich für die Geschichte der Amerikaauswanderung interessieren. Schließlich war Bremerhaven der größte kontinentaleuropäische Auswandererhafen: Über sieben Millionen Menschen sind zwischen 1830 und 1974 von hier aus in die Neue Welt ausgewandert. Ihren Spuren folgen die Besucher in der Ausstellung: Anhand originalgetreuer Rekonstruktionen erle-

Deutsches Auswandererhaus. (DAH/Kay Riechers)

An der Kaje erleben die Museumsbesucher den Abschied der Auswanderer von ihrer Heimat. (DAH/Stefan Volk)

ben sie die Reise der Auswanderer vom Abschied an der Kaje in Bremerhaven bis zur Ankunft am New Yorker ‚Grand Central Terminal'. Wer sich für die Amerikaauswanderung interessiert, findet im Deutschen Auswandererhaus nicht nur ausführliche Informationen, sondern taucht auch auf den Spuren der Auswanderer selbst in die Geschichte ein.

Wer im Deutschen Auswandererhaus auf Zeitreise geht, beginnt sie mit dem Abschied an der Kaje. Vor den Besuchern türmt sich die Außenwand des Dampfschiffes LAHN von 1887 auf: eine Rekonstruktion aus der Mittelschiffsektion des Schiffes, bei dem von der Größe der 12.000 Nieten bis zur Größe der Schiffswand-Stahlplatten die Originalmaße eingehalten sind.

Auf den Spuren der Auswanderer entdecken die Besucher die Kajüten dreier Auswandererschiffe: Neben dem Dampfschiff LAHN können außerdem das Segelschiff BREMEN von 1854 und der Oceanliner COLUMBUS von 1923 von innen bestaunt werden. Die Nachbauten vermitteln einen Eindruck von den Lebensverhältnissen an Bord Dritter Klasse – von Größe und Einrichtung der Kajüten, sanitären Einrichtungen, Verpflegung und Freizeitangeboten. Zeichnungen, Fotos, Videos, Hörstationen und Ausschnitte aus Auswandererbriefen liefern ergänzende Informationen zu den Reise- und Lebenswegen der Auswanderer. Darüber hinaus kann auf jedem Schiff ein Blick in die Erste Klasse geworfen werden. So entsteht ein umfassendes Bild der Verhältnisse an Bord innerhalb verschiedener geschichtlicher Epochen."

Wie sich eine Überfahrt in der Dritten Klasse Mitte des 19. Jahrhunderts anfühlte, erfährt man anhand der rekonstruierten Innenräume des Segeldampfers BREMEN des NDL von 1858. (DAH/Herbert Dehn)

Auf dem Dampfschiff LAHN von 1887 hatten sich die Verhältnisse schon deutlich gebessert: Jeder Passagier hatte ein eigenes Bett und konnte ein Wasserklosett benutzen. (DAH/Stefan Volk)

Der Nordatlantikliner COLUMBUS des Norddeutschen Lloyd von 1924 bot auch den Auswanderern eine sichere Überfahrt, aber in der preisgünstigen III. Klasse deutlich weniger Komfort als in den beiden oberen Klassen. (DAH)

In einer Vitrine stehen drei Schiffsmodelle nebeneinander, um die Größenentwicklung zu verdeutlichen: vorn der Segeldampfer BREMEN, am Bildrand links der Dampfer LAHN und der COLUMBUS. (Harald Focke) Rechts: Der lange Gang vorbei an den rekonstruierten Unterkünften aus unterschiedlichen Zeiten vermittelt den Besuchern das Gefühl, auf einem echten Überseedampfer zu sein. (Harald Focke)

Das Historische Museum am Ufer der Geeste. (Historisches Museum Bremerhaven)

Das Historische Museum in Bremerhaven

Das ebenfalls architektonisch beeindruckende moderne Gebäude liegt am Ufer der Geeste und zeigt auf 3300 Quadratmetern Ausstellungsfläche Bremische Schifffahrtsgeschichte. Das Museum zeigt eine nie langweilig werdende Dauerausstellung und großartige Sonderausstellungen. Aber was bietet es den Shiplovern?

Museumsdirektor Dr. Alfred Kube: „Bremerhaven wurde 1827 als Bremer Hafenkolonie an der Wesermündung gegründet und ist damit ein zentraler Teil der Bremer Schifffahrtgeschichte. Dies bedeutet, dass sich die Bremerhavener Geschichte ohne die Bremer Schifffahrtsgeschichte gar nicht erzählen lässt. In der Dauerausstellung des Historischen Museums Bremerhaven fällt dies auch quantitativ ins Gewicht: Rund 70 Schiffsmodelle, mehrere große Hafenmodelle, Modelle von Schiffbaubetrieben sowie zahlreiche Gemälde und Fotos mit maritimen Motiven dokumentieren die schifffahrtsgeschichtliche Vergangenheit von Bremerhaven.

Den für die Bremische Schifffahrt und Häfen zentralen Themen Auswanderung, Schiffbau, Überseehäfen und Hochseefischerei sind im Historischen Museum Bremerhaven besondere Schwerpunkte gewidmet, um den engen Zusammenhang von maritimer Wirtschaft und Stadtentwicklung deutlich zu machen.

Auch die nächste Sonderausstellung des Historischen Museums zur Geschichte der 1980er-Jahre in Bremerhaven kommt ohne einen Schwerpunkt auf der maritimen Wirtschaft mit Schifffahrt, Schiffbau, Hochseefischerei und Hafenentwicklung nicht aus. Bis zum 24. November 2019 werden exemplarisch Schiffsmo-

Blick in die Dauerausstellung des Historischen Museums Bremerhaven mit dem Vollschiff DRAPER, das 1830 als erstes Schiff in den „Bremer Haven" einlief. (Historisches Museum Bremerhaven)

Der letzte deutsche Seitentrawler GERA liegt als Museumsschiff im Schaufenster. (Tobias Gerken)

delle, Exponate, Fotos und Dokumente die Geschichte von Schifffahrt und Häfen im Land Bremen in den 1980er-Jahren erzählen.
Bremische Schifffahrtsgeschichte dokumentiert auch die Außenstelle des Historischen Museums im Fischereihafen. Der letzte deutsche Seitentrawler GERA ist nicht nur ein maritimes Denkmal, sondern auch ein schwimmendes Hochseefischerei-Museum mit Ausstellungen, einem kostenlosen Multimedia Führer, zehn Filmen und einer Datenbank zur Geschichte der Hochseefischerei. Seitentrawler wie die GERA prägten in der Nachkriegszeit das Bild des Fischereihafens, der stets ein Landeshafen war und immer noch ist."

▷ Aktuelles zur GERA ab Seite 290

Das Übersee-Museum. (Übersee-Museum Bremen/Matthias Haase)

Das Übersee-Museum Bremen

Und wie sieht es in Bremer Museen mit Schiffen und Häfen aus? Charlotte Altenmüller, zuständig für Presse und Social Media, antwortet für die Direktorin Prof. Dr. Wiebke Ahrndt: „Unsere Dauerausstellung ‚Bremen – Handelsstadt am Fluss' haben wir 2013 abgebaut. Die handelskundlichen Objekte dieser Ausstellung wurden jedoch in die Dauerausstellungen des Hauses integriert. So können die Museumsbesucher beispielsweise mit dem Flyer ‚Auf den Spuren Bremer Kaufleute' einen Rundgang durch das Museum zu den handelskundlichen Themen des Hauses machen. Der Rundgang führt zu Stationen, die den Norddeutschen Lloyd, den Handel mit Tabak und Kaffee, die Firma Melchers und Co. sowie die BLG in Kürze behandeln. So kommen Fragen zur Schifffahrt und Häfen weiterhin in unseren Ausstellungen vor, eine ausführliche Präsentation der bremischen Schifffahrts- und Hafengeschichte ist dagegen Schwerpunkt in anderen Bremer Museen." Übrigens: Das Großmodell des Passagierdampfers BREMEN des NDL hat das Überseemuseum an das Focke Museum für dessen Sonderausstellung 2018/19 über Bremen in der Weimarer Republik ausgeliehen. Wo es wohl künftig seinen Platz finden wird?

Das Focke-Museum

OCEANUM hat natürlich auch Dr. Frauke von der Haar gefragt, die bisherige Direktorin des Focke-Museums, des historischen Museums der Stadt Bremen. Sie hat nicht geantwortet. Anfang 2020 wechselt von der Haar an das Münchener Stadtmuseum.

Schiffe und Meer ...
A: € 9,80; CH: sFr 14,20; BeNeLux: € 10,30; SK, I: € 11,55; FIN: € 12,25; S: SKR 110,00; DK: DKK 95,00
5/2019 Juli | August € 8,90
Schiff & Zeit 109
SCHIFF Classic
Magazin für Schifffahrts- und Marinegeschichte
Alle 2 Monate neu am Kiosk!
Versenkte Thistlegorm
Tonnenweise Kriegsgerät auf dem Meeresgrund
Schlachtkreuzer Seydlitz
Der Unbesiegbare
Der Admiral
Yamamoto: Leben und Sterben eines Mythos
Schnell wie der Wind: Hilgendorf am Steuer legendärer Riesensegler
Im Widerstand: Korvettenkapitän Alfred Kranzfelder gegen Hitler
Alle Verkaufsstellen in Ihrer Nähe unter
www.mykiosk.com finden oder QR-Code scannen!
Oder Abo mit Prämie bestellen unter
www.schiff-classic.de/abo

PETERSDORF

Schlepper PETERSDORF fährt weiter

Verein bewahrt 60 Jahre Rostocker Tradition

▷ Wolfgang Dethloff

„Wir kamen zum Schlepper PETERSDORF wie die Jungfrau zum Kinde" erzählt Wolfgang Dethloff, der Vorsitzende des Vereins „Schlepper Petersdorf". „Das Schiff war 2016 von Rostock nach Wilhelmshaven verkauft worden. Das wollten Günther Klugmann und ich auf jeden Fall rückgängig machen, weil der Schlepper Rostocker Tradition verkörpert und deshalb auch nach Rostock gehört."

1958 hat ihn die Warnowwerft Warnemünde im Rahmen eines Jugendobjektes für den Eigenbedarf als Werftschlepper gebaut und dafür bis 1994 eingesetzt. Er und das Segelschulschiff GREIF sind die letzten noch fahrenden Schiffe aus der Anfangszeit der Werft. 1957 wurde der Kiel gelegt, 1958 war der Schlepper fertig. Die Indienststellung erfolgte Anfang 1959. Aufgaben des Werftschleppers waren das Bugsieren der Neubauten, des Schwimmkranes, der Bargen mit Ausrüstungen sowie der Transport von Werftarbeitern zum benachbarten Überseehafen Rostock. Der Name Petersdorf stammt von einer Ortschaft, die dem zu dieser Zeit gebauten Überseehafen Rostock weichen musste. Bereits 1965 erfolgte eine Modernisierung des Schleppers, die im Wesentlichen einen neuen Hauptdiesel SKL 6 NVD 48, zusätzliche Auftriebskörper, Signalmast und eine Vergrößerung des Ruderhauses umfasste.

Im Zuge der Privatisierung erfolgte 1994 der Verkauf an die Reederei Lojewski in Sassnitz auf Rügen. Diese setzte den Schlepper für Schleppleistungen, Eisaufbruch und Transport von Ornithologen von Lauterbach zur Vogelschutzinsel Vilm ein. Im Film „Der Untergang der WILHELM GUSTLOFF" wurde der Schlepper bei der Rettung Schiffbrüchiger gezeigt, Dazu wurden der Schornstein und das Ruderhaus optisch der damaligen Zeit angepasst und auf dem Peildeck wurde ein Flakstand aufgebaut.

„Nach einem anstrengenden Jahr haben wir den Verein gegründet, die Gemeinnützigkeit der Satzung bestätigt und Spenden zum Kauf des Schleppers eingesammelt" erinnert sich Dethloff. „Der Vertrag zum Rückkauf wurde abgeschlossen, der Liegeplatz gemietet und die Eintragung im Schiffsregister vorgenommen. Dann erfolgte der Aufbau des Vereins und der Crew. Viele Experten hatten uns den Erfolg nicht zugetraut. Es gibt heute ja nur noch wenige, die ein 150-Tonnen-Schiff mit einem direkt gekoppelten Propeller über den Maschinentelegrafen fahren können. Die PETERSDORF hat nämlich kein Wendegetriebe, keinen Verstellpropeller und auch kein Bugstrahlruder."

Im ersten Jahr musste der Schlepper in die Werft, weil das Schwimmfähigkeitszertifikat abgelaufen war und der Unterwasserkörper gereinigt und repariert werden musste. „Der Werftaufenthalt verlangte uns alten Männern bei den Eigenleistungen alles ab und er überschritt durch nicht geplante Arbeiten finanziell unsere Möglichkeiten", sagt Dethloff. „Den notwendigen Kredit verbürgte die Hanse- und Universitätsstadt Rostock, sonst würde es unseren Verein wohl nicht mehr geben."

Der Mecklenburger Metallguss reparierte den beschädigten Propellerflunken. Der namhafte Propellerhersteller will den Schlepper mit der Universität Rostock zum Erprobungsträger für Messungen zur Optimierung von Propellern machen. Der Schiffskörper und der Propeller wurden dazu bereits digitalisiert.

Inzwischen hat der Verein Schlepper Petersdorf e.V. über zwei erfolgreiche Jahre hinter sich und sich hinsichtlich Seemannschaft, technischem Zustand, Finanzen und Organisation stabilisiert. Es gibt täglich Schiffsführungen, regelmäßige Ausfahrten, Schnupperkurse für Navigation und Funken sowie in den Schulferien Basteln von kleinen Schiffsmodellen für Kinder. Auch wurde der Komfort für unsere Gäste durch einen Wetterschutz verbessert. Die Modernisierung des WCs ist abgeschlossen.

Der Verein hat mit Hilfe privater und öffentlicher Unterstützung eine weitere Hürde genommen und die Einstufung als Kleinfahrzeug im Sinne der Schiffssicherheitsordnung mit Betriebs- Ausrüstungs- und Sicherheitszeugnis einschließlich Überwachung durch die Berufsgenossenschaft Verkehr erreicht. Damit hat sich der Sicherheitsstandard für die bis zu zwölf Gäste erhöht. „Wir sind keine Ostalgiker, aber trotzdem stolz auf unsere Vergangenheit, Gegenwart und Zukunft" betont Dethloff. Der Schlepper wurde unter den schwierigen Bedingungen während der Teilung Deutschlands gebaut. Er konnte nur in der DDR entstehen, Devisen für Importe standen nicht zur Verfügung. So sind außer der Elektronik alles DDR-Produkte an Bord: Hauptantrieb 6 NVD 48, SKL Magdeburg; Hilfsdiesel 3 NVD 18 DM Leipzig, Kompressor Colditz, Kompass GRW Teltow.

Die schiffbaulichen Reparaturarbeiten der PETERSDORF am Schanzkleid, an den Scheuerleisten und den Fendern bleiben eine ständige finanzielle und personelle Herausforderung für den Verein. Deshalb braucht er weiterhin Geld- und Sachspenden sowie neue Mitglieder, die mit anpacken. Monatlich erfolgen Ausfahrten mit Gästen nach festem Plan oder exklusiv bei Jubiläen oder Betriebsfeiern mit Technik zum Anfassen und Hafengeschichten sowie Imbiss und Getränken.

Schlepper PETERSDORF im Februar 2019. (Verein Schlepper PETERSDORF)

Informationen über Wolfgang Dethloff, Vorsitzender Schlepper Petersdorf e.V.; Telefon 0175 / 2 76 93 93 oder schlepper-petersdorf.jimdo.de

Technische Daten PETERSDORF

Länge über alles:	19,7 Meter
Hauptantrieb:	4- Takt Diesel SKL 6 NVD 48
Breite über Scheuerleisten:	6,6 Meter
Dauerleistung:	540 PS bei 375 1/min
Seitenhöhe bis Hauptdeck:	2,94 Meter
Generatordiesel:	3 NVD 18, DM Leipzig
Tiefgang:	2,5 Meter
Propeller:	4 Flunken, Durchmesser 1,65 Meter
Vermessung:	61 BRZ, 27 NRZ
Geschwindigkeit:	12 Knoten
Pfahlzug:	7 Tonnen

PROBEFAHRT VOR BLANKENESE

Die legendäre erste HANSEATIC ist auch nach über 60 Jahren seit ihrer Indienststellung unvergessen. Dieses seltene Foto entstand vermutlich am 18. Juli 1958 beim abendlichen Auslaufen zur Probefahrt vor Blankenese. Die Jungfernfahrt nach New York begann drei Tage später in Cuxhaven. Bis zu ihrem Ende 1966 überquerte sie den Nordatlantik rund 160 Mal und war auch als Kreuzfahrtschiff erfolgreich. Diese historische Aufnahme zeigt im Hintergrund noch die Einmündung der Süderelbe, die nach der Sturmflut von 1962 durch einen Deich von der Elbe abgetrennt wurde. (FS/Foto: Slg. Andreas Hoppe)

SPIRIT OF DISCOVERY very british

Neues Kreuzfahrtschiff der Saga Cruises für die Generation 50 plus

▷ Frank Scherer

Am 24. Juni 2019 lieferte in Emden die Papenburger Meyer Werft den luxuriösen Kreuzfahrtneubau SPIRIT OF DISCOVERY an die britische Reederei Saga Cruises ab. Die Taufe erfolgte am 5. Juli in Dover durch Herzogin Camilla von Cornwall, Ehefrau des britischen Thronfolgers Prinz Charles. Saga Cruises wurde 1996 als Tochterunternehmen von Saga Holiday gegründet, deren Angebote sich an Reisende ab dem 50. Lebensjahr richten.

Während bislang nur Secondhand-Tonnage eingesetzte wurde, darunter so berühmte Schiffe wie die frühere SAGAFJORD und VISTAFJORD als SAGA ROSE bzw. SAGA RUBY, die erste ASTOR als SAGA PEARL II oder die ehemalige (dritte) EUROPA des Bremer Vulkan von 1981 als SAGA SAPPHIRE, hatte die Reederei im September 2015 erstmals zwei eigene Neubauten bei Meyer in Auftrag gegeben. Das Schwesterschiff SPIRIT OF ADVENTURER soll im Sommer 2020 fertiggestellt werden.
Mit 58.250 BRZ hat sich Saga bewusst für eine

Maximal 999 Passagiere können auf dem ersten Neubau von Saga Cruises mitreisen. (Uwe Richter)

kleinere Schiffsgröße entschieden, um den maximal 999 Passagieren individuellen Service an Bord und auf Landausflügen bieten zu können, bei einer größeren Auswahl von Anlaufhäfen. Das 236 Meter lange und 31,2 Meter breite Schiff hat zwei neuentwickelte Siemens eSiPOD Propeller, die von vier MAN L32/44CR Neun-Zylinder-Dieselmotoren von je 5400 kW angetrieben werden für eine Dienstgeschwindigkeit von 18 Knoten. Es gibt nur Balkonkabinen, wobei von den 554 Kabinen 20 Prozent Einzelkabinen sind (109), in der Branche ein Spitzenwert. Die Besatzung umfasst 505 Personen. Der Baupreis der SPIRIT OF DISCOVERY wird mit 346 Millionen Englischen Pfund angegeben. Das unter englischer Flagge fahrende Schiff ist bei der Ausstattung besonders auf den britischen Geschmack zugeschnitten, beispielsweise mit 400

Das Promenadendeck erinnert nicht zuletzt wegen der klassischen Deckchairs an alte Liner-Zeiten auf dem Nordatlantik. (Uwe Richter)

Kunstwerken englischer Künstler an Bord. Die Passagiere sollen bei Essen und Trinken in den Genuss einheimischer Produkte kommen. Mehr als die Hälfte des Käses werden aus Devon und Schottland geliefert, auch Fleisch und Bier werden verstärkt aus dem Königreich angeboten.

Bereit für Livemusik unterm Glasdach. (Uwe Richter)

SÜDAMERIKA-LINER IN HAMBURG

Während die Hamburger Reederei Hamburg Süd nach dem Zweiten Weltkrieg mit Ausnahme ihrer Kombifrachter der Santa-Klasse für den Südamerika-Dienst für große Passagierschiffe keine Zukunft sah, stellten italienische, französische, spanische und sogar argentinische Reedereien bis 1966 formschöne Neubauten in Dienst. Drei dieser Vertreter liefen bis Anfang der1970er-Jahre Hamburg an. Die ALBERTO DODERO bediente auf ihren 49-tägigen Rundreisen auch Le Havre, Vigo, Las Palmas, Rio de Janeiro und Montevideo. Ein Fahrplan sah 1960 für Hamburg eine Liegezeit von sieben Tagen vor! 1964 wechselte die ALBERTO DODERO in den Genua-Dienst, bis sie nach Verkauf und Umbau ab 1971 als Viehtransporter CORMORAN zwischen Australien und dem Persischen Golf eingesetzt wurde. 1985 wurde sie abgewrackt. (FS, Cia Argent de Nav./Slg. Andreas Hoppe)

SPANISCHE KONKURRENZ IN HAMBURG

Die spanische Reederei Ybarra unterhielt seit 1927 einen Passagierdienst nach Südamerika. Die 1957 in Dienst gestellte CABO SAN ROQUE und ihr Schwesterschiff CABO SAN VICENTE von 1959 bildeten den Höhepunkt der Reedereigeschichte. Bei ihrer Indienststellung erregten sie Aufsehen mit ihrer eleganten weißen Silhouette, dem langen Vorschiff, einem formschönen Schornstein und dem modernen Radarmast. Der Komfort für beide Klassen wies einen hohen Standard auf und bot separate Lidodecks mit Pool. Die Kabinen der Touristenklasse hatten zumindest eine Nasszelle für je zwei Kabinen. Den etablierten Reedereien Italia und Costa war eine ernsthafte Konkurrenz erwachsen. Die Spanier erwarben sich einen guten Ruf mit ihren Kreuzfahrten sowohl für den südamerikanischen Markt als auch mit Mittelmeer- und Nordlandreisen ab Barcelona oder Bilbao. Die CABO SAN ROQUE kam über Jahre jeden Sommer dreimal nach Hamburg, zuletzt 1976. Auf einer spanischen Werft geriet sie 1977 in Brand. Nach mehreren Eignerwechseln und einem Einsatz als kubanischer Truppentransporter wurde sie 1985 in Pakistan abgebrochen. (FS, Ybarra y Cia/Slg. Andreas Hoppe)

MM

DIE ANDERE PASTEUR

Ursprünglich geplant als Ersatzschiff auf der Route in den Pazifik und nach Australien entschied sich die Reederei, den Neubau im Südamerikadienst einzusetzen. Sie ließ ihn PASTEUR taufen. Aus der legendären Vorgängerin entstand 1958/59 beim Bremer Vulkan die BREMEN des Norddeutschen Lloyd. Die neue PASTEUR kostete 56 Millionen DM und verband luxuriöse Ausstattung besonders in der Ersten Klasse mit Fernseher in den Kabinen und mit technischen Neuerungen wie der automatischen Überwachung der Maschine. Die Bordküche wurde durchweg gelobt. Bis Oktober 1972 war die PASTEUR regelmäßig in Hamburg. Sie fuhr zeitweise im Gemeinschaftsdienst mit der Hamburg Süd und ihren Cap San-Schiffen. An Bord war Platz für 7500 Tonnen Fracht und Kühlgut. Als letztes Passagierschiff der Reederei wurde die PASTEUR Ende 1972 für den Dienst Madras-Singapur nach Indien verkauft. Ein Feuer beendete 1985 ihren Einsatz. (FS, Comp. Mess. Maritimes/Slg. Andreas Hoppe)

Ein neues Kapitel in der Kühlschifffahrt

Seatrade übernimmt vier Neubauten aus China

▷ Karl-Heinz Hilbig

Die auf Kühlladung spezialisierte Seatrade Group hat innerhalb eines halben Jahres vier Neubauten übernommen: Ende 2018 machte die ORANGE SPIRIT den Anfang, dann kamen die Schwesterschiffe ORANGE STREAM und ORANGE SEA und im Frühjahr 2019 als letztes Schiff der Serie schließlich die ORANGE STRAIT. Seatrade erhebt damit den Anspruch auf die Führungsrolle in der weltweiten Kühlschifffahrt.

High Sea Transshipment: Das Kühlschiff ORANGE SEA liegt vor der Küste Namibias längsseits vom Trawler SAGA vor Anker. Die Übernahme einer Ladung Fisch wird vorbereitet. (Green Sea)

Die ORANGE STRAIT an der Ausrüstungspier der chinesischen Bauwerft. (Green Sea)

Bauwerft ist die für ihre abgelieferten Offshore-Einheiten bekannte Guangxin Shipbuilding & Heavy Industry Co. in Zhong Shan in der Nähe von Hongkong. Die Schiffe sind 115 Meter lang, 18 Meter breit und haben einen Tiefgang von 6,3 Metern. Ihre Tragfähigkeit beträgt 7600 dwt. Das Design lieferte das niederländische Konstruktionsbüro Groot Ship Design in enger Zusammenarbeit mit der Neubauabteilung von Seatrade Groningen BV, die für die Bereederung der Neubauten verantwortlich ist. Die Orange-Class-Kühlschiffe werden auf der Basis der internationalen Umweltvorschriften gebaut. Sie sind in erster Linie für den Transport von gefrorenem Fisch ausgelegt, nehmen aber beispielsweise auch temperaturkontrollierte Zitrus- oder Kartoffelladungen mit. Unter Deck kann in vier Laderäumen mit zwei Zwischendecks 310.000 Kubikfuß Kühlladung transportiert werden. An Deck gibt es Stellplätze für 130 TEU (45 reefer plugs).

Das überaus stark dimensionierte Ladegeschirr mit acht Bäumen kann High-Sea-Transshipment-Operationen längsseits anderer Schiffe effizient und unter hohen Sicherheitsstandards durchführen. Diese Anforderung schlug sich deutlich im Design der Schiffe nieder. Alle Zwischendecks sind mit Aluminiumgrätings für eine optimale Luftzirkulation ausgestattet. Die Kühlaggregate wurden anders als bisher nicht mehr unter Deck, sondern in geschützten Räumen an Deck untergebracht. Dadurch ist das

Die ORANGE SPIRIT treibt vor der Küste Mauretaniens und wartet auf einen Trawler, um eine Transshipment-Operation durchzuführen. (Green Sea)

Die ORANGE SEA. (Green Sea)

Die ORANGE SEA. (Green Sea)

Defrosten der Aggregate unabhängig von der Beladungssituation in den Laderäumen möglich. Im Unterdecks- und Decksbereich wurde auf hydraulische Aggregate verzichtet, um Schäden an der Ladung durch Hydrauliköl-Leckagen zu vermeiden.

Die Zweitakt-Hauptmaschine MAN 5 S 35ME-B 9.5 mit einer Leistung von 3325 kW bei 127 rpm und das optimierte Rumpfdesign führen zu einem günstigen Brennstoffverbrauch bei der geforderten Geschwindigkeit von 14,5 Knoten.

Die Orange-Class-Kühlschiffe werden im Pool des in Antwerpen ansässigen Befrachters GreenSea beschäftigt. Er ist auf Kühlschiffe bis etwa 400.000 cbf spezialisiert und betreut mehr als 40 Schiffe.

Das Wunder von Wismar

Die fünf Kreuzfahrtschiffe der Ivan-Franko-Klasse

▷ Dieter Flohr

Fast ist in Vergessenheit geraten, dass in den 1960er-Jahren in Wismar im Auftrag der Sowjetunion hochwertige Passagierschiffe für den Liniendienst und den weltweiten Seetourismus gebaut wurden. Eines davon fährt heute noch.

ALEKSANDER PUSCHKIN (oben) und MIKHAIL LERMONTOV begegnen sich in Bremerhaven. (Werft/Slg. Dieter Flohr)

Der Stolz der Werftangehörigen darauf war hoch. Dann aber ließ eine Pressemeldung aufhorchen. War es nun Ungeschick, Fahrlässigkeit oder Absicht, dass am 6. Oktober 1965 in der Tageszeitung „Die Welt" zu lesen war:
„Mittelmeer-Kreuzfahrten unter sowjetischer Flagge. Die französische Touristenorganisation „Club Méditerranée", die seit 15 Jahren ihren 250.000 Mitgliedern in Europa unkonventionelle und preiswerte Ferien in Hüttendörfern hawaiischer Prägung an den Küsten des Mittelmeeres bietet, gab ihr Programm für die kommende Saison an. Höhepunkt ist eine Mittelmeer-Kreuzfahrt auf sowjetischen Vergnügungsschiffen. Die ersten Reisen wird das in der Bundesrepublik für die Sowjetunion gebaute Motorschiff IWAN FRANKO unternehmen."
Natürlich war dieser Fehler für die DDR-Presse seinerzeit ein gefundenes Fressen und wurde dementsprechend propagandistisch hochgespielt. Mit der Ivan Franko-Klasse handelte es sich tatsächlich um die ersten Passagierschiffe überhaupt, die nach dem Krieg wieder auf deutschem Boden gebaut wurden, und zwar

Die DDR würdigte den Bau der IVAN FRANKO in Wismar 1964 mit einer Sonderbriefmarke. (Dieter Flohr)

in Wismar, also in der DDR und nicht in der Bundesrepublik Deutschland. Fünf dieser allgemein als formschön empfundenen Schiffe liefen in drei Typausführungen in Serie auf dieser noch jungen und unerfahrenen Mathias-Thesen-Werft vom Stapel. Sie erhielten einen gediegenen, weithin für Aufsehen sorgenden luxuriösen Innenausbau. Und das in einer Zeit, da die Bevölkerung in der DDR unter größten Mangelerscheinungen zu leiden hatte.
Das Typschiff IVAN FRANKO (1964) und seine vier Schwesterschiffe ALEKSANDER PUSCHKIN (1965), TARAS SHEVCHENKO, SHOTA RUSTAVELI und MIKHAIL LERMONTOV hatte das sowjetische Schiffbauministerium bereits 1957 für

IVAN FRANKO auf Probefahrt. (Werft)

die Reederei Sudoimport Moskau in Auftrag. Sie sollten mit dem Feinsten ausgestattet werden, was es damals auf dem Gebiet der Zulieferungsindustrie verfügbar war. Denn die Schiffe waren von Anfang an auch für Kreuzfahrten mit zahlungskräftigen Passagieren aus dem „nichtsozialistischen Ausland" bestimmt, um Devisen zu verdienen. Eine strenge russische Bauaufsicht forderte tagtäglich höchste Qualität von den Wismarer Schiffbauern. Allein zwischen 1961 und 1965 sollte die junge Werft 25 Seefahrgastschiffe liefern. Geschafft wurden tatsächlich 24 verschiedene Passagierschiffe und Kreuzfahrer der Klassen A (300 Passagiere), B (500 Passagiere) und C (750 Passagiere), zu denen die fünf Einheiten der Ivan-Franko-Klasse gehörten.

Die Werft

Die Matthias-Thesen-Werft in Wismar wurde laut Befehl 173/45 der sowjetischen Besatzungsmacht gegründet. Ihr folgten auf den Befehl Marschall Wassili Sokolowskis Nr. 103/48 die Warnowwerft Warnemünde, die Volkswerft in Stralsund und die Peene-Werft in Wolgast. Sokolowski war zunächst erster Stellvertreter und von1946 bis 1949 Chef der Sowjetischen Militäradministration und Oberkommandierender der Gruppe der sowjetischen Streitkräfte in Deutschland.

Abgesehen von den Segelschiffswerften des 17. und 18. Jahrhunderts in Wismar war die Wirtschaft der Hansestadt bis 1945 vor allem durch Automobilbau, kleinere Reparaturwerften und die Arado-Flugzeugwerke geprägt. Mit aus Kö-

Die IVAN FRANKO kurz vor der Fertigstellung auf der Mathias-Thesen-Werft in Wismar. (Werft/Slg. Dieter Flohr)

Taufe der IVAN FRANKO 1963. (Werft)

nigsberg, Stettin und Danzig vertriebenen Schiffbauern und vielen Facharbeitern aus den deutschen Ostgebieten gingen nun die ehemaligen Wismarer Flugzeug- und Automobilbauer mit dem sprichwörtlichen Nachkriegselan der Deutschen an die neuen, von den Sowjets hoch gesteckten Ziele heran. Zügig wurde die Werft zunächst als Reparaturwerft für die sowjetische Baltische Flotte ausgebaut. Eine Kabelkrananlage wurde durch die Leipziger Firma Bleichert errichtet und die Helling 3 verlängert; die Kaianlagen wurden ausgebaut. Parallel dazu begannen die Reparaturarbeiten und schon erste Neubauten. Außer auf Fischereifahrzeuge und Spezialschiffe spezialisierte sich die Werft auf den Serienbau wunderschöner Kabinen-Flussfahrgastschiffen, die auf den großen Strömen der UdSSR in Europa und Asien zum Einsatz kamen. Da auch diese immerhin 49 Fahrgastschiffe bereits mit höchstmöglichem Komfort wie einem Mu-

Die IVAN FRANKO in der Bauwerft vor der Abliefe-rung. (Werft)

Im Vordergrund rechts die IVAN FRANKO, links die künftige ALEKSANDER PUSCHKIN und hinter ihr die FRITZ HECKERT. (Werft)

siksalon mit einem weißen Blüthner-Flügel aus Leipzig ausgestattet waren, mag wohl das sowjetische Ministerium den Entschluss gefasst haben, nun auch Hochsee-Fahrgastschiffe für den Schwarzmeer-Liniendienst und weltweite Urlauberreisen in der DDR zu bestellen.

Auf welchen Zeichenbrettern der kühne Entwurf für die Ivan-Franko-Klasse Gestalt annahm, ist heute nur noch wenig bekannt. Es waren deutsche Ingenieure, Ökonomen, Techniker und Arbeiter, die in Wismar mit großem körperlichen, organisatorischen und handwerklichen Einsatz an den Bau dieser fünf Schiffe herangingen. Auf dem wirtschaftsschwachen Boden der DDR musste eine Zulieferindustrie aus dem Boden gestampft werden, denn aufgrund der politischen Lage und angesichts des Kalten Krieges waren Zulieferungen aus dem Westen von vornherein ausgeschlossen.

Walzstahl, Aluminium und andere Materialien mussten allerdings importiert werden. Jährlich benötigte die Werft 37.000 Tonnen Walzstahl. Von der Kabinenausstattung, den navigatorischen Geräten, der Schiffselektronik, den Kühlsystemen, der Kombüseneinrichtung, den Rettungsmitteln bis zum Kabel- und Rohrleitungsbau oder dem Guss der riesigen Propeller musste alles irgendwie von Betrieben der DDR neu entwickelt und hergestellt sowie unter den Einschränkungen einer bürokratisch auswuchernden Planwirtschaft realisiert werden. Man ahnt, dass dies angesichts der vorrangigen Bestellungen der Sowjetunion oftmals nur durch Parteiaufträge und politischen Druck möglich wurde. Nur die Schiffsdiesel mussten schließlich im benachbarten Polen geordert werden, wo sie unter Lizenz der Schweizer Firma Sulzer gebaut wurden. Unter diesen Bedingungen wurde bald klar, dass die Kreuzfahrtschiffe keinesfalls kostendeckend produziert werden konnten. Dennoch wurden die Verträge getreu erfüllt. Aus politischen Gründen genossen Lieferungen an die Sowjetunion oberste Priorität, auch wenn dafür wertvolle Ressourcen verbraucht wurden.

Die fertige ALEKSANDER PUSHKIN über die Toppen geflaggt in Wismar. (Werft)

Das Schiff

Nach nur zwei Jahren Bauzeit wurde die IVAN FRANKO 1964 an die Schwarzmeer-Reederei Odessa übergeben. Sie hatte die damals fantastische Summe von 79,3 Millionen Mark gekostet. Das formschöne Schiff wurde mit 19.861 BRT vermessen, war 176 Meter lang und 23,60 Meter breit. Der Tiefgang betrug rund 8 Meter. Der Schiffsrumpf war komplett geschweißt – eine revolutionäre Schiffbaumethode, die nach dem Krieg besonders durch den massenhaften Bau von Fischereifahrzeugen auf DDR-Werften verwendet wurde. Vor allem aber besaß das Schiff neben 12 wasserdichten Abteilungen auch einen Doppelboden, der die Sicherheit der Kreuzliner erhöhen sollte. Es konnten bis zu 750 Passagiere an Bord gehen, die Besatzung setzte sich aus 220 Personen zusammen. Angetrieben wurde die knapp über 20 Knoten schnelle IVAN FRANKO von zwei Sulzer Großdieselmotoren 7 RD 76, die in Polen bei Cegielski in Poznan/Posen gebaut worden waren. Die DDR war nicht in der Lage, adäquate leistungsstarke Motoren selbst herzustellen.

Das Schiff verfügte über drei durchgehende Decks und zwei partielle Decks. Darüber lagen Promenadendeck, Brückendeck, Salons, Bootsdeck und Sonnendeck.

Auf der ALEKSANDER PUSHKIN

Zu den Sonderausstattungen zählten ein zusätzliches Kinderschwimmbad, ein medizinisches Zentrum, Musik- und Rauchsalon, Cafés und Bars, Bibliothek, Kino und Spielzimmer. Die Zwei-

Der Musikpavillon. (Werft)

Die Bar. (Werft)

oder Vier-Bett-Kabinen hatten allerdings noch keine Nasszellen, was sich in späteren Jahren als großer Nachteil herausstellte. Wie damals üblich, verfügte das Schiff über zwölf absenkbare Rettungsboote, 36 automatisch aufblasbare Gummirettungsflöße sowie über eine automatische Schottenschließanlage.

Alle fünf Schiffe waren im Prinzip baugleich, wurden jedoch im Laufe der Jahre den moderneren Anforderungen schrittweise angepasst. So

Das Schwimmbad mit dem Glasdach. (Werft)

Die SHOTA RUSTAVELI 1968. (Werft)

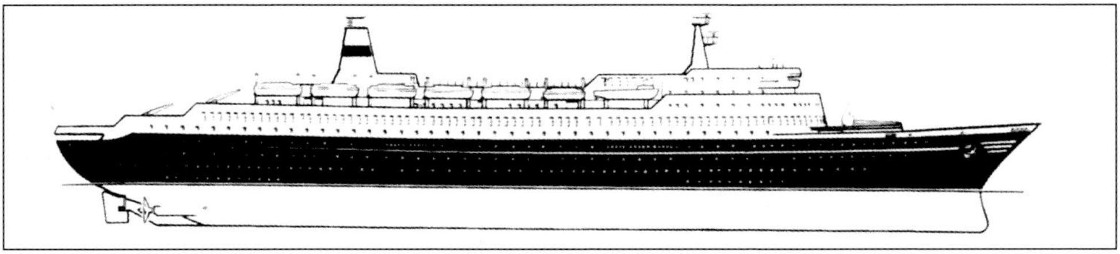

Der von der Mathias-Thesen-Werft vorgeschlagene Nachfolgebau blieb eine Skizze. (Slg. Däbritz)

wird verständlich, dass das letzte Schiff der Serie, die MIKHAIL LERMONTOV schließlich 102 Millionen Mark kostete.

1970 versuchte die Matthias-Thesen-Werft noch einmal mit einem 23.000 BRT-Motorpassagierschiff für 700 bis 800 Fahrgäste und einer Besatzung von 390 Personen auf dem Schiffbaumarkt zu punkten. Dieses Projekt scheiterte wie so viele andere kühner Ingenieure der DDR am Rentabilitätsbedenken der Parteiführung. Noch konnte sich damals offenbar niemand vorstellen, dass das Kreuzfahrtgeschäft nach dem zu Ende gehenden Kalten Krieg enorme Ausmaße annehmen sollte. Immerhin durfte als Ergänzung für die 1960 in Schweden angekaufte VÖLKERFREUNDSCHAFT das „Urlauberschiff" FRITZ HECKERT des „Freien Deutschen Gewerkschaftsbundes" (FDGB) durfte ebenfalls ab 1960 für die

Die ALEKSANDER PUSHKIN in Bremerhaven, rechts die ODESSA. (Archiv DSM)

DDR in Wismar gebaut werden. Die Bevölkerung hatte dafür 30 Millionen Mark gesammelt. Die Schwerpunkte des DDR-Schiffbaus wurden nun auf Fracht-, Container- und nach wie vor auf Fischereischiffe und Großfähren gelegt.

Der Einsatz

Schon im Schwarzmeereinsatz erfreuten sich die deutschen Kreuzliner größter Beliebtheit. Mitunter konnten auch „verdienstvolle Werktätige" aus der DDR an Bord gehen. Auch das DEFA-Spielfilmstudio wählte ein Schiff der Ivan-Franko-Klasse aus, um 1972 während eines Törns im Schwarzen Meer den Lustspielfilm „Meine Freundin Sibylle" darauf zu drehen. 1970 wurde die Linie Bremerhaven-Kanada aufgenommen und 1973, als sich die westlichen Reedereien längst aus der Linienfahrt zurückgezogen hatten, wechselte die MICHAIL LERMONTOW auf die traditionelle Route Bremerhaven-New York.

Die Schiffe waren zwar beliebt, aber trotz der Dumpingpreise der sowjetischen Staatsreedereien meist nur mäßig gebucht. Das änderte sich Anfang der 1980er-Jahre schlagartig, als die Sowjets dazu übergingen, die Passagen kostendeckend zu berechnen. Das bedeutete für viele Fahrgastschiffe der kleineren Kalinin-Klasse das Aus, zumal die der Flugtickets dank der Jumbojets günstiger wurden. Die Liner waren den gewachsenen Ansprüchen und dem auswuchernden Preiskampf nicht gewachsen. Die Wismarer Schiffe waren bis zu diesem Zeitpunkt auf allen

Auch die MIKHAIL LERMONTOV kam an die Columbuskaje, rechts die ATLAS. (Archiv DSM)

Weltmeeren zu Hause. Allein die IVAN FRANKO machte Reisen im weltweiten Seetourismus zu den Kanaren und den Azoren, nach Madeira und in fast alle Mittelmeerhäfen, nach Kanada, England, Skandinavien und in Südafrika – insgesamt in 130 Häfen bis 1972. Am Ende der 1970er-Jahre ließ die Nachfrage allmählich nach. Es gab modernere und deutlich besser ausgestattete Kreuzliner. Die ALEKSANDER PUSHKIN wurde deshalb in den Pazifik mit Heimathafen Wladiwostok verlegt, von wo sie nach Indonesien Neuseeland und Australien kreuzte. Doch nachdem immer mehr Verschleißerscheinungen vor allem in der Maschine auftraten, wurde die ALEKSANDER PUSHKIN 1991 in Singapur aufgelegt und schließlich an die Orient Lines verkauft. Für 100 Millionen wurde sie in Griechenland runderneuert und als MARCO POLO wieder in Dienst gestellt. Unter diesem Namen fuhr sie noch viele Jahre zur See, vor allem auch für das deutsche Reiseunternehmen Neckermann.

Das Unglück in der Cook-Straße

Dann aber sollte ein Wermutstropfen in die allgemeine Euphorie und den Stolz auf die Ivan-Franko-Schiffe fallen. Im Februar 1986 brach die von einem Touristikunternehmen gecharterte MICHAIL LERMONTOW zu einer Kreuzfahrt von Sydney nach Neuseeland und zurück auf. An Bord befanden sich 409 Passagiere aus Australien, Deutschland, den USA und Großbritannien sowie 330 Besatzungsangehörige. Nachdem das Schiff am 16. Februar den Hafen Picton verlassen hatte, steuerte es die wegen zahlreicher Riffe und Unterwasserfelsen gefährliche Cook-Passage an.

An Bord war als Lotse Don Jamison, ein erfahrener Hafenkapitän aus Picton. Er führte das Schiff durch die Schären entlang der tasmanischen Küste und schwärmte davon, dass seinerzeit der große Entdecker James Cook gemeinsam mit dem Holländer Abel Tasman diese Küste erstmals betreten hatte. Jamison wollte nun der Brückenbesatzung und einigen Touristen die wunderschöne Landschaft zeigen. Der russische Kapitän Worobjow vertraute dem Neuseeländer und verließ kurzzeitig die Brücke. Selbst begeistert von den sich bietenden Bildern seiner Heimat ließ der Lotse nun die LERMONTOW durch eine Enge nahe der Mariborough-Felsen steuern. Der größte Teil der Passagiere lauschte im Salon einem Konzert, als zwei gewaltige Erschütterungen Crew und Fahrgäste erschreckten. Obwohl das Schiff bereits zu krängen begann, wurde das Konzert fortgesetzt. Später ermittelten Taucher, dass der Schiffsboden ein 30 Quadratmeter großes Leck erhalten hatte. Da hatte der Doppelboden nicht helfen können. Die automatische Schottenschließanlage funktionierte und das Schiff blieb noch eine Zeitlang schwimmfähig.

Mit halber Kraft ließ der auf die Brücke geeilte Kapitän darauf die LERMONTOW eine Sandbank ansteuern. Damit wollte er das Sinken des Kreuzliners verhindern. Dann aber durchbrachen die inzwischen eingedrungenen Wassermassen das Schott zum Maschinenraum, die Hauptmotoren fielen aus. Der einsetzende starke Wind trieb das leckgeschlagene und steuerlose Schiff auf das offene Meer. Zum Glück blieben die Hilfsmaschinen intakt, sodass das Schiff weiterhin beleuchtet blieb. Der Funker sendete ununterbrochen SOS und gab die Position durch.

Eilig machte die Crew die Rettungsmittel klar und half den ängstlichen Passagieren, die Boote und Rettungsflöße zu besteigen. Noch glaubte niemand, dass die LERMONTOW verloren war. Inzwischen waren ein neuseeländisches Fischereischiff und ein Tanker dem SOS-Ruf gefolgt und zu Hilfe geeilt.

Schließlich verließ auch die Besatzung diszipliniert das sinkende Schiff, zuletzt Kapitän Worobjow. Nur ein Kühlmaschinist fehlte. Offenbar war er beim Schließen der Schotten eingeschlossen worden. Dann sank die MICHAIL LERMONTOW in vollem Lichterglanz schnell auf 33 Meter Tiefe. Mit drei roten Leuchtkugeln verabschiedete der Erste Offizier das stolze Schiff. Vier Stunden später wurden alle Geretteten in Wellington an Land gesetzt. Der Besatzung wurde später immer wieder für ihr seemännisch entschlossenes Handeln gedankt. Insgesamt war die Katastrophe trotz des vermissten Seemanns noch glimpflich verlaufen.

Die Schiffe nach der Wende

Trotz aller Schwierigkeiten beim Bau der Serie wurden die Kreuzliner der Ivan Franko-Klasse zu einem Symbol der Leistungsfähigkeit des Schiffbaus in der DDR. Alle Schiffe bis auf die tragisch verunglückte MICHAIL LERMONTOV erfüllten bis zum Ende der 1980er-Jahre die in sie gesetzten Erwartungen, wurden mehrfach moder-

Die frühere ALEKSANDER PUSHKIN in Transocean-Farben als MARCO POLO 2008 in Helsinki. (Wikipedia/Kalle Id)

nisiert und befuhren die reizvollsten Seegebiete dieser Erde, zuletzt allerdings nur noch im sowjetischen Küstenverkehr. Dass die Werft in Wismar dabei ökonomisch nicht auf den berühmten „grünen Zweig" gekommen ist, steht außer Frage. Geblieben aber ist der Stolz der Schiffbauer, etwas schier Unmögliches geschafft zu haben. Anfang der 1990er-Jahre wurden die Schiffe allmählich außer Dienst gestellt. Das Typschiff IVAN FRANKO wurde 1997 an eine Reederei in Kingston veräußert und dann im gleichen Jahr im indischen Alang verschrottet.

Die TARAS SHEVCHENKO wurde 1989 für fünf Jahre an Jahn Reisen verchartert, kam anschließend in ukrainischen Besitz, wurde 1995 in Odessa umgebaut und dort an die Ocean Agencies verkauft. Im Juni 1998 wurde sie wegen finanzieller Probleme der Reederei in Piräus an die Kette gelegt, sie lag dann in Tschornomorsk auf. Als sie 2004 zum Abwracken verkauft worden war, erlebte sie Anfang 2005 eine kurze Wiedergeburt und lief unter dem Namen TARAS zum Abwracken in Alang. Die SHOTA RUSTAVELI kam nach dem Zusammenbruch der UdSSR ebenfalls in ukrainischen Besitz. Im Jahre 2000 wurde sie an die Kaalbye Shipping International aus Kingstown/St.Vincent verkauft, in ASSEDO umbenannt und 2003 in Alang abgebrochen.

Die MICHAIL LERMONTOW musste 1980 die Fahrten nach New York einstellen, nachdem Präsident Ronald Reagan sowjetischen Schiffen das Anlegen in Häfen der USA verboten hatte. Das Schiff wurde 1982 auf der Lloyd Werft Bremerhaven gründlich überholt und umgebaut. Am 16. Februar 1986 kam ihr unerwartetes Ende. Das Wrack ist heute bei Sporttauchern beliebt. Die ALEKSANDER PUSHKIN stand lange Jahre im Liniendienst zwischen Leningrad und Montreal, wurde 1985 nach Wladiwostok verholt und an CTC Cruises in Sydney verchartert. 1990 musste sie in Singapur aufgelegt werden, ehe sie 1991 an die Shipping & General (Orient Lines) Nassau verkauft wurde. Nachdem sie auf der Neorion-Werft in Syros umgebaut worden war, ging sie mit einer auf 850 Kabinenpassagiere erhöhten Kapazität als MARCO POLO 1993 wieder in Dienst. Heute bedient sie überwiegend den britischen Markt.

Ausblick

Unterm Strich bleibt, dass in Wismar Kreuzfahrtgeschichte geschrieben wurde. Die Ironie des Schicksals will es, dass in jüngster Zeit sowohl in wie in Warnemünde und in Stralsund wieder große Kreuzfahrtschiffe entstehen. Neuer Eigner des Werftverbundes ist die Genting-Gruppe in Hongkong, die ihre großen und mittelgroßen Fahrgastschiffe künftig in Mecklenburg-Vorpommern bauen will. Die Produktion ist angelaufen. Geplant sind Kreuzfahrtschiffe für den unermesslichen asiatischen Markt. Dazu werden die drei ostdeutschen Werften auf den neuesten Stand der Technik gebracht. Angeblich steckt Genting 300 Millionen Euro in sein europäisches Unternehmen. Für die immer wieder von Pleiten und Stillstandszeiten gebeutelten Werftarbeiter Mecklenburgs und die Zulieferindustrie sind das positive Signale. Hoffentlich bleibt es dabei!

Ex-ALEKSANDER PUSHKIN als MARCO POLO an der Columbuskaje in Bremerhaven. (Wikipedia/Hannes Grobe)

Die MARCO POLO im Mai 2014 auf der Elbe. (Wikipedia/Tvabutzku1234)

Nach einer Nordatlantik-Überfahrt erreicht die ITALIA das Steubenhöft in Cuxhaven. (Walter Lüden/Deutsches Schifffahrtsmuseum, Bremerhaven)

Eine echte Hamburgerin war Stammgast in Cuxhaven

Blohm & Voss baute 1928 die KUNGSHOLM, die spätere ITALIA

▷ Harald Focke

„Als die Sonne gestern Abend in der Nähe des Feuerschiffes ELBE I unterging, vergoldeten ihre letzten Strahlen ein Bild, das man lange nicht mehr an der Alten Liebe in Cuxhaven gesehen hat. Der Wind spielte mit den Flaggen am Steubenhöft, der klassischen Anlegestelle der großen Passagierschiffe. Einige tausend Cuxhavener umsäumten das Ufer. Weiß wie ein Schwan und ohne Wellenschlag glitt die ITALIA heran. Mit einem eleganten Manöver legte Kapitän Thormöhlen das große Schiff an die Brücke, als ob es eine Barkasse wäre." So begrüßte das „Hamburger Abendblatt" am 25. März 1952 die ITALIA, als sie erstmals nach Cuxhaven und Hamburg kam.

Besonders die Hamburger freuten sich, dass sie nach langer Pause wieder Ozeanliner-Atmosphäre in den Hafen brachte, mehr als ihre kurzzeitige Vorgängerin HOMELAND. Zwar fuhr auch die ITALIA nicht unter deutscher Flagge, aber im achteren Top wehte wenigstens der Wimpel der Hapag. Sie stellte bis auf die Maschine die deutsche Besatzung einschließlich Kapitän Paul Thormöhlen.

Was man nicht sah und auch nicht alle wussten: Die ITALIA war eine waschechte Hamburgerin: Am 17. März 1928 war sie als KUNGSHOLM für die Schweden-Amerika Linjen (SAL) bei Blohm & Voss vom Stapel gelaufen.

Aufgrund der guten Erfahrungen mit der GRIPSHOLM, dem ersten Motorliner auf dem Nordatlantik, ab 1955 die BERLIN des Norddeutschen Lloyd, rüstete die SAL auch die KUNGSHOLM mit Burmeister & Wain-Dieselmotoren aus. Mitte Oktober 1928 war das schöne Schiff mit seinen zwei klassischen Schornsteinen fertig.

Die Jungfernreise von Göteborg nach New York begann Ende November 1928. Weltweite Kreuzfahrten machten die KUNGSHOLM bekannt. Im Zweiten Weltkrieg blieb sie zunächst in der Karibik.

Nach dem Kriegseintritt der USA im Dezember

Stapellauf der KUNGSHOLM. (Archiv Blohm & Voss)

Am Ausrüstungskai von Blohm & Voss. (Archiv Blohm & Voss)

1941 beschlagnahmte sie die Navy und setzte sie als Truppentransporter JOHN ERICSSON ein. Ein Brand zerstörte im März 1947 Teile der oberen Decks. Im Juli 1947 kauften die Schweden ihr altes Schiff zurück. Sie ließen es in Genua reparieren und modernisieren und übergaben es den Home Lines, an denen die SAL beteiligt war. Als ITALIA eröffnete das Schiff im Juli 1948 unter Panama-Flagge den Dienst von Genua nach Südamerika. Ein Jahr später wechselte sie auf die Route nach New York, nachdem die Auswanderung nach Südamerika stark zurückgegangen war.

Hapag-Kapitän Thormöhlen lobte die „glänzenden See-Eigenschaften" der ITALIA. Die ungeheuren Brecher, die ein orkanartiger Nordat-

Querschnitt durch die KUNGSHOLM. (SAL)

Im Winter 1939/40 lief die KUNGSHOLM während ihres Karibikeinsatzes Miami mit großer Bordwandbeschriftung an. (Archiv Deutsches Schiffahrtsmuseum)

Die KUNGSHOLM im Kriegseinsatz als JOHN ERICSSON für die US-Navy. (US-Navy)

Robert Schmidt-Hamburg malte die KUNGSHOLM 1930 als hochformatigen Plakatentwurf mit Temperafarben im Format 49 x 34 cm auf Karton. (Mit freundlicher Abdruckerlaubnis von Hans Peter Schmidt, Laboe)

ITALIA und HANSEATIC am Steubenhöft. (Deutsches Schifffahrtsmuseum)

lantik-Sturm auf der Reise von New York nach Cuxhaven aufgewühlt hatte, habe sie „spielend genommen". Ein Gang durch das Schiff zeige, „dass die 5 Millionen DM, die für die Verschönerung und Modernisierung ausgegeben worden sind, fast möchte man sagen, Wunder gewirkt haben", berichtete die Presse.

Mit ihren 17 Knoten benötigte die ITALIA elf Tage für die Überquerung des Nordatlantiks. Ihr gepflegter weißer Anstrich überdeckte das altmodische Aussehen. Fast 70 Prozent der Kabinen hatten ein Bad oder eine Dusche und WC. Die Schweden-Amerika Linie hatte bei einem Umbau 1935 entschieden, auf Kreuzfahrten für das anspruchsvolle amerikanische Publikum mehr Kabinen mit Sanitäreinrichtungen anzubieten. Die Salons und der Speisesaal Erster Klasse der ITALIA beeindruckten durch ihre Höhe durch zwei Decks. Zum Jahreswechsel 1952/53 ging die ITALIA als erstes Schiff nach dem Krieg von Hamburg aus auf „Vergnügungsreise". Die Silvesterkreuzfahrt führte 600 Passagiere nach Marokko, Gran Canaria, Teneriffa und Madeira. Später kreuzte auch die ITALIA im Winter in der Karibik. Ende der 1950er-Jahre wuchsen die Komfortansprüche. Im Winter 1957/58 ließen die Home Lines deshalb viele Kabinen mit Sofabetten modernisieren. Danach wechselte die ITALIA im Frühjahr 1959 in den Kanada-Dienst. Den New York-Verkehr übernahm die HANSEATIC (siehe Oceanum Magazin 01 Seite 204ff). Von Dezember 1960 bis Ende 1963 verkehrte die erneut aufgefrischte ITALIA zwischen New York und Nassau. Nach einem kurzen Einsatz als Hotelschiff auf den Bahamas traf sie im September 1965 in Bilbao zum Abwracken ein.

Förderverein Deutsches Schiffahrtsmuseum e.V.

Wir laden Sie herzlich ein …

- zum freien Eintritt in das Museum, die Sonderausstellungen und die Museumsschiffe (ausgenommen U-Boot Wilhelm Bauer).
- zu den Veranstaltungen des Museums, zu Vorträgen, Filmvorführungen, Wettbewerben etc.
- zu den Vereinsaktivitäten, wie beispielsweise organisierten schiffahrtsgeschichtlichen Exkursionen.
- zum kostenlosen Bezug der 2x jährlich erscheinenden Zeitschrift „Deutsche Schiffahrt“ mit Informationen über Tätigkeiten des Museums, Ausstellungen und Forschungen.
- zum Vorzugskauf (mit 10 % Ermäßigung) der Publikationen des Deutschen Schiffahrtsmuseums.

Werden Sie Mitglied!

Seit unserer Gründung unterstützen wir das Deutsche Schiffahrtsmuseum bei der Bewältigung seiner vielfältigen Aufgaben. Durch unsere Mithilfe konnten bereits viele museale und wissenschaftliche Vorhaben umgesetzt werden. Dies wollen wir auch weiterhin fortführen und ausbauen. Durch Ihre Mitgliedschaft können Sie uns dabei helfen.

Beitrittserklärung

Ja, ich/wir möchte/n Mitglied werden im Förderverein Deutsches Schiffahrtsmuseum e.V.

Jahresbeitrag

○ Einzelmitglied (20,–€)
○ Ehepaar (28,–€)
○ Familienmitgliedschaft (35,–€)
○ Rentner, Schüler, Student, Wehr-/Ersatzdienstleistender, Schwerbehinderter, Erwerbsloser (10,–€) (bitte unterstreichen)
○ Rentnerehepaar (20,–€)
○ juristische Person (100,– €)

Stand 2019

Name

Vorname

Straße

PLZ/Ort

Datum, Unterschrift

Förderverein Deutsches Schiffahrtsmuseum e.V.

Hans-Scharoun-Platz 1
27568 Bremerhaven

Tel. (04 71) 4 82 07-0
Fax (04 71) 4 82 07-55

www.dsm.museum
E-mail: fv@dsm.museum

Die BALTRUM I auf dem Weg von Nessmersiel nach Baltrum. (Baltrum Linie)

Mit der Inselfähre in den Nordseeurlaub

Schiffstouren vor der niedersächsischen Küste

▷ Harald Focke

Die Ostfriesischen Inseln gehören zu den beliebtesten Urlaubsregionen im Norden. Sie liegen allesamt im Wattenmeer vor der Küste Niedersachsens, locken mit weiten Stränden und guter Luft. Doch jede Insel bietet etwas Besonderes. Darüber informiert mehr als ein Dutzend Reiseführer, nicht aber über die Anreise mit der Inselfähre. Und gerade da gibt es erstaunliche Unterschiede.

Borkum liegt weit draußen und hat als einzige ein Hochseeklima, ideal für Allergiker. Die Fähre braucht von Emden meist zweieinhalb Stunden, je nach Wetterlage. Wer will, darf sein Auto mitnehmen.

Wem die Anreise zu lange dauert, der bucht den schnellen Katamaran. Er braucht nur die Hälfte der Zeit, nimmt aber keine Autos mit. Vom Hafen geht es mit der Inselbahn weiter ins Dorf.

Nach Juist benötigt die Fähre etwa anderthalb Stunden, obwohl man die Ostspitze der Insel schon kurz nach dem Auslaufen aus Norddeich direkt vor sich hat. Das Schiff aber muss durch eine lange, schmale Fahrrinne den Hafen etwa in der Inselmitte ansteuern. Und das geht nur bei Hochwasser. Deshalb fährt an fast allen Tagen nur einmal eine Personenfähre. Juist ist also nichts für Tagesausflügler. Wer statt mit dem Auto mit der Deutschen Bahn nach Norddeich reist, muss hoffen, dass der Zug pünktlich ist. Denn wegen des Gezeitenwechsels kann die Inselfähre nicht allzu lange mit dem Ablegen warten. Für die Urlauber auf Norderney ist das kein Thema. Ebenfalls von Norddeich fährt hier eine Fähre nach der nächsten und nimmt auch Autos mit. Die Fahrrinne versandet zwar, wird aber regelmäßig wieder freigebaggert, damit der Fährverkehr weiter tideunabhängig läuft. Will man an einem festgelegten Tag zu einer bestimmten Zeit nach Hause, ist Vorausbuchen ratsam.

Wer weniger Trubel möchte, liegt mit Baltrum richtig, der kleinsten der Ostfriesischen Inseln. Von Nessmersiel fährt das Schiff nach zu täglich wechselnden Zeiten je nach Wasserstand in nur einer halben Stunde. Es gibt Linienfahrten mit Gepäckbeförderung und Tagesausflüge ohne.

Nach Langeoog geht es in Bensersiel los, im Sommer täglich immer zur selben Zeit unabhängig von Ebbe und Flut. Auch hier fährt noch eine Inselbahn vom Hafen ins Zentrum. Anders auf Spiekeroog. Dort gibt es seit 1981 statt des Westanlegers einen Hafen in der Inselmitte nahe am Dorf. Aus der Inselbahn wurde die Museumspferdebahn. Die Fähren brauchen Wasser unter dem Kiel, deshalb wechseln die Reisezeiten.

Nach Wangerooge kann man von Harlesiel mit

Die Norderney-Fähre lädt im Hafen von Norddeich Pkw und Lastwagen. (Harald Focke)

Die FRISIA I quetscht sich in das enge Fährhafenbett auf Norderney. (Harald Focke)

Die LANGEOOG II verlässt Bensersiel. (Tobias Gerken)

Auf der Brücke der BALTRUM II. (Harald Focke)

der Deutschen Bahn reisen, zumindest offiziell. Sie verspricht: „Die Fähren verkehren planmäßig." Sie fahren anderthalb Stunden. Die Tide regelt den Fahrplan, den Rest die DB … sie betreibt auch die Inselbahn, ihre einzige auf schmaler Spur im ganzen Land.

Alle Schiffe im Verkehr zwischen den niedersächsischen Küstenhäfen und den Inseln stellt der neue OCEANUM-Spezial Band „Inselfähren" vor. Die Autoren haben mehrere Fährverbindungen selbst erprobt und berichten über ihre Erfahrungen.

SPIEKEROOG II erreicht in Kürze Neuharlingersiel. (Tobias Gerken)

Berücksichtigt ist auch die Route zwischen Bremerhaven und Helgoland. Und nicht zuletzt werden einige Klassiker unter den früheren Inselfähren in diesem reich bebilderten Band vorgestellt.

MEHR ZUM THEMA

OCEANUM. Das maritime Magazin Spezial. Inselfähren Ostfriesische Inseln und Helgoland

Von Harald Focke und Tobias Gerken

160 Seiten, zahlreiche, meist farbige Abbildungen, Euro 16,90, ISBN 978-3-86927-604-5, www.oceanum.de

Die AVONTUUR läuft nach einer Atlantiküberquerung in Hamburg ein. (Verena Brüning)

Waren per Wind durch die Welt

Mit dem Öko-Segler AVONTUUR in die Zukunft?

▷ Detlef Spangenberg

Das niederländische Wort für Abenteuer ist ein passender Name für ein besonderes Schiff – AVONTUUR. Aus der Zeit gefallen, Flop oder Modell für Morgen?

Die AVONTUUR unter vollen Segeln im Atlantik. (Paul Bentzen/Timbercoast)

Mit der AVONTUUR transportiert die Reederei Timbercoast Waren nur per Wind und bringt biologische Produkte von anderen Kontinenten nach Europa. „Wir führen Produzenten, Händler und Konsumenten zusammen, die ökologisch denken und handeln", sagt Kapitän Cornelius Bockermann, der mit seinem Schoner AVONTUUR nachhaltig produzierte Ladung emissionsfrei über See transportiert. „Wir praktizieren den Wandel zur sozialen und ökologischen Nachhaltigkeit zum Schutz der Umwelt und für die folgenden Generationen!"

Es geht um Produkte, die nicht überall dort hergestellt werden können, wo die Nachfrage besteht. Unsere Umwelt zahlt den Preis, wenn bei Transport- und Arbeitsbedingungen nur Kosten entscheiden, ohne dass die geografische Nähe in Betracht gezogen wird.

Timbercoast will mit der AVONTUUR wachrütteln und in Erinnerung rufen, welch riesige Mengen an Schadstoffemissionen durch die unzähligen Motorfrachter freigesetzt werden, die ständig weltweit unterwegs sind, um große Distanzen zwischen Produktions- und Konsumorten zu überwinden. Timbercoast zeigt eine Lösung auf, wenn auch nur im Kleinen. Als Beispiel für die enorme Umweltbelastung durch motorgetriebene Frachtschiffe sei der CO_2-Ausstoß der EMMA MAERSK erwähnt, eines der größten Containerschiffe, das allein pro Jahr etwa 300.000 Tonnen CO_2 in die Atmosphäre bläst. Insgesamt fahren über 51.000 große und kleine Frachtmotorschiffe auf den Weltmeeren, die zum größten Teil Waren von Kontinent zu Kontinent transportieren, die eigentlich auch an den Orten produziert werden könnten, an denen die Nachfrage dafür besteht.

Natürlich ist es nicht möglich einen kleinen, 114 Tonnen tragenden Schoner mit der Transportkapazität eines Großcontainerschiffes zu vergleichen. Das AVENTUUR-Projekt zeigt aber, dass etwas getan werden kann und dass es mit umweltbewussten Investoren und Verbrauchern möglich ist.

Kapitän und Reeder Cornelius Bockermann, 1959 in Bremen geboren, war zunächst in einem anderen Beruf zuhause, bevor es für ihn zur Begegnung mit dem hölzernen Schoner OUTLAW kam, den das Sozialwerk Jugendschiff Corsar e.V. nutzte, um straffällige Jugendliche zu resozialisieren. Ein Freund Bockermanns war in dem Projekt engagiert. Während einer Werftzeit in Cuxhaven bat er den technisch bewanderten Bockermann bei der Reparatur einer Winde zu helfen. Nicht lange danach kam ein zweiter Hilferuf von der OUTLAW: Ein defekter Generator musste instand gesetzt werden. Die Reparatur nahm längere Zeit in Anspruch. Bockermann musste kurzzeitig mitsegeln. Drei Monate wollte er an Bord bleiben. Daraus wurden zwei Jahre, wobei eine intensive Verbindung zur Seefahrt, besonders zu Segelschiffen erwuchs. Das ging soweit, dass Bockermann seinen Landberuf gegen die Arbeit auf See tauschen wollte.

AVONTUUR-Kapitän Cornelius Bockermann. (Daniela Buchholz)

Er begann mit der üblichen Ausbildung: Decksjunge, Jungmann, Leichtmatrose. Mit dem Matrosenbrief in der Tasche und nach der vorgeschriebenen zweijährigen Matrosenfahrtzeit folgte ein Nautikstudium an der Seefahrtschule Leer mit dem Erwerb der Patente zum Seesteuermann und Kapitän. Einige Jahre fuhr Bockermann zur See, dann lockte ihn 1990 ein Landjob als Transport- und Branchmanager nach Lagos in Nigeria. 2003 wagte er den Schritt in die Selbständigkeit als Reeder. Seine Firma Atlantic

Aus dem Frachtsegler wurde das Kümo SPES. (Sammlung Emily Wahlen)

Noch als SPES vor 1977, aber schon zurückgebaut zum Segler. (Slg. Emily Wahlen)

Marine Services entwickelte er zu einer der führenden Bergungs- und Wrackbeseitigungsfirmen in den westafrikanischen Küstenstaaten. Später ersteigerte er das ehemalige Lotsenstationsschiff KAPITÄN BLEEKER als Sicherungsschiff. Wegen veränderter Auftragslage verkaufte er das Schiff schon nach einem Jahr an einen russischen Interessenten als Tauchbasis.

Aufgrund seiner Afrika-Erfahrungen machte sich Bockermann Gedanken darüber, wie leichtsinnig und rücksichtslos manche Menschen mit ihrer Umwelt umgehen. Seine Ideen wollte er in Australien in die Tat umsetzen. Die Behörden hatten kein Interesse und die Suche nach einem geeigneten Schiff verlief erfolglos. Erst 2014 fand Bockermann in Groningen den seit zwei Jahren aufliegenden, 1920 auf der Werft Otto Smit in Stadskanaal gebaute 44 Meter langen stählernen Gaffelschoner AVONTUUR. Im Laufe der Jahre hatte der nach zahlreichen Umbauten und Flaggenwechseln einiges von seinem ursprünglichen Aussehen eingebüßt. Von 1923 bis 1932 hieß das Schiff CATHARINA, danach bis 1977 SPES. Aus einem Frachtsegler mit kleinem Hilfsmotor war ein stärker motorisiertes, einmastiges Kümo geworden, das in den 1960er-Jahren in der Nord- und Ostsee gefahren war. Der Mast war nur noch für den Betrieb der beiden Ladebäume und die Toplaterne nötig. Ende der 1970er-Jahren erwarb der niederländische Kapitän Paul Wahlen das Schiff, baute es zum Frachtsegler zurück und gab ihm 1977 auch wieder den ersten Namen. Er selbst fuhr den Motorsegler von 1977 bis 2005 und beförderte Fracht kreuz und quer über den Atlantik bis nach Kanada. Zuletzt noch viele Jahre in der Karibik. Das Schiff war damals der letzte echte Frachtsegler des 21. Jahrhunderts, bevor es wieder zurückkam nach Europa. Ein paar Jahre diente der Schoner noch als Passagierschiff für Tagesgäste entlang der niederländischen Küste und zwischen den Westfriesischen Inseln.

Der Bockermann anfangs genannte Kaufpreis von 120.000 Euro erhöhte sich dann aber um mehr als 50 Prozent auf 185.000 Euro, als es

Noch fehlt vieles, doch das Ziel ist schon erkennbar. (Timbercoast)

Ernst wurde mit dem Kauf. Er griff trotzdem zu und brachte das Schiff nach Elsfleth, wo es in der dortigen Werft in Eigenregie wieder zum reinen Frachtsegler zurückgebaut werden sollte.

Über das Internet suchte und fand Bockermann 160 Freiwillige, die gegen Kost, Logis, Arbeitskleidung und Versicherung mit Begeisterung bereit waren, an dem Projekt mitzuarbeiten. Die Aussicht pro geleistetem Arbeitstag in der Werft einen Segeltag an Bord zu bekommen, war ein zusätzlicher Anreiz. Trotz zahlreicher unangenehmer Überraschungen und unvorhergesehener Rückschläge während der Instandsetzung ging das Projekt voran. So mussten neue Masten hergestellt werden. Kostenintensive Umbauten waren nötig, um die Bedingungen der Klassifikationsgesellschaft für ein frachtfahrendes Kauffahrteischiff zu erfüllen.

Ein Zurück gab es nicht, obwohl die Kosten weiter stiegen. Der Schoner ist nämlich nicht wie andere noch in Fahrt befindliche Segelschiffe ein „Traditionssegler", sondern ein ganz normales Handelsschiff. Es muss nicht nur alle Bedingungen der Berufsgenossenschaft und des Flaggenstaates Deutschland erfüllen. Bei der Umflaggung aus dem niederländischen Binnenschiffsregister in das deutsche Seeschiffsregister wurde die AVONTUUR als Neubau ein-

Es ist geschafft: Sie segelt wieder! (Timbercoast)

gestuft und neu vermessen, was weitere hohe Kosten verursachte.

Über 1,35 Millionen Euro kamen unterm Strich zusammen. Inzwischen gibt es einen namhaften Investor, der 25 Prozent der Anteile am Schiff besitzt, sowie über 100 Shareholder, die mit ihren Investitionen die Idee und das Projekt „Segeln in die Zukunft" unterstützen. Sponsoren sind weiterhin willkommen. Die Zahl der Interessenten, die ihre umweltfreundlich hergestellten Produkte mit der AVONTUUR befördern lassen möchten, ist inzwischen deutlich gestiegen, was für einen gefüllten Laderaum auf den ostgehenden Reisen sorgt. Die Ausreisen von Europa in die Karibik waren anfangs Ballastreisen. Ausnahmen bildeten ein paar Fässer in Europa hergestellter Spirituosen, die durch die Seereise ihr besonderes Aroma entfalten und damit eine gewisse Exklusivität erwerben. Diese Spirituosen werden von Timbercoast direkt im Laden in Elsfleth und im Internet vermarktet.

Seit Juli 2016 kreuzt die AVONTUUR als frachtfahrendes Handelsschiff west- und ostwärts über den Atlantik. Heimathafen ist Elsfleth an der Hunte. Die Besatzung besteht aus 16 Personen. Die Hälfte davon bildet nach dem Schiffsbesetzungszeugnis des Flaggenstaates die Stammbesatzung: Kapitän, Erster Offizier, ein nautischer Wachoffizier und vier Schiffsleu-

Auch auf See müssen alle mit anpacken. (Timbercoast)

te, davon drei wachbefähigt. Ein Koch ist nicht vorgeschrieben, fährt aber mit. Ein Maschinist muss dann an Bord sein, wenn keiner der Nautiker ein entsprechendes Befähigungszeugnis besitzt. Die Unterkünfte der Stammbesatzung liegen im achteren Aufbau.

Die restlichen Crewmitglieder sind zahlende Trainees, die das „Abenteuer Segelschiff" genießen und das seemännische Handwerk wie Knoten, Spleißen, Takeln, Seemannschaft und Navigation erlernen und sich tatkräftig einbringen müssen. Die Reisen der AVONTUUR sind keine Urlaubsreisen und nicht mit der Mitfahrt auf einem Containerschiff zu vergleichen. Im Unterschied zu den wenigen noch fahrenden Traditionssegelschiffen hat man auf der AVONTUUR Gelegenheit, Kenntnisse in Laden, Stauung und Fürsorge von Stückgütern zu erwerben.

Die Crew ist in einem gemeinsamen Logis mit zehn Kojen „vor dem Mast" untergebracht, wie es auf den alten Seglern hieß. Für jeden gibt es einen Spind, für alle eine Toilette und eine Wasch-/Duschgelegenheit mit kalten Frischwasser. Das ist alles, was ihnen im Vorschiff an „Komfort" zur Verfügung steht. Tags und nachts Wache gehen, Rudertörn und Ausguck, seemännische Handarbeiten, zu denen auch die Konservierung des Schiffes mit Rostklopfen und Malen gehört. Oft wetterbedingte „All

Rum laden. (Verena Brüning)

hands"-Manöver sind die Regel. Man muss für eine Reise mit der AVENTUUR Zeit mitbringen, denn einen herkömmlichen Fahrplan gibt es nicht. Wind und Strömung bestimmen die Seezeit zwischen den Häfen.

Die erste kommerzielle Reise nach einer langen und nervenzehrenden Werftzeit, begann am 28. Juli 2016 in Elsfleth mit fast leerem Laderaum. Lediglich zwei Fässer mit Gin und Wodka waren gestaut. Das Reiseziel war nicht gleich die Karibik, sondern zunächst die Ostsee, wo in Rostock gerade die „Hanse Sail" stattfand. So wollte man den Besuchern und „Sehleuten" Gelegenheit geben, den einzigen „echten" Frachtsegler auf seiner ersten Reise kennenzulernen. Am 7. August lief die AVENTUUR in die Warnow ein, nachdem sie zwei Tage wegen ungünstiger Wind- und Stromverhältnisse im Kattegat auf der Reede von Laesö geankert hatte. Gegen zu starken Strom oder widrige Winde mit Motorkraft anzukämpfen, entspricht nicht der Vorgabe, die Ladung ohne fossile Brennstoffe zu transportieren. So soll die 300 PS leistenden Hauptmaschine nur für An-und Ablegemanöver genutzt werden. Nicht immer ist das möglich, denn auf einigen engen Flüssen sind nicht alle Lotsen damit einverstanden, das Revier allein mit Windkraft zu befahren. Nur maximal einmal jährlich den 2.200 Liter fassenden Bunkertank zu füllen, ist das Ziel. Die Rechnung scheint aufzugehen. In der Zeit vom 10. Oktober 2018 bis zum 25. März 2019 wurden nur 428 Liter Diesel verbraucht, fast ausschließlich für den Generator.

Nach zwölf Tagen in Rostock war Helgoland das nächste Ziel auf der ersten Reise, von wo aus es nach Cherbourg weiterging. Es folgten Porto und Funchal. Danach wurde Kurs auf die Kanarischen Inseln abgesetzt. In Santa Cruz de la Palma wurde ein Fass Rum an Bord genommen. Von Santa Cruz de Teneriffa segelte die AVENTUUR über Martinique nach Guadeloupe und weiter nach Honduras. Auf der 16-tägigen Überfahrt wurden 1662 Seemeilen zurückgelegt. Nun kamen 20 Tonnen Kaffee an Bord. Er war mit den schon an Bord befindlichen Spirituosen die einzige Ladung die auf der Rückreise nach Europa über die Bahamas und die Azoren nach Elsfleth. Dort machte die AVONTUUR am 29. April nach fast neun Monaten fest. Ein über zweimonatiger Werftaufenthalt stand dort an. Ein Minus von 250.000 Euro ergab der „Kassensturz" am Ende der Reise.

Anfang Juli 2017 verholte der Schoner zum Binnenhafen nach Brake, wo am 18. Juli die zweite Reise begann. An Bord war ein Fass mit Korn aus Haselünne im Emsland, der auf der Rundreise sein besonderes Aroma entfalten soll. Über Cherbourg ging es nach La Rochelle in der Biskaya. Dort kamen Textilien und Champagner als Ladung hinzu. Nach drei Wochen war Santa Cruz de la Palma erreicht. Zugeladen wurden drei Fässer mit Rum und 5000 Kilo Salz. Ziel war nun Montreal in Kanada. Die Fahrt auf dem Sankt-Lorenz-Strom war zeit- und kostenintensiv. Wegen des starken Stromes musste die AVONTUUR oft ankern. Für jeden Ankerplatz fielen Gebühren an, auch die Kosten für die Lotsen waren hoch. Anders als ein Motorfrachter, der für die Strecke nach Montreal nur zwei Lotsen benötigt, die sich in Quebec ablösen, musste die AVONTUUR an jedem Ankerplatz einen neuen Lotsen an Bord zu nehmen. Mitte Oktober war Montreal erreicht. Fünf Tage später lief der Schoner wieder aus. Für den Sankt-Lorenz-Strom seewärts benötigte er fast einen Monat. Erst Mitte November begann die Heimreise mit einem Zwischenstopp in Horta auf den Azoren. In der weltberühmten Seglerkneipe „Peter" konnte auch etwas Ladung an Bord genommen werden: 100 Flaschen „Gin do Mar". Neuer Zielhafen war La Rochelle, wo die AVENTUUR am ersten Weihnachtstag festmachte. Ohne nach Deutschland zurückzukehren, brach sie Anfang Januar 2018 mit sechs Fässern Rotwein und drei Fässern Korn zu ihrer dritten Reise in die Karibik auf. In Santa Cruz de la Palma kamen elf Fässer mit Aldea-Rum hinzu, in St. Louis auf der Karibikinsel Marie-Galante weiter sieben Fässer mit Bielle-Rum. Auf Honduras warteten in La Ceiba zehn Tonnen

Die Ladung kommt wie früher per Handarbeit an Bord. (Timbercoast)

Der Oldtimer vom Typ Graham Paige reist als Decksladung mit. (Christoph Bogner)

Kardamon, sechs Tonnen Kaffee und anderthalb Tonnen Kakao auf die Verladung. In Puerto Morelos in Mexiko füllten acht Tonnen Kaffee, fünf Tonnen Kakao und 200 Flaschen Mezcal den Laderaum. Über Havanna segelte die AVONTUUR über Faial zurück nach Europa. In Horta erfolgte die Zuladung von 600 Glas Honig. Ende Mai 2018 war der Segler wieder in Elsfleth.

Zur seiner vierten Reise verließ der Schoner am 10. Oktober 2018 die Kaje. Im Laderaum wieder Korn, Gin, German Whiskey und Rum, der schon seine zweite Reise machte. Douarnenez an der französischen Atlantikküste wurde am 20. Oktober erreicht. In Blaye bei Bordeaux bleib die AVONTUUR eine Woche, um Rotwein zu laden. Drei Wochen später war Madeira erreicht. Mit über 1300 Litern verschiedener Sorten Rum in Fässern und einer speziellen Sorte in 300 Flaschen lief die AVENTUUR aus Funchal mit Ziel Santa Cruz de Teneriffa aus. Dort wartete neben Salz noch eine ungewöhnliche Ladung: Eine 2,1 Tonnen schwere Graham-Paige Limousine, Baujahr 1928. Mit ihr ist die argentinische Familie Zapp seit über 18 Jahren auf Weltreise. Herman und Candelaria Zapp haben während dieser Zeit vier Kinder bekommen. Nun stand die letzte Etappe ihrer Reise an.

Die AVONTUUR brachte das Auto und die sechsköpfige Familie nach St. Laurent du Maroni auf

Kaffee löschen in Hamburg. (Verena Brüning)

Französisch Guayana. Von hier aus fuhren die Zapps mit ihrem Oldtimer heimwärts nach Buenos Aires. Sie hatten sich für den Transport und die Mitfahrt auf dem Öko-Segler entschieden, um das Experiment zu unterstützen. Die AVONTUUR segelte weiter mit der schon gewohnten Ladung, die in zahlreichen Häfen nach und nach an Bord kommt. In Veracruz haben Kaffeepflanzer Gelegenheit, das Schiff kennenzulernen, das ihr Produkt umweltfreundlich transportiert. In Halifax an der kanadischen Ostküste wird ein Teil der Kaffeeladung gelöscht.

Empfänger ist Kanadas erster Fairtrade-Kafferöster, Just us Coffee. Nach knapp vier Tagen Liegezeit geht es auf Heimreise. Ziel ist der Bremer Kai am Hafenmuseum Hamburg. Hier warten mehr als 200 Freiwillige, um die Waren von Hand an Land zu geben. Lastentaljen und Sackkarren sind die einzigen Hilfsmittel. Der Transport in die Zolllager und in die Stadt erfolgt mit Cargobikes.

Aufregend und anstrengend war es für die beim Entladen beteiligten Schüler einer Waldorfschule aus Bamberg. Sie kauften 350 Kilo Rohkaffee und transportieren zwei Wochen lang die fünf Säcke auf Cargobikes nach Haßfurt in Unterfranken. Von Hamburg verholte AVENTUUR nach Elsfleth, wo nach neun 9 Monaten die vierte Reise endete.

Die an Bord verbliebene Ladung Kaffee, Rum,

Gesegelte Mission Zero-Waren, deren Vertrieb eine der Finanzierungssäulen von Timbercoast ist. (Timbercoast)

Gin, Wein, Honig und Salz, die von Timbercoast in Eigenregie vertrieben wird, wurde dort gelöscht, bevor die AVONTUUR in der Werft für seine fünfte Atlankiküberquerung fit gemacht wurde.

Fast ausschließlich unter Nutzung des Windes haben Schiff und Besatzung bewiesen, dass Kapitän Cornelius Bockermann mit seiner Idee richtig liegt, Waren umweltfreundlich über See zu transportieren. Er hat viele Menschen zum Nachdenken gebracht und breites Interesse geweckt. Es gibt immer mehr Produzenten, die für den Transport ihrer umweltfreundlich hergestellten Waren die AVONTUUR wählen. Einige haben das Schiff schon mehrfach gebucht. Kaum verwunderlich, dass der anfangs nur schwach gefüllte Laderaum nicht mehr ausreicht. So kommt ein zweites Schiff dazu.

Der stählerne Dreimastschoner ANNY VON HAMBURG, 1914 auf der Lühring-Werft in Hammelwarden gebaut, wird nach den nötigen Umbauten für Timbercoast auf große Fahrt zu gehen. Im Mai wurde er beim Seestadtfest in Bremerhaven der Öffentlichkeit vorgestellt. Pläne für einen Neubau, einen mehrmastigen Rahsegler mit Dyna-Rigg, sind nicht länger bloße Utopie.

Technische Daten der AVONTUUR

- Gebaut 1920 bei Smidt, Staadskanaal/ Niederlande
- Stahlrumpf, zwei Masten, Schoner
- Acht Segel mit 612 m² Fläche
- 130 BRZ
- Länge 44 Meter
- Breite 5,87 Meter
- Tiefgang 2,10 Meter
- Ein John Deere-Diesel mit 220 kW, ein Generator Mitsubishi 20 kVA
- Drag Generator (beim Segeln über mitdrehenden Propeller) 800 W
- 20 Solar Module, 2,1 kWP
- Zwei Wind Generatoren je 600 W.

Die GERA im Dock

Museumsschiff der Hochseefischerei wurde generalüberholt

▷ Alfred Kube

Nach einer aufwendigen Sanierung ist die GERA wieder zukunftsfähig. Sie ist das Museumschiff des Historischen Museums Bremerhaven und der letzte erhaltene deutsche Seitentrawler.

Ende Oktober 2018 verholte die GERA zur BREDO-Werft am Südende des Fischereihafens I. (Archiv Historisches Museum Bremerhaven)

BUGSIER 17

Seit fast 30 Jahren kann die GERA als letzter deutscher Seitentrawler der Großen Hochseefischerei im Bremerhavener „Schaufenster Fischereihafen" besichtigt werden. Mit der Geschäftsführung der Fischereihafen-Betriebsgesellschaft hatte das Historische Museum Bremerhaven den Rostocker Seitentrawler im Juni 1990 vor der Verschrottung gerettet. Im Fischkombinat Rostock war die GERA in ihren letzten Dienstjahren als Versorgungs- und Übernahmeschiff der DDR-Fangflotte eingesetzt gewesen. Das 65,55 Meter lange Fischereimotorschiff (FMS) mit 943 Bruttoregistertonnen wurde 1959 auf der Peene-Werft in Wolgast kielgelegt und 1961 in Dienst gestellt. Die GERA zählt zur letzten Generation der traditionsreichen Seitentrawler, die fast 90 Jahre lang in der Großen Hochseefischerei im Einsatz waren und ab 1957 nach und nach von den modernen Hecktrawlern abgelöst wurden. Unter den rund 100 deutschen Museumsschiffen ist die GERA das einzige zur Hochseefischerei. Der mit seiner kompletten Ausrüstung erhaltene Seitentrawler vermittelt ein authentisches Bild von der harten Arbeit in der Hochseefischerei vergangener Zeiten. Audiovisuelle Medien bieten darüber hinaus an Bord vielfältige Informationen zur Hochseefischereigeschichte. Mit dem eigenen Smartphone oder einem ausleihbaren Tablet-PC können sich die Besucher von einem Multimedia-Guide unterhaltsam und informativ über das Schiff führen lassen. Eine Filmstation und vier Multimedia-Stationen präsentieren ein umfassendes Angebot an historischen Filmen, Animationen, Fotos und Text-Bild-Informationen. Eine interaktive Datenbank zu allen Bremerhavener Fischereifahrzeugen im Zeitraum von 1885 bis 1991 lädt zum Recherchieren und Stöbern ein.

Betrieb und Instandhaltung des fast 60 Jahre alten Museumsschiffs erfordern vom Team des Historischen Museums Bremerhaven enorme Anstrengungen, zumal die Stadt Bremerhaven als Eigentümerin der GERA für den Seitentrawler kein Personal zur Verfügung stellt. Zwar wird das Museum von einem kompetenten „Freundeskreis FMS GERA" unterstützt, bei größeren Reparaturen und Konservierungsmaßnahmen auf der GERA reicht das Netzwerk des Museums aber nicht aus, da höhere Geldsummen aufgebracht werden müssen.

Neben der turnusmäßigen Konservierung des Rumpfs im Trockendock mussten Reparaturen am Schanzkleid, der Schiffsmaschine und vor allem im Bereich des Fangdecks durchgeführt werden. Dazu zählte eine Erneuerung des an zahlreichen Stellen schadhaften Holzbelags. Die Restaurierungsmaßnahmen wurden durch den Europäischen Meeres- und Fischereifonds (EMFF) finanziert.

Die vorbereitenden Arbeiten begannen unmittelbar nach dem Ende der Besuchersaison auf dem Museumsschiff am 15. Oktober 2018. Zunächst wurden alle audiovisuellen Medien und ausstellungstechnischen Installationen abgebaut und von Bord gebracht. Anschließend erfolgte der Abriss des Holzbelags auf dem Fang- und Seitendeck. Dies umfasste sowohl die Entfernung der alten Planken als auch das Abflexen der Befestigungsbolzen. Parallel dazu

Im November 2018 waren im Schwimmdock die Arbeiten am Schiffsrumpf beendet, und die GERA hatte bereits einen neuen Anstrich erhalten. (Archiv Historisches Museum Bremerhaven)

Das Fangdeck nach der Restaurierung: Der Holzbelag und die Hockenbretter wurden erneuert, das Schanzkleid, die Fangvorrichtungen ausgebessert und konserviert sowie der Zugang neu gestaltet. (Archiv Historisches Museum Bremerhaven)

wurden die Scherbretter, das Netz und das Fanggeschirr von Bord gehoben und verstaut. Danach wurde die GERA am 25. Oktober 2018 bei der BREDO (Bremerhavener Dockgesellschaft) im Schwimmdock neben der GORCH FOCK gedockt. Unmittelbar nach dem Docken begannen die Arbeiten am Rumpf und auf dem Hauptdeck. Hochdruckwaschen und Schleifen offenbarten zahlreiche korrodierte Stellen, insbesondere im Schanzkleid und im Bereich des Schutzdecks. Nach genauen Absprachen wurden zahlreiche Ausbesserungs- und Verstärkungsmaßnahmen im Stahlbereich durchgeführt. Parallel dazu wurde die Netzwinde auf dem Hauptdeck demontiert und von Bord gehoben. Das Windenfundament zeigte die vermuteten Korrosionserscheinungen und musste mit Stahlplatten verstärkt werden. Während sich die Arbeiten am Rumpf und im Decksbereich im erwarteten Rahmen bewegten, offenbarten die vorderen Ballastwassertanks bei der Begutachtung unerwartete Korrosionsbildungen, die an einigen Stellen zum punktuellen Abbau von Stahlsubstanz an der Außenwand geführt hatten. Als zusätzliche Maßnahme mussten die betroffenen Ballastwassertanks saniert werden. Das trockene Wetter und die milden Temperaturen begünstigten eine zügige Durchführung der umfangreichen Stahl- und Farbarbeiten auf der GERA. Da die Dockstandzeit auch für Nacht- und Wochenendarbeit genutzt wurde, konnten die Dockarbeiten vorzeitig beendet werden. Die dadurch eingesparten finanziellen Mittel wurden für den Mehraufwand im Stahlbau verwendet. Das Ausdocken fand am Donnerstag, den 8. November 2018, statt. Am Montag, den 12. November 2018, begannen am Liegeplatz am Fischkai die Arbeiten zur Verlegung des rund 210 qm großen Holzdecks. Dafür wurde abgelagerte Oregon Pine in einer Stärke von rund 8 cm und einer Breite von 11 cm verwendet. Nach dem Zuschneiden, Verlegen in Wollfett und Anschrauben der Planken erfolgte das Versiegeln der Fugen. Als die Fugenmasse trocken war, wurde das Deck abgeschliffen, bis alle Unebenheiten beseitigt waren. Zuletzt wurde das Deck zweimal mit unverdünntem Leinöl geölt.

Am 18. März 2019 wurde die vordere Einhausung abgebaut, sodass zwei Tage später ein Schwerlastkran den ersten Teil des Fanggeschirrs wieder an Bord heben konnte. Gleichzeitig wurde die generalüberholte Kühlwasserpumpe des Vater-und-Sohn-Antriebs an Bord gehievt und durch eine Luke in den Maschinenraum gebracht.

Ende März folgten umfangreiche Malerarbeiten an Aufbauen, Fockmast, Deckshaus und Netzwinde. In der ersten Aprilwoche wurde der Rest der Einhausung abgebaut, die restlichen Teile des Fanggeschirrs an Bord gebracht sowie das Netz angeschlagen und der Steert in gehievte Position gebracht. Anlässlich der Bremerhavener „Fischparty" Ende April 2019 wurden auf der GERA die Restaurierungsmaßnahmen der Öffentlichkeit erläutert. Mehrere tausend Zuschauer wohnten Vorführungen auf dem Fangdeck, der Brücke und im Maschinenraum bei. Durch die Finanzierung der Maßnahmen aus den Europäischen Meeres- und Fischereifonds ist der letzte deutsche Seitentrawler zukunftsfähig geworden und leistet weiter einen wichtigen Beitrag zur Sicherung des historisch-maritimen Erbes der Seitentrawler-Ära der Großen Hochseefischerei.

Aus alten und neuen Fotoalben

Die Fähre NIEDERSACHSEN verband nach dem Zweiten Weltkrieg Cuxhaven mit Brunsbüttel. Sie konnte nur wenige Autos mitnehmen. Hier sehen wir sie vor ihrem Umbau 1964. (Jürgen Hölting)

Die Hapag-Lloyd-Schlepper CASTOR und WIDDER am 1. August 1979 in Bremerhaven. WIDDER hatte 1580 PS, die auf eine Kort-Düse wirkten. Ebenfalls 1963 baute Schichau in Bremerhaven den Schlepper CASTOR. (Reinhard Berlin)

Kollision während der Sail in Bremerhaven am 4. September 2000 zwischen STATSRAAD LEHMKUHL und der vor Anker liegenden CHRISTIAN RADICH (rechts). (Peter Salzbrunn)

Die Auto- und Personenfähre PRINSESSAN CHRISTINA wurde 1960 von der Alborg Werft für die Sessan Linjen gebaut, die die Fähre zwischen Göteborg und Frederikshavn einsetzte. (Jürgen Hölting)

Die LISA VON LÜBECK, ein Nachbau einer Kraweel mit glatter Holzbeplankung aus dem 15. Jahrhundert, trifft beim Hamburger Hafengeburtstag das Museumsschiff CAP SAN DIEGO von 1962. (Manuel Miserok)

Der englische Fischkutter FH 121 BRITANNIA V aus Falmouth kämpft sich am durch die raue See vor der Bretagne. Er ist 15,45 Meter lang, 5,64 Meter breit und hat einen Tiefgang von 2,74 Metern. (Helmut Seger)

Hochbeladen mit Rundholz aus Schweden ist dieser alte Dampfer der Reederei Hugo Stinnes unterwegs im Nord-Ostsee-Kanal. Er bringt seine Fracht ins Ruhrgebiet, wo sie zum Ausbau der Bergwerksgruben genutzt wird. (Otto H. Nachtigall)

Das Kreuzfahrtschiff ASTOR in Transocean-Charter hat die Autobahn-Hochbrücke Hohenhörn über den Nord-Ostsee-Kanal passiert. Die ASTOR wurde 1987 gebaut und 2010 renoviert. Sie ist 177 Meter lang und hat 578 Betten. (Jürgen Hölting)

Die Oslo-Fähre COLOR FANTASY frühnachmittags auslaufend im Seenebel am 11. Mai 2019 vor Laboe. (Ulf Kaack)

Abendlicher Champagnerempfang auf der Terrasse eines Hotels in Nienstedten und dann dies: Ein fast 300 Meter langes Kreuzfahrtschiff kommt auf der Elbe vorbei. Es ist die amerikanische MSC ORCHESTRA, 2006 in Frankreich gebaut. (Lisa Focke)

Trotz starken Eisgangs auf der Elbe verlässt dieser kohlebefeuerte Fischdampfer stark qualmend Cuxhaven vermutlich im „Eiswinter" 1962/63 zu einer neuen Fangreise. Im Hintergrund rechts das Steubenhöft. (Jürgen Hölting)

Der indonesische Frachter PRATITA 1979 kurz vor seiner Außerdienststellung in Bremerhaven. 1980 wurde das Schiff verschrottet. (Reinhard Berlin)

Schiffsmeldungen

LÜRSSEN ÜBERDACH B+V-DOCK

Die Bremer Werftgruppe Lürssen will das 287 Meter lange und 44 Meter breite Dock 10 seiner Tochter Blohm + Voss gegenüber den St.-Pauli-Landungsbrücken in Hamburg auf einer Länge von mindestens 200 Metern überdachen. Es ist eines der größten Schwimmdocks Europas. Für den auf ein halbes Jahr veranschlagten Umbau wird das Dock voraussichtlich 2020 nach Bremen geschleppt. Grund für die Investition von etwa 15 Millionen Euro ist ein Neuauftrag für eine Yacht, deren Bau in Hamburg begonnen und in Bremen zu Ende geführt werden soll. Lürssen erhofft sich durch das überdachte Dock mehr Marineaufträge, kann aber künftig auch große Kreuzfahrtschiffe wie die EUROPA 2 wetterunabhängig reparieren oder umbauen. Den Werftarbeitern verspricht Lürssen bessere Bedingungen. Bisher haben die Bremer B+V für 20 Millionen Euro modernisiert. (Foto: Tobias Gerken)

STROM FÜR EINE HALBE STUNDE FAHRT

Die ROALD AMUNDSEN der Hurtigruten gilt weltweit als das erste Kreuzfahrtschiff mit Hybridantrieb und wird entsprechend vermarktet. Die Batteriepakete können auch mit Landstrom geladen werden. Sie sollen bei höherem Strombedarf während der Fahrt zugeschaltet werden oder zeitweise allein dem Schiffsantrieb dienen. Die Kapazität von nur 1,36 Megawattstunden reicht jedoch für maximal eine halbe Stunde. (Foto: Hurtigruten)

TAUFE AUF DER WESER

Am späten Abend des 9. Juni 2019 wurde das neue Transocean-Flaggschiff VASCO DA GAMA auf der

Weser in Bremerhaven getauft. Ursprünglich als STATENDAM für die Holland America Linie gebaut, war das Schiff seit 2015 für P & O Cruises gefahren. Die Jungfernfahrt der VASCO DA GAMA führte von der Weser in die südnorwegischen Fjorde. (Foto: Transocean)

LIPPE-AAK IST WIEDER DA

Die Dorstener Aak war im 18. Jahrhundert der wohl wichtigste Schiffstyp für den Handel am Niederrhein und auf der Lippe. Ein originalgetreuer Nachbau des schlanken Plattbodenschiffs mit dem auffälligen Heckruder und den großen Seitenschwertern wurde in der ehemaligen Hansestadt Dorsten/Westfalen aufgestellt. (Foto: Manuel Miserok)

GELD FÜR MUSEUMSHAFEN OEVELGÖNNE

Der Hamburger Senat spendiert 920.000 Euro aus Steuergeld, um den Museumshafen Oevelgönne zu erhalten und auszubauen. 1,15 Millionen Euro kommen vom Bund. 230.000 Euro übernimmt der Museumsverein. Auf einem ehemaligen Hafenponton von 1914 soll für 720.000 Euro ein Informationszentrum entstehen. Außerdem wird das Feuerschiff ELBE 3 von 1888 saniert, was etwa 1,3 Millionen kosten wird. Baubeginn soll im Frühjahr 2020 sein, im Herbst soll der Pavillon fertig sein. Ebenfalls renoviert wird die Hafenbarkasse ALTONA von 1926, eine der letzten ihrer Art. (Foto: Harald Focke)

NEUE FÄHRE FÜR DIE ELBE

Anfang August 2020 nahm der Hybridkatamaran LIINSAND der Elblinien seinen Betrieb zwischen dem Hamburger Fischmarkt über Wedel nach Stadersand und zurück auf. Er hat Platz für 50 Passagiere und bis zu 15 Fahrräder. Die Fähre war bisher mit nur mäßigem Erfolg als Anrufsammeltaxi zwischen Dagebüll, den nordfriesischen Inseln Amrum und Föhr sowie den Halligen eingesetzt. In jedem der beiden Rümpfe sitzt ein Hybridantrieb mit einem Dieselmotor, der die Akkus lädt, mit denen die LIINSAND im Hafen fährt. (Foto: Wattenfähren)

LÜHRING-SEGLER WIRD ÖKO-FRACHTER

Die auf der Lühring Werft in Kirchhammelwarden bei Brake gebaute ehemalige META von 1911 soll unter dem Namen BRIGANTES als weiterer Segler im ökologischen Warenverkehr auf dem Atlantik fahren. Der Rumpf der BRIGANTES schwimmt nach jahrelanger Aufliegezeit wieder. Er wird in einer Werft in Trapani auf Sizilien seine Masten zurückerhalten und mit allem Notwendigen für den Einsatz als Öko-Frachter ausgestattet. (Foto: Schiffahrtsmuseum Brake)

ABSCHIED NACH AMERIKA

Im Steubenhöft, Cuxhavens historischem Passagierterminal, werden im 1. Obergeschoss des Empfangsgebäudes direkt an der Elbe bei freiem Eintritt fünf Ausstellungen gleichzeitig gezeigt. Themen sind die Anlage und ihre Geschichte, die Auswanderung nach Amerika und Kanada, Albert Ballin und seine Beziehung zu Cuxhaven, der Liniendienst und die Kreuzfahrten ab Cuxhaven. Begleitbroschüren sind erhältlich. (Foto: Harald Focke)

COLUMBUSBAHNHOF VOR DEM ABRISS?

Die Columbuskaje in Bremerhaven soll erneuert werden, doch gleichzeitig wird die der Abriss der Fahrgastanlage II von 1962 immer wahrscheinlicher. Zwar werden einige Flächen als Lager genutzt, aber große Bereiche stehen seit langem leer. Das Gebäude erfüllt noch wichtige Funktionen für den Betrieb des Columbus Cruise Centers: Die unverzichtbaren Flucht- und Rettungswege führen vom Südende des Nordflügels durch den Mittelbau ins Freie. Der bauliche Zustand ist unterschiedlich gut, ein Abriss nicht zwingend. Allerdings steht der Bau nicht unter Denkmalschutz, obwohl er in Deutschland einmalig und das letzte Gebäude aus Bremerhavens Zeit als bedeutender Hafen im Passagierdienst auf dem Nordatlantik ist. Die Stadt Bremerhaven und der Bremer Hafensenator wollen den Abriss und einen Neubau mit Parkhaus und Büros. Denkbar wäre auch eine Sanierung der vorhandenen Gebäude, doch die hat bisher nur wenige Befürworter. Das kann sich noch ändern ... (Foto: Harald Focke)

IMPRESSUM

OCEANUM Das maritime Magazin
Ausgabe 04
Internet: www.oceanum.de

Herausgeber: Harald Focke (HF) und Tobias Gerken (TG)

Redaktionsanschrift und Verlag:
Oceanum Verlag e.K.
Redaktion OCEANUM. Das maritime Magazin.
Thienkamp 93, 26215 Wiefelstede
Telefon 04402 5955699 · Telefax 04402 5955698
redaktion@oceanum.de

Chefredakteur: Harald Focke (ViSdP)
Die Autoren sind für ihre Beiträge inhaltlich verantwortlich.

Anzeigen- und Abonnementbestellung:
Oceanum Verlag e.K.
Thienkamp 93, 26215 Wiefelstede
Telefon 04402 5955699 · Telefax 04402 5955698
info@oceanum.de
Preis: Euro 15,90 (D)
Es gilt die Anzeigenpreisliste 2/2019
Erscheinungsweise: Jährlich im September
Layout: Tobias Gerken
Gesamtherstellung: Oceanum Verlag e.K. Printed in the EU.

ISSN 2366-7869, ISBN 978-3-86927-504-8

In dieser Publikation gezeigte historische Werke und Dokumente stammen zum Teil aus der Zeit des Nationalsozialismus und können Hakenkreuze oder andere verfassungsfeindliche Symbole enthalten. Ihre Darstellung dient ausschließlich der wissenschaftlichen und kunsthistorischen Forschung sowie der Berichterstattung über Vorgänge des Zeitgeschehens im Sinne der §§ 86 und 86a StGB. Redaktion und Verlag distanzieren sich ausdrücklich von jeglicher nationalsozialistischer Gesinnung.

Wir trauern um unseren früheren Mitherausgeber
Jörg-Michael Hormann
(*5. Juni 1949 † 5. August 2019).

FOTONACHWEIS

Seite 2: Frank Scherer, Martin Wlecke, Manuel Miserok, Peter Seemann; Seite 3: Slg. Rüdiger von Ancken, Harald Focke, Wilhelm Kaune, Peer Schmidt-Walther; Seite 4: Detlef Spangenberg, Green Sea, DSM, Verena Brüning; Umschlag hinten: Ilka Hennemeyer, Detlef Spangenberg,Tobias Gerken, Harald Focke (2), DSM.
Sollte trotz intensiver Bemühungen ein Bildgeber nicht oder nicht korrekt genannt sein, bitten wir um Nachricht.

DANK

Wir danken für vielfältige Unterstützung Henry Albrecht (www.henry-albrecht.de), Kapitän Rüdiger von Ancken, Reinhard Berlin, Dr. Hartmut Bickelmann, Urs Blaser, Wolfgang Dethloff, Dr. Frank-Roland Fließ, Fregattenkapitän a. D. Dieter Flohr, Lisa Focke, Burghard Hattendorff, Detlef Hechtel, Prof. Dr. Ingo Heidbrink, Jürgen Hölting, Ulf Kaack, Klaus-Peter Kiedel, Stephan-Thomas Klose, Dr. Alfred Kube, Manuel Miserok, Dr. Dirk J. Peters, Peter Salzbrunn, Frank Scherer, Helmut Seger, Kapitän Detlef Spangenberg, Dr. Dirk Schmidt-Herholz, Dr. Olaf Schmidt-Rutsch, Dr. Peer Schmidt-Walther, Martin Wlecke.

EINLADUNG ZUR MITARBEIT IN TEXT UND BILD

Sie haben einen Beitrag zu einem interessanten Thema und/oder besondere Fotos? Sie haben historische Bilder und Dokumente, die wir in künftigen Publikationen verwenden dürfen? Dann freuen wir uns über Ihre Zuschrift per Post an den Verlag oder eine E-Mail. (redaktion@oceanum.de)

VIELSEITIG, VERSTÄNDLICH, VERLÄSSLICH

So soll unser Magazin sein. Dennoch lassen sich selbst bei großer Sorgfalt Irrtümer nicht ausschließen. Bitte helfen Sie uns, noch besser zu werden. Haben Sie einen inhaltlichen Fehler entdeckt? Dann schreiben Sie uns bitte. Falls wir uns versehen haben und Sie uns das als Erste/als Erster nachweisen, schenken wir Ihnen ein Buch Ihrer Wahl aus der kleinen Reihe des OCEANUM-Verlags.

BESTELLMÖGLICHKEITEN BÜCHER DER SEEFAHRT